东北师范大学政法学院学术专著出版基金资助
东北师范大学政治学学科建设经费资助

# 全面推进乡村振兴背景下农村基层互动治理研究

胡永保 著

Quanmian Tuijin
Xiangcun Zhenxing Beijingxia
Nongcun Jiceng Hudong
Zhili Yanjiu

中国社会科学出版社

图书在版编目（CIP）数据

全面推进乡村振兴背景下农村基层互动治理研究 / 胡永保著. —北京：中国社会科学出版社，2023.4
ISBN 978-7-5227-1857-6

Ⅰ.①全… Ⅱ.①胡… Ⅲ.①农村—社会管理—研究—中国 Ⅳ.①C912.82

中国国家版本馆 CIP 数据核字（2023）第 076136 号

| | |
|---|---|
| 出 版 人 | 赵剑英 |
| 责任编辑 | 许　琳 |
| 责任校对 | 李　硕 |
| 责任印制 | 郝美娜 |

| | |
|---|---|
| 出　　版 | 中国社会科学出版社 |
| 社　　址 | 北京鼓楼西大街甲 158 号 |
| 邮　　编 | 100720 |
| 网　　址 | http://www.csspw.cn |
| 发 行 部 | 010-84083685 |
| 门 市 部 | 010-84029450 |
| 经　　销 | 新华书店及其他书店 |
| 印　　刷 | 北京君升印刷有限公司 |
| 装　　订 | 廊坊市广阳区广增装订厂 |
| 版　　次 | 2023 年 4 月第 1 版 |
| 印　　次 | 2023 年 4 月第 1 次印刷 |
| 开　　本 | 710×1000　1/16 |
| 印　　张 | 14.75 |
| 插　　页 | 2 |
| 字　　数 | 268 千字 |
| 定　　价 | 88.00 元 |

凡购买中国社会科学出版社图书，如有质量问题请与本社营销中心联系调换
电话：010-84083683
版权所有　侵权必究

# 目　　录

**第一章　导论** …………………………………………………（1）
　一　研究背景与意义 …………………………………………（2）
　二　国内外研究现状 …………………………………………（6）
　三　研究内容思路与方法 ……………………………………（27）
　四　研究重难点及不足 ………………………………………（33）

**第二章　学理阐释：全面推进乡村振兴与农村基层互动治理的
　　　　　理论分析** ……………………………………………（36）
　一　全面推进乡村振兴背景下农村基层互动治理的理论
　　　内涵 …………………………………………………………（36）
　二　全面推进乡村振兴背景下农村基层实现互动治理的发展
　　　依据 …………………………………………………………（61）
　三　全面推进乡村振兴背景下农村基层实现互动治理的战略
　　　意蕴 …………………………………………………………（73）

**第三章　历史嬗变：中华人民共和国成立以来农村基层互动治理
　　　　　关系的变迁** ………………………………………（79）
　一　农村基层互动治理关系的变迁历程 ……………………（79）
　二　农村基层互动治理关系变迁的基本特点 ………………（96）

三　农村基层互动治理关系变迁的逻辑动因 …………（102）

**第四章　现实境遇：全面推进乡村振兴背景下农村基层互动治理的现状考察** ……………………………………（110）
　　一　全面推进乡村振兴背景下农村基层互动治理的现状分析 ………………………………………………（110）
　　二　全面推进乡村振兴背景下农村基层互动治理面临的实践困境 ……………………………………………（127）
　　三　全面推进乡村振兴背景下农村基层互动治理的困境归因 ………………………………………………（133）

**第五章　域外经验：国外地方互动治理的经验借鉴** …………（142）
　　一　国外地方互动治理的历史与现实基础 ……………（143）
　　二　国外地方互动治理的过程与主要方式 ……………（150）
　　三　国外地方互动治理的基本经验及对中国的启示 …（161）

**第六章　体系建设：全面推进乡村振兴背景下农村基层互动治理的运行机制** …………………………………（168）
　　一　全面推进乡村振兴背景下农村基层互动治理机制的建设原则 ……………………………………………（169）
　　二　全面推进乡村振兴背景下农村基层互动治理机制的运行要素 ……………………………………………（173）
　　三　全面推进乡村振兴背景下农村基层互动治理机制的体系构成 ……………………………………………（178）

**第七章　运行保障：全面推进乡村振兴背景下农村基层互动治理机制的有效运行** ……………………………（189）
　　一　明确农村基层互动治理的主体职责 ………………（189）

二　完善农村基层互动治理的法律制度 …………………（195）
　　三　规范农村基层互动治理的运行程序 …………………（198）
　　四　构建农村基层互动治理的评价体系 …………………（200）

**结论与展望** ………………………………………………………（203）

**参考文献** …………………………………………………………（206）

**后记** ………………………………………………………………（227）

# 第一章

# 导　论

在我国推进国家治理现代化进程中，乡村治理不仅是国家治理的基石，也是实现乡村全面振兴的基础。在中国的广大乡村，由于东西南北不同地域乡村的自然环境、风土人情以及发展水平不同，形成比较突出的发展不平衡不充分的矛盾问题。党的十八大以来，以习近平总书记为核心的党中央直面乡村治理和发展的症结难题，审时度势、准确把握国家与社会、城市与乡村发展的阶段性特征，在创造性地解决脱贫攻坚世界难题基础上，接续提出实施乡村振兴战略，从而开启中国式农村现代化建设的新征程。党的二十大报告指出"全面建设社会主义现代化国家，最艰巨最繁重的任务仍然在农村"[1]，农村发展不平衡不充分的问题仍然是当前我国社会主要矛盾的主要方面，为此党的二十大进一步明确要全面推进乡村振兴，以新理念、新格局统筹推进农业农村高质量发展。按照国家全面推进乡村振兴的总体部署和具体要求，夯实和完善农村基层治理体系，激发农村基层治理主体动能，推动基层多元主体互动治理机制有效运行，整体提升基层治理能力和水平成为当前阶段实现破解城乡发展不平衡不充分难题，推进农村高质量发展和农村治理现代化建设事业的紧迫任务和必要要求。

---

[1] 习近平：《高举中国特色社会主义伟大旗帜　为全面建设社会主义现代化国家而团结奋斗——在中国共产党第二十次全国代表大会上的报告》（2022年10月16日），人民出版社2022年版，第30—31页。

# 一 研究背景与意义

## (一) 研究背景

古老而久远的中华大地孕育出泱泱中华五千多年的灿烂文明。从历史发展进程来看，中国五千多年的灿烂文明主要体现为一种农业文明或者乡土文明。乡土文明的历史嬗变，深刻映照着中国的历史发展进程，正如我国农村政治研究的专家徐勇所言，"中国的治与乱、兴与衰、变革与倒退、发展与停滞，都可以从深厚的乡土文明中寻找到动因和根据"。[①] 换言之"农村的兴旺治乱是一个国家稳定与否的基石和标志，国家的乱始于农村，农村的治必将带来国家的兴旺与安宁。"[②] 因此，探寻中国政治发展的基本规律，推进中国国家治理现代化和实现中华民族伟大复兴梦想，就必须立足于农村基层社会，从深厚的乡土文明中发掘国家政治兴衰更替的奥秘。中国古代典籍《管子》一书就记载着"不知四时，乃失国之基；不知五谷之故，国家乃路"[③] 的治国精要，明代政治家徐光启在其所著的《农政全书》中也指出"古之圣人，畴不重农政哉？垂于诗书者，彰彰也"[④]。在现代国家建设进程中同样不能忽视农村的发展，"当农业、农村和农民在现代化进程中成为一个'问题'时，相当一部分知识分子就充满着对底层社会的人文关怀，希望改造或重建乡村社会。但……主要取决于能否深入乡村社会，了解、理解、认识农村和农民"[⑤]。埃弗里特·罗吉斯和拉伯尔·伯德格在考察后发国家的现代化进程，也强调指出"一个国家要发展，必须研究农民"，"在很多不发达国家中，农民至

---

① 徐勇、项继权:《村民自治进程中的乡村关系》，华中师范大学出版社2003年版，第1页。
② 陶学荣、陶叡:《走向乡村善治：乡村治理中的博弈分析》，中国社会科学出版社2011年版，第3页。
③ 管子:《管子·四时》，李山译注，中华书局2009年版，第214页。
④ 徐光启:《农政全书·农本篇·凡例》，岳麓社2002年版，第15页。
⑤ 贺雪峰:《村庄治理的社会基础：转型期乡村社会性质研究》，中国社会科学出版社2003年版，序。

少占人口的四分之三……只有影响了广大的农民，发展规划才能够实现。一个国家要实现现代化，它的多数人口必须改变生活方式"。① 上述这些论述充分表明，一个国家的现代化与其农村社会的发展紧密相连，农村基层社会的发展进步深刻影响着整个国家治理和现代化的进程，对于推进国家各项事业现代化的改革和建设有着重大而深远的意义。

农村基层治理体系格局是我国农村基层社会治理的核心议题之一，其背后实质反映了代表国家与社会两种不同治理权力的诸多主体在农村基层交互博弈的过程和关系。传统社会"皇权止于县政"，县以下的农村社会并不是由国家政权体系直接进行控制和管理，而是由分散的士绅阶层进行管理。士绅阶层作为连接中央政权与农民的"中间集团"是封建皇权与农民联系互动的纽带和桥梁，在农村基层治理中发挥着重要作用，因而传统农村社会确立了皇权与士绅分治的治理体系格局。19世纪后期，外国列强的入侵和干涉，致使缺乏国家政权体系保护的农村社会很快陷入混乱和衰败，暴露出了原有的国家与农村社会缺乏有效联系的脆弱性和传统农村治理体系格局的弊端。晚清至民国时期，国家试图通过中央与地方治权改革、采取地方自治等策略来增强国家政权对农村社会的直接管理和控制，但都因选取的策略手段与国情不符而以失败告终。中华人民共和国成立之后，在中国共产党的领导下，通过"土改运动"和"政权下乡"② 在广大农村地区确立了国家正式的权力体系，建立了"政社合一"的人民公社体制，实现了对农村社会的控制和管理，形成了国家与农村社会高度一体化的关系格局，保证国家权力对基层社会的政治整合和资源提取，从而根本上维护了国家政权的基本稳定。改革开放以来，随着农村土地所有制改革和乡村治理关系的调整，农村高度集权的人民公社体制逐渐走向瓦解，国家与农村基层社会一体化的治理关系结构发生重大变

---

① [美] 埃弗里特·M. 罗吉斯、拉伯尔·J. 伯德格：《乡村社会变迁》，王晓毅、王地宁译，浙江人民出版社1988年版，第320—321页。
② 徐勇：《政权下乡：现代国家对乡土社会的整合》，《贵州社会科学》2007年第11期。

革,乡镇政权成为代表国家权力的底层管理者,作为农村社会基层治理单位的行政村或自然村实行基层党组织领导下的村民自治,由此形成了"乡政村治"①的一种新型的农村治理格局。"乡政村治"的乡村治理体系格局主要包括两个层面,即乡镇一级政权体系作为国家基层政权,依法行政;村民(代表)会议村民委员会作为村民自治组织,依法自治。在农村基层社会治理的实践中"乡政"与"村治"二者各有分工,彼此相互联系、协同合作,然而现实中由于缺乏有效联系互动的机制体系,使得"乡政"与"村治"的治理关系常常面临着法律规范与实际落实之间的实践张力,即法律文本规定下的"指导"关系状态与实际运行中的"领导"关系状态之间应然与实然的冲突和背驰,也就是说,农村基层治理中基层政府管理体系与村民自治体系因缺乏必要的衔接互动机制和协调统一的治理框架而陷入冲突矛盾甚至是断裂的困境。这一问题,尽管随着国家统筹城乡一体化发展战略实施,城乡治理关系的调整得到初步的缓解,但是农村经济社会的快速发展,农村基层治理也在不断发生变化,农村社会各种深层次的矛盾和问题日益突显。面对这些新问题和新挑战,提升农村基层治理能力,推进并完善农村基层治理体系成为新时期国家治理现代化改革的重要任务。党的十七大提出"深化乡镇机构改革,加强基层政权建设"的建设要求,作出"健全基层党组织领导的充满活力的基层群众自治机制"逐步"实现政府行政管理与基层群众自治有效衔接和良性互动"的战略部署。党的十八大进一步强调要"发挥基层各类组织协同作用,实现政府管理和基层民主有机结合",特别是在党的十八届三中全会上,国家从战略高度提出了完善和发展中国特色社会主义制度,推进国家治理体系和治理能力现代化的改革总目标,明确把推进城乡发展一体化、城乡公共服务均等化、开展多种多样的基层民主协商等作为农村治理体系完善的重大改革举措,让广大农民平等参与

---

① "乡政村治"模式是由张厚安教授等首先提出,"乡政"是指乡一级政权(包括镇政权),是国家依法设在农村最基层一级的政权组织;"村治"指村民委员会,是农村最基层的群众性自治组织。乡镇政权和村民委员会的结合,形成中国特色的农村政治模式。参见张厚安《乡政村治:中国特色的农村政治模式》,《政策》1996年第8期。

现代化进程、共享现代化成果。党的十九大中央首次提出"实施乡村振兴战略",强调按照"产业兴旺、生态宜居、乡风文明、治理有效、生活富裕的总要求,建立健全城乡融合发展体制机制和政策体系,加快推进农业农村现代化。党的十九届四中全会再次强调"健全充满活力的基层群众自治制度","健全基层党组织领导的基层群众自治机制",并进一步指出要在城乡基层社区治理领域中"广泛实行群众自我管理、自我服务、自我教育、自我监督,拓宽人民群众反映意见和建议的渠道,着力推进基层直接民主制度化、规范化、程序化"。党的二十大把中国式现代化的重心放在农村,强调"全面建设社会主义现代化国家,最艰巨最繁重的任务仍然在农村",进一步明确要全面推进乡村振兴,扎实推动乡村产业、人才、文化、生态、组织振兴。这些国家重大战略部署和改革决策表明,改革和完善农村基层治理体系格局,构建乡村"乡政"与"村治"互动协调、基层政府管理与村民自治组织有机衔接、协同合作的新型城乡治理模式是农村基层经济社会发展的现实要求,也是理论界和实务界需要研究和破解的重大现实问题。

综上分析,本书围绕全面推进乡村振兴背景下农村基层如何实现良性的互动治理这一问题展开深入研究,集中探讨农村基层互动治理的理论基础、变迁历程、发展困境、受困成因以及互动治理机制构建和良性运行的现实路径等问题,从理论与实践、历史与现实、本土与域外等多个维度进行了系统的分析和阐述,以此探寻农村基层政府管理体系与村民自治体系之间良性互动的运行机制和协调统一的治理框架,推进农村基层治理现代化。

### (二) 价值意义

农村基层治理问题一直是学术界和政府部门关心探讨的热门话题,尤其在推进中国式现代化进程中,实现农村基层治理现代化业已成为当下众多研究中的"显学"。本书选取农村基层治理互动治理问题作为研究的旨向,无疑对于全面推进乡村振兴,实现乡村治理现代化具有重大的理论和现实意义。

中华人民共和国成立以来，随着国家基层政权体系建设和乡村社会自治组织的发展，国家与农村社会的关系一直处在不断调整和变革之中，寻求基层政权管理体系与农村社会自治体系的有效衔接和良性互动，并推进二者适度均衡协调的发展是国家治理的内在要求，也是新时代构建现代农村基层治理体系的价值取向和基本目标。本书基于国家全面推进乡村振兴的宏大战略背景，从学理角度着重分析和阐释了农村基层互动治理的基本内涵、主要形态以及其确立发展的思想理论基础和客观现实条件；从历史演进的角度梳理并分析了中华人民共和国成立以来代表国家权力的农村基层政权体系与农村基层社会组织体系之间交互作用、彼此互动的关系变迁历程，并对这一变迁历程的基本特点以及演进的内在逻辑动因进行了深入的研究，这将不仅有助于搞清楚农村基层治理中乡村关系的变迁历程和农村基层治理的逻辑嬗变，而且有助于认识和把握当前乡村关系矛盾的多种现实表现和复杂成因，进而为新时代全面推进乡村振兴，实现农村基层社会治理的良性发展提供有益的支持。此外，在从理论和实践、历史与现实、域外与本土的三重维度对农村基层互动治理进行分析和研究的基础上，本研究着重探讨了农村基层互动治理机制构建的问题，集中探讨和阐释了农村基层互动治理机制的的构建原则、运行要素、构成内容以及良性运行的现实途径等内容。这些研究和探索不仅为党和国家制定切实可行的农村政策和农村发展战略提供了重要的理论依据和智力支持，而且对于新时期进一步健全农村基层党组织领导的充满活力的基层群众自治机制、继续深化农村基层政府管理体制改革、完善村民自治制度、推进农村基层政权体系建设，从而完善农村基层治理体系具有重大现实意义。

## 二　国内外研究现状

自近代以来，农村基层社会及其治理一直是人们研究和关注的重要领域。目前对这一领域的研究态势可谓蔚为壮观，不仅在研究成果上汗牛充栋，数量众多，而且在学科构成、研究机构和研究队伍上呈现出多元化的发展趋势。农村基层治理问题涉及多个重要核心议题。笔者无意于囊括所有研究成果进行分析和概括，因为别说是对其进行综合分析和研究，就是把它们全部收集齐，也是相当困难的一件事。因此，笔者围绕本选题研究方向和研究内容，尽其所能地查阅和搜集了相关的文献资料，并根据笔者现有的知识水平和能力，对这些前期研究成果进行粗枝大叶的梳理，以明确学术界对这一问题的研究现状和进展。

**（一）国外相关研究现状及述评**

19世纪40年代，现代文明的楔入打破了传统中国农村的宁静，使国家与农村社会关系发生根本性的扭转，从而根本上改变了传统农村社会的发展轨迹，使之进入漫长而又剧烈动荡的变革时期。在中国农村社会变迁的历程中，"知识界对其关注早已有之，但进行系统化、理论化、专业化的解读是始于国外学者"[①]。百余年来，国外学者从不同学科角度对中国农村社会进行了系统的调查和研究，形成了丰富的研究成果，其中不乏真知灼见。在对这些研究成果中的代表性成果进行分析时，笔者发现国外学者在研究中多采用国家与社会关系、制度变迁以及政治发展等分析框架和研究视角来对中国农村社会展开研究，内容涉及中国农村社会的方方面面。将这些研究成果按照时间序列划分，大致可以将其分为三个研究阶段，即20世纪50年代之前、20世纪50年代至改革开放之前和1978年改革开放之后。

第一阶段：20世纪50年代之前的中国农村社会及其治理问题研究。早期国外学者对中国乡村社会的研究主要是以调查和个案分析为主，研究内容包括地理风貌、自然状况、风土人情、历史习俗、社会结构、经济制度以及文化关系等，涉及中国农村社会的经济、政治、文化等诸多方面。如最早调查和研究中国农村社会生活情形的传教士安德森·史密斯（Arthur Henderson Smith），中文名为明恩溥，他在中

---

① 张要杰：《国外学者的中国农村社会研究成果述评》，《湖南农业大学学报》（社会科学版）2010年第6期。

国山东、河北一带的农村一边布道，一边进行中国农村社会的调查，在其出版的《中国乡村生活》①一书中，对晚清中国乡村的结构、名称、道路、渡口、水井、商店、科举制度、庙宇、宗教、市场、协作团体、风俗礼仪、婚姻家庭等都进行了细致入微的观察和分析，为人们留下传统乡村社会的全方位镜像，是早期中国农村社会研究的经典之作。另一位社会学家丹尼尔·喻里森（Daniel Kulp），他在《华南的乡村生活：广东凤凰村的家族主义社会学研究》②一书中详细记录和分析了广东凤凰村的人口、经济、政治、教育、婚姻和家庭、宗教信仰、社会控制等方面的内容，其中集中分析了宗族主义作为一种社会制度在农村社会中的核心地位，它以"宗族首领——房头——家长"为基础的权力结构和链条，对上链接着国家权力，对下则直接控制着村落的每一个成员，是研究农村社会国家权力关系和乡村社会治理的一部力作。1926年，德国经济学家瓦格纳出版了《中国农书》一书，以个人田野调查的一手资料，详尽探讨了中国农村家庭农场的经营技术和制度，分析了中国家庭农场经营的细碎化、农民贫困背后的深层原因，揭示出农村土地制度与农民生活的深层关系。1931年，英国经济学家理查德·R·托尼应太平洋学会的邀请到中国进行短暂访问，归国后他将在中国的考察写作出版了《中国的土地和劳动》③一书，书中他认为中国农村缺乏一种宽容的村社制度是导致农村凋敝落后的根源之一；农产品的市场化和农民为高利贷所累是比土地所有制更重要的影响农民收入的变量；工业化是解决中国土地问题的要件。任教于南京金陵大学的卜凯教授（J. L. Buck）对中国7省17县2866个农场进行了为期五年的详细调查，在其出版的《中国农家经济》④一书中，系统研究了中国农村的家庭经营和土地制度，指出中国的贫困在于农村土地的细碎化分配，农民个体式的经营，使得土地生产能力薄弱。曾长期居住在中国的国际汉学家费正清，在其

---

① ［美］明恩溥：《中国乡村生活》，陈午晴、唐军译，中华书局2006年版。
② ［美］丹尼尔·哈里森·葛学博：《华南的乡村生活——广东凤凰村的家族主义社会学研究》，周大鸣译，知识产权出版社2012年版。
③ ［英］理查德·R. 托尼：《中国的土地和劳动》，安佳译，商务印书馆2014年版。
④ ［美］卜凯：《中国农家经济》，张履鸾译，山西人民出版社2015年版。

《美国与中国》①一书中将中国视为两个不同的社会，一个是都市，一个是乡村，认为"在中国乡村社会与国家的关系中，乡绅扮演着重要角色，是国家与农民的中间人，是乡村社会的实际统治者"②。此外，出于发动侵略战争的阴险目的，日本早在1907年成立的"南满洲铁道株式会社"（简称"满铁"）专门负责搜集有关中国社会的资料，特别是农村社会的各种情报。他们组织专门的调查研究队伍，拟定了详细的调查提纲，采用抽样调查的方式对中国大部分省份的农村村庄和地区进行了细致的调查，调查的具体内容涉及到每个村庄的区位、规模、人口及其结构、劳动力构成、家庭收支情况、借贷情况、继承制度、村庄行政与组织以及村、乡、县财政关系等。这些调查获取了大量中国农村社会的信息，在此基础上出版的《中国农村惯行调查》（6卷本）于20世纪50年代面世。"虽然满铁的调查是为日本侵略服务的，但是这些资料是值得重视的，是了解和研究20世纪上半叶中国乡村社会的宝贵资料"③，具有十分重要的学术价值。尽管早期国外学者对中国农村社会的调查和研究仅是出于对中国农村社会的好奇和着迷，甚至是出于本国经济利益的考虑而进行的有目的的研究，但这些研究已经初步廓清了中国农村社会的原始面貌，触及到中国农村社会变迁背后所映射出的国家与社会、集体与个人、现代与传统等诸多关系的互动影响和变化。

第二阶段：20世纪50年代至改革开放前的中国农村社会及其治理问题研究。这一时期受意识形态的影响，国内对农村社会的研究基本停顿下来。相比而言，国外对中国农村社会的研究在曲折中取得了一定的进展。这个阶段的一些海外学者来到中国沿海地区的一些农村社会进行实地的调查和研究，形成了一批重要的学术著作和研究成果。W.R.葛迪思根据费孝通先生所著的《江村经

---

① ［美］费正清：《美国与中国》，张理京译，世界知识出版社2000年版。
② 徐勇、徐增阳：《中国农村和农民问题研究的百年回顾》，《华中师范大学学报》（人文社会科学版）1999年第6期。
③ 徐勇、徐增阳：《中国农村和农民问题研究的百年回顾》，《华中师范大学学报》（人文社会科学版）1999年第6期。

济》①里所描述的开弦弓村进行了追踪式的再调查研究,写作成《共产党领导下的中国农民生活》一书,揭示了"江村"从革命胜利后到人民公社之前的经济社会变迁。美籍华人学者杨庆堃,在20世纪50年代初根据自己在广东省广州市郊的鹭江村的调查,写成《共产主义过渡初期的一个中国农村》一书,该书以个案研究为视角,描述了农村集体化之后,在新的治理形态下,村庄、农民和国家之间的权利义务关系及其变化,是对国家与农村社会关系变化进行微观研究的重要作品。柯鲁克夫妇在其农村研究"三部曲"——《十里店:中国一个村庄的革命》②《十里店:中国一个村庄的群众运动》③《阳邑公社的头几年》④中,分别讲述了十里店1937~1947年所经历的土地改革过程;1948年2月到5月发生在十里店的土改复查、整党和民主选举过程;1958~1960年十里店地区的公社化运动。这三本著作集中描写中国农村社会从农业集体化改造到人民公社时期逐步被国家控制的整个过程,是中国农村社会完全国家化的一个微观缩影。韩丁,原名威廉·辛顿(William Hinton),他以20世纪40年代本人在革命根据地的调查(山西潞城县张庄村)为基础,撰写了著名的《翻身:中国一个村庄的革命纪实》⑤一书,记录了作者笔下的"长弓村"(张庄)土地改革的全过程,并对这项改革给予积极的评价,将其描绘成农民在党的领导下摆脱经济剥削和文化压迫的翻身求解放的史诗性事件。1971年,他又重访张庄调查了人民公社时期的农村和农民的生活,并根据调查资料写作了另一本著作《深翻:中国一个农村的继续革命纪实》⑥,这本书主要对集体化时代农民在集权统治下的生产生活

---

① 费孝通:《江村经济:中国农民的生活》,商务印书馆2001年版。
② [加]伊莎白·柯鲁克、[英]大卫·柯鲁克:《十里店(一):中国一个村庄的革命》,龚厚军译,上海人民出版社2007年版。
③ [加]伊莎白·柯鲁克、[英]大卫·柯鲁克:《十里店(二):中国一个村庄的群众运动》,安强、高建译,上海人民出版社2007年版。
④ Isabel, David Crook, *The First Years of Yangyi Commune*, London: Routledge Kegan and Paul Limited, 1966.
⑤ [美]韩丁:《翻身:中国一个村庄的革命纪实》,韩倞译,北京出版社1980年版。
⑥ [美]韩丁:《深翻:中国一个村庄的继续革命纪实》,《深翻》校译组译,中国国际文化出版社2008年版。

状态进行了深入分析，着力思考了中国农业现代化的路径选择问题。此外，受国际政治气候的影响，中国乡村社会的实证研究受到极大限制，一些海外研究者，如裴达礼、王斯福、马丁和伯顿·帕斯特奈克等人也将目光转向中国台湾地区和香港地区的农村。例如人类学者伯顿·帕斯特奈克（Burton Pasternak）分别于1964年和1969年对中国台湾地区南部的农村地区进行了集中调查，写作了《两个中国村庄的血缘和社区》一书，分析和研究了当地传统农村血缘、家庭、宗族、社区等农村社会所经历的深刻转型。总体而言，受到国际冷战格局的消极影响，尽管这一阶段对中国农村社会的国外研究研究成果整体不多，但仍能从上述这些研究成果中可以发现，中国农村社会在国际封锁环境下的自我改造历程，从某种程度上反映出在中国共产党的领导下国家对农村社会逐渐进行的全面改造和管理的镜像。

第三阶段：改革开放之后的中国农村社会及其治理问题研究。1978年，党的十一届三中全会顺利召开，并且作出了改革开放的历史性决策。国家在农村地区的改革以及对外开放的推进，使得国外学者对处于改革之中的中国农村社会的研究逐渐增多起来，甚至一些学者开始直接深入中国农村社会进行实地调查，特别是中国农村社会的改革转型取得了巨大成就，吸引了大批国外学者的关注和研究。这一时期，国外学者集中探讨了中国农村的政权结构、农村社会特点以及新时期农村的改革和转型、村民自治、集体经济、村庄选举、宗族主义以及农民抗争等问题，试图通过理论分析解读中国农村社会深刻的变革转型所带来的各种变化以及这些变化所产生的复杂影响，从而将其理论研究用于指导这场深刻影响中国整体发展的社会变革。作为改革开放后首批来华从事人文社会科学研究的美国学者爱德华·弗里曼等人，他从1978年开始对河北省五公村先后进行了长达10年的追踪调研，写作出版了《中国的乡村，社会主义的国家》一书，该书探讨了20世纪二三十年代到1980年的华北农村社会的变迁，分析了中国共产党在战争时期及革命胜利后在农村社会所进行的一系列改革，探讨了这些改革对农村和农民所带来的影响，同时阐释了国家与农村社会、国家领导与地方干部的关系等问题。① 陈佩华（Anita Chan）、赵文词（Richard Madsen）、乔纳森·安戈（Jonathan Unger）对移居香港的 26 位陈村村民进行了 223 次的深度访谈，并根据访谈资料撰写并出版了《陈村：毛泽东时代一个农村社区的现代史》，他们认为政府部门在推进中国农村改革中发挥着主导作用，绝大多数村庄的生产承包制的改革是由政府部门自上而下地推动，仅有少部分村庄在决定采取何种经营方式上发挥过作用，另外，他们还深入探讨了经过改革后的中国农村国家与农民关系的一些新变化②。美国芝加哥大学教授、美籍印度裔学者杜赞奇（Prasenjit Duara）所著的《文化、权力与国家：1900—1942 年的华北农村》③ 一书，探讨了中国近代国家政权建设背景下的"国家政权内卷化"和国家与村庄连接机制的变异问题，对中国华北的村落性质、宗族结构、国家代理人等问题集中进行了讨论。通过研究他发现，中国的村落并不是孤立封闭式的存在，国家通过行政和文化渠道向农村渗透，极大地改变了村落的宗族和宗教，直接影响了村落的社会结构，由此，提出研究村落必须关注国家政权的影响以及国家与地方相互关系的变化。此外，他还通过对农村基层精英在国家与农村社会之间扮演着"经纪人"角色的研究，建立了"经纪人模型"（"赢利型经纪""保护型经纪"），分析并阐述了乡村基层精英在国家与乡村社会之间的角色转换，深化了国家与农村社会互动关系的研究。许慧文（Vivienne Shue）在《国家的触角》④ 一书提出"蜂窝结构"（Honey Comb）的概念，认为尽管改革开放前的中国国家权力直达农村基层，但由于人民公社化的管理体制致使各村庄处于相对孤立分散的状态，农村社会鲜明的表现为一种"蜂窝结构"，横向间的权力难以扩充，在一定程度上削弱了

---

① ［美］弗里曼、毕克伟、谢尔登：《中国乡村，社会主义国家》，陶鹤山译，社会科学文献出版社 2002 年版。

② Jonathan Unger, "Collective Incentives in a Peasant Community: Lessons from Chen Village", *Social Scientist*, 1977, (5): 17-57.

③ ［美］杜赞奇：《文化、权力与国家：1900—1942 年的华北农村》，王福明译，江苏人民出版社 2006 年版。

④ Vivienne Shue, *The Reach of the State: Stretches of the Chinese Body Politic*, Stanford: StanfordUniversity Press, 1988.

国家权力对村庄的控制；而农村改革后，国家权力在纵向方面并未萎缩，村庄之间的横向权力却大大扩展，这就促使国家对农村社会的控制进一步加强，预示了当前农村治理中村民自治行政化的趋势。萧凤霞（Helen F. Siu）在其著作《华南的代理人与受害者》①一书中探讨了20世纪国家对乡村社会的改造，提出了"细胞化社区"的概念，她通过对华南地区一些乡镇、村社的个案研究之后，指出传统的中国社会，农村远离行政中心具有较大的自主性，国家政权主要是利用地方精英网络控制基层社会。20世纪之后，随着国家权力不断向下延伸，农村社会从相对独立向行政"细胞化"的社会单位转变，出现了"社区国家化"的趋势。美国学者施坚雅（G. William Skinner）在《中国农村的市场和社会结构》一书中提出"基层市场共同体"的概念产生了巨大影响，他认为中国的村庄无论就结构或功能而言都是不完整的，指出构成中国传统乡村社会基本结构单元的应该是基层市场共同体，即以基层集镇为中心，包括大约18个村庄在内的，具有正六边形结构的基层市场共同体②。华裔美国学者黄宗智在《华北的小农经济与社会变迁》③和《长江三角洲小农家庭与乡村发展》④两部著作中集中阐释了华北农村和长三角地区村社组织发育、村庄与国家政权的关系、农村流动性等问题。他通过对清末到20世纪40年代华北村落社会数百年变迁的考察，提出了华北农村的演变模式，即经济内卷化下的小农分化过程，认为由于国家权力史无前例地向农村扩展，传统社会的国家、士绅与村庄（农民）的三角结构已让位于国家政权与村庄的双边博弈，其对村落社会的影响将远远超过农村经济关系的变革所带来的影响。另外，他指出在国家与农村社会之间存在着一个"第三领域"，并把未来政治变革的希望寄托于"第三领域"，而不是在仍被限制着的私人领域，因为"在第三领域，国家联合社会进行超出正式官僚

---

① Helen F. Siu, *Agents and Victims in South China*, Yale University Press, 1989.
② [美]施坚雅：《中国农村的市场和社会结构》，史建云、徐秀丽译，中国社会科学出版社1998年版。
③ 黄宗智：《华北的小农经济与社会变迁》，中华书局1986年版。
④ 黄宗智：《长江三角洲小农家庭与乡村发展》，中华书局2000年版。

机构能力的公共活动，新型的国家与社会的关系在逐渐衍生"①。戴慕珍（Jean C. Oi）在《中国乡村经济的起飞：经济改革的制度基础》一书，从制度分析的视角诠释了以农村经济起飞为标志的中国经济转型成功的原因，认为在农村工业化进程中，农村经济迅速起飞的主要原因是在财政体制改革的激励和非集体化下地方政府的法团化（企业化）②。她深入探讨了农村改革对乡村干部的影响，认为传统体制下那种"享有较高社会地位的人利用自己的权力和所控制的资源保护次级地位的人，或给予他们一定的利益，而次级地位的人反过来以忠诚、支持和服务作为回报"③ 的"保护—依附"关系已经被农村改革所打破，地方政府和基层干部转向追逐乡镇企业、土地承包以及税费征收等新的权力和资源，激发了农村基层政府与村民自治组织以及村民之间的利益冲突，导致乡村关系紧张，矛盾冲突不断④。欧博文和李连江在《当代中国农民的依法抗争》⑤ 一文中提出了"依法抗争"的概念，探讨随着农民选举意识、权利意识的觉醒所带来的乡村冲突的诸多表现，成为农村改革以来研究农村冲突问题的前驱性研究成果。韩国研究中国问题的专家赵寿星，探讨了中国农村基层关系紧张的多个方面表现，认为"乡镇政府违反《村委会组织法》规定的民主程序，擅自委派、指定或者撤换村委会成员，甚至在一些地方发布一些带有强制性的行政指导文件，推行'村财乡（镇）管'或'村账乡（镇）管'，剥夺了农民的民主权利。这些行政的和经济的手段变'指导关系'为'领导关系'，控

---

① 黄宗智：《中国的"公共领域"与"市民社会"?——国家与社会间的第三领域》，邓正来、[英] J. C. 亚历山大编：《国家与市民社会：一种社会理论的研究路径》，中央编译出版社1999年版，第421—443页。

② Jean C. Oi, *Rural China Takes Off: Institutional Foundations of Economic Reform*, Berkeley: University of California Press, 1999.

③ Ma, Shu-Yun, "Clientelism: Foreign Attention and Chinese Intellectual Autonomy", *Modern China*, 1998, Vo.l24, Issue, pp. 445-471.

④ Jean C. Oi, "Peasant Households between Plan and Market: Cadre Control over Agricultural Inputs", *Modem China*, 1986, 12 (April): 230-251.

⑤ Kevin J. O'Brien, Li Lianjiang, "Villagers and Popular Resistance in Contemporary China", *Modern China*, Vol. 22, No. 1, 1996.

制或干预属于村民自治范围内的事务,引发了村委会与乡镇政府的矛盾"。① 上述这些国外学者的研究成果表明,随着国家与农村社会的治权分化,农村基层政权组织与村民自治组织相对分立而治的治理体系格局并没有有效的运转起来,农村基层治理中"乡政"与"村治"紧张关系不断加剧,促使大多数学者将注意力转向国家与农村社会关系协调统一、有机互动的农村基层治理体系建构上。

进入21世纪,关于中国农村社会的国外研究趋势进一步扩大和加强。根据一项调查显示,在世纪之初,"全球研究中国问题具有较大影响力的研究机构已经扩充到112个,其中涉及中国农村研究的达28个"。② 包括美国在内的一些西方发达国家的著名大学还相继设立了中国问题研究中心,如哈佛大学的燕京学社、费正清东亚研究中心、加利福尼亚大学洛杉矶校区中国研究中心等;一些具有国际影响力、专门研究中国问题的刊物,如《中国季刊》《现代中国》《中国乡村研究》等创办,这些刊物每年都有探讨中国农村问题的文章刊登;此外,很多国际基金组织参与并资助中国农村项目的研究,如福特基金会出资支持中国国内和国外9个单位进行中国农村人口流动问题的研究、美国卢斯基金会出资支持美国一些学者进行中国村民自治问题的研究。据不完全统计,涉及中国农村研究方面的海外基金会组织已经达到10多个③。一些国际组织,如联合国、国际货币基金组织等也投入大量资金资助发展中国家的建设,其中就有包括加强中国乡村干部的培训项目,以此推动中国农村社会治理的现代化。

从国外研究中国农村问题的三个阶段、近百余年的研究历程来看,中国农村问题已经逐步成为国外研究中国的一个热点领域,并且在研究进程、研究主题和关注重点发生了重要变化,呈现鲜明的态势和特点。概括起来,国外中国农村问题研究呈现出以下几个特点:其

---

① 赵寿星:《论中国乡镇政府与村民委员会的关系问题》,中国农村研究网,2022-11-1.
② 袁方成:《提升与扩展:20世纪90年代以来当代海外中国农村研究述评》,《中国农村观察》2008年第2期。
③ 袁方成:《提升与扩展:20世纪90年代以来当代海外中国农村研究述评》,《中国农村观察》2008年第2期。

一，国外研究逐渐从主观臆断走向相对客观理性。受初期研究条件和环境的影响，很多国外学者未曾亲身来过中国并深入到中国农村，因而对中国农村社会的认识较为浅层和模糊，很多研究成果仅凭主观臆断和猜测，缺乏客观公正性。甚至有些学者对中国农村问题的研究夹杂着冷战的思维，固守"西方中心主义"的价值观，用敌对的"有色眼镜"看待中国的一切[①]。20世纪80年代之后，随着中国的改革开放，世界政治气候发生转变，国外学者得以实地近距离的观察和研究中国农村，逐渐摘掉了他们的"有色眼镜"，开始站在中国角度分析中国农村问题，得出科学、客观和公正的研究成果。其二，研究领域逐步扩展，形成一种多元化、全方位的研究[②]。改革开放以前，受国际环境和中国国内局势的影响，国外中国乡村问题的研究多从历史学、文化人类学、哲学角度来展开，很少从社会学、经济学和历史学的角度展开，研究的领域较为单一。改革开放之后，西方政治学、经济学、社会学、历史学以及其它新兴学科的学者开始从不同学科出发，运用各自的理论对中国农村问题展开多角度的研究，研究内容几乎涉及中国农村的经济、政治、文化和社会的方方面面。其三，研究人员队伍不断壮大。20世纪80年代之前，国外中国农村研究仅仅局限在一些社会人类学者和部分大学教员从事相关研究出于学术探讨，官方组织和大众给予的关注不多。改革开放之后，一些西方国家的大学和科研机构建立了一些专门性组织机构开始研究中国农村问题，并且逐渐向社会大众领域扩展，成为更具广泛性的关注热点。不少国家的政府、民间团体以及国际组织都提供专门的资金和条件鼓励和支持中国农村问题研究。其四，研究方法日趋多样化。随着科学研究的多元化发展，其他学科的研究方法逐渐被国外学者引入到中国农村问题的研究之中，国外中国农村问题研究的方法逐渐从过去的单一性方法趋向多元系统性的方法，提升了国外中国农村问题研究的品位和质量。但是受地域、时间、语言、信息以及文化等因素影响国外学者对

---

[①] 何培忠：《30年海外当代中国的研究嬗变》，《中国社会科学报》2013年9月6日。
[②] 徐勇、徐增阳：《中国农村和农民问题研究的百年回顾》，《华中师范大学学报》（人文社会科学版）1999年第6期。

中国农村社会治理的研究无法消除一些"误差"的困扰，而且国外学者带有很浓烈的西方价值观和知识话语体系并不能真实反映并解释"中国问题"，因而更不能贸然运用于我国农村社会治理的现实实践。

## （二）国内相关研究现状及述评

无论是血缘归属还是文化归属，中国知识界始终蕴藏着深沉的乡土情结。近年来政治学、公共管理学、社会学、人类学、民族学、经济学、法学、历史学等诸多学科的社会科学学者从不同学科角度对农村基层治理展开了深入细致的研究，形成了丰富系统的研究成果。农村基层治理格局主要涉及两大治理体系，即乡镇政权组织体系和党组织领导下的村民自治组织体系，由此，我们可以依循乡镇政权管理与村民自治以及二者所映射的乡村关系，对目前学术界的相关研究成果进行这样简单的二元界分，即以乡镇基层政权为研究主题和以村民自治为研究主题。通过专业的文献检索平台中国知识资源总库（CNKI）的检索显示，直接相关的学术期刊文献达到近万篇，此外，还有许多学术著作、研究报告、网络文章等。本书尽可能地收集整理与本选题相关的研究成果，并对这些成果的代表性观点进行较为系统的梳理和分析，进而明确和把握学术界对本选题研究的基本脉络和现状趋势。

1. 国内相关研究的现状

通过对相关研究成果及其代表性观点的分析梳理，目前学术界大致从以下三个视角对农村基层治理问题展开研究和探讨。

（1）国家政权（权力）建设视角。这个方面的研究主要是从国家政权，特别是乡镇基层政权建设的角度出发，研究内容涉及农村基层权力的演变、构成、运行现状、运行体系及规范化等。主要的研究取向有三个：

其一，国家政权对农村社会整合的研究。代表性的研究成果有徐勇的《政权下乡：现代国家对乡土社会的整合》[①]《"政党下乡"：现

---

[①] 徐勇：《政权下乡：现代国家对乡土社会的整合》，《贵州社会科学》2007 年第 7 期。

代国家对乡土社会的整合》①　《"行政下乡"：动员、任务与命令》②《"政策下乡"及对乡土社会的政策整合》③《"法律下乡"：乡村社会的双重法律制度整合》④《"服务下乡"：国家对乡村社会的服务性渗透》⑤等系列研究成果，还有吴素雄从政党视角写作《政党下乡的行为逻辑：D村的表达》⑥，任宝玉从财政视角写作《"财政下乡"：农村基层政府财政合法性问题研究》⑦，戴礼荣从金融视角写作《"金融下乡"：构建国家与农民间的信用》⑧，黄辉祥从民主整合视角写作《"民主下乡"：国家对乡村社会的再整合》⑨，包先康的《国家政权建构与乡村治理变迁》，龙太江的《乡村社会的国家政权建设：一个未完成的历史课题》⑩，彭勃的《乡村治理：国家介入与体制选择》⑪等。这些研究从国家、行政、政党、财政、金融、法律、服务、现代民主制度等不同角度分析了国家权力如何整合农村、国家意志向下贯彻执行的方式、进程、逻辑及在此过程中与农村社会力量的互动博弈。

其二，农村基层政权，特别是乡镇政权研究。主要代表性成果如早期的冯干文、黎之焕写作的《新时期基层政权建设》⑫、张厚安等

---

① 徐勇：《"政党下乡"：现代国家对乡土的整合》，《学术月刊》2007年第8期。
② 徐勇：《"行政下乡"：动员、任务、命令——现代国家向乡土社会渗透的行政机制》，《华中师范大学学报》（人文社会科学版）2007年第5期。
③ 徐勇：《"政策下乡"及对乡土社会的政策整合》，《当代世界与社会主义》2008年第1期。
④ 徐勇：《"法律下乡"：乡土社会的双重法律制度整合》，《东南学术》2008年第3期。
⑤ 徐勇：《"服务下乡"：国家对乡村社会的服务型渗透》，《东南学术》2009年第1期。
⑥ 吴素雄：《政党下乡的行为逻辑》，博士学位论文，华中师范大学，2009年。
⑦ 任宝玉：《"财政下乡"：农村基层政府财政合法性问题研究》，博士学位论文，华中师范大学，2007年。
⑧ 戴礼荣：《"金融下乡"：构建国家与农民间的信用》，博士学位论文，华中师范大学，2008年。
⑨ 黄辉祥：《"民主下乡"：国家对乡村社会的再整合》，《华中师范大学学报》（人文社会科学版）2007年第5期。
⑩ 龙太江：《乡村社会的国家政权建设：一个未完成的历史课题》，《天津社会科学》2001年第3期。
⑪ 彭勃：《乡村治理：国家介入与体制选择》，中国社会出版社2002年版。
⑫ 冯干文、黎之焕：《新时期基层政权建设》，广西人民出版社1988年版。

著的《中国农村基层政权》①、张厚安、白益华主编的《中国农村基层建制的历史演变》②、李学举的《中国乡镇政权的现状与改革》③、彭向刚的《中国农村基层政权研究》④、张静的《基层政权：乡村制度诸问题》⑤、吴理财的《从管制到服务：乡镇政府职能转变研究》⑥、祝灵君的《授权与治理：乡（镇）政治过程与政治秩序》⑦、赵树凯的《乡镇治理与政府制度化》⑧、杨善华、苏红的《从"代理型政权经营者"到"谋利型政权经营者"》⑨、周飞舟的《从汲取型政权到"悬浮型"政权——税费改革对国家与农民关系之影响》⑩、周雪光的《基层政府间的"共谋现象"：一个政府行为的制度逻辑》⑪ 等。这些研究成果都从宏观视角分析和研究了我国农村基层政权的发展历程、演进逻辑、机构建制、运行机制、职能导向和改革趋势等相关问题。另外，一些学者另辟蹊径，采取个案研究的方法，从微观视角揭示出农村基层政权的变迁历程及其转变的内在逻辑。如张乐天的《告别理想：人民公社制度研究》⑫、谭同学的《楚镇的站所：乡镇机构成长的政治生态考察》⑬、吴毅的《小镇喧嚣：一个乡镇政治运作的演绎

---

① 张厚安：《中国农村基层政权》，四川人民出版社1992年版。
② 张厚安、白益华主编：《中国农村基层建制的历史演变》，四川人民出版社1992年版。
③ 李学举：《中国乡镇政权的现状与改革》，中国社会出版社1994年版。
④ 彭向刚：《中国农村基层政权研究》，吉林大学出版社1995年版。
⑤ 张静：《基层政权：乡村制度诸问题》，社会科学文献出版社2019年版。
⑥ 吴理财：《从管制到服务：乡镇政府职能转变研究》，中国社会出版社2009年版。
⑦ 祝灵君：《授权与治理：乡镇政治过程与政治秩序》，中国社会科学出版社2008年版。
⑧ 赵树凯：《乡镇治理与政府制度化》，商务印书馆2010年版。
⑨ 杨善华、苏红：《从"代理型政权经营者"到"谋利型政权经营者"》，《社会学研究》2002年第1期。
⑩ 周飞舟：《从汲取型政权到"悬浮型"政权：税费改革对国家与农民关系之影响》，《社会学研究》2006年第3期。
⑪ 周雪光：《基层政府间的"共谋现象"：一个政府行为的制度逻辑》，《社会学研究》2008年第6期。
⑫ 张乐天：《告别理想：人民公社制度研究》，东方出版中心1998年版。
⑬ 谭同学：《楚镇的站所：乡镇机构成长的政治生态考察》，中国社会科学出版社2006年版。

与阐释》①、陆益龙和玉枫萍的《乡村治理中乡镇政府的双重困境及其成因——甘肃省C镇的个案经验》②、范礼忠的《乡镇政府职能转变与乡村振兴的关系——以福建南平市延平区为例》③等。

其三，县级政权及县乡政权关系研究。还有一些学者将农村基层政权的研究视域扩展至县域层面，分析县政的运行和县乡政权体系及关系，主要成果有荣敬本的《从压力型体制向民主合作型体制的转变：县乡两级政治体制改革》④、徐勇和吴理财的《走出"生之者寡、食之者众"的困境：县乡村治理体制反思与改革》⑤、贺雪峰和刘勤的《县乡村体制整体设计的基本原则及具体进路》⑥、王圣涌的《县级政府管理模式创新探讨》⑦等。

（2）村民自治视角。20世纪80年代，中国农村逐步确立起村民自治的基层群众自治制度，从而改变了原有的农村基层权力体系结构，引发农村社会治理的结构性变化。国内学术界随之将目光转向农村村民自治相关议题的研究，其研究内容包括村民自治的成长和发展、村民自治的制度建构、村民自治的权力运行、村庄治理形态、村民行为逻辑以及乡-村关系等方面，形成了一批较有影响力的研究成果。其中代表性的成果有：许崇德的《关于实行村民自治的若干问题探讨》⑧、蔡定剑的《推进农村的民主建设——关于〈村民委员会组织

---

① 吴毅：《小镇喧嚣：一个乡镇政治运作的演绎与阐释》，生活·读书·新知三联书店2007年版。
② 陆益龙、王枫萍：《乡村治理中乡镇政府的双重困境及其成因——甘肃省C镇的个案经验》，《西北师范大学学报》（社会科学版）2017年第5期。
③ 范礼忠：《乡镇政府职能转变与乡村振兴的关系——以福建南平市延平区为例》，《黑河学院学报》2019年第9期。
④ 荣敬本：《从压力型体制向民主合作型体制的转变：县乡两级政治体制改革》，中央编译出版社1998年版。
⑤ 徐勇、吴理财：《走出"生之者寡、食之者众"的困境：县乡村治理体制反思与改革》，西北大学出版社2004年版。
⑥ 贺雪峰、刘勤：《县乡村体制整体设计的基本原则及具体进路》，《江西社会科学》2004年第1期。
⑦ 王圣涌：《县级政府管理模式创新探讨》，人民出版社2006年版。
⑧ 许崇德：《关于实行村民自治的若干问题探讨》，《法律学习与研究》1988年第2期。

法〉的实施述评》①、李学举的《对村民代表会议制度的研究》②、辛向阳的《当代中国农村民主论纲》③、张厚安的《中国农村村民自治现状评估和问题探讨》④、徐勇的《中国农村村民自治》⑤、辛秋水主编的《中国村民自治》⑥、王仲田和詹成付的《乡村政治：中国村民自治的调查与思考》⑦、张厚安、徐勇和项继权主编的《中国农村村级治理——对22个村的调查》⑧、王振耀的《中国村民自治前沿》⑨、卢福营的《农民分化过程中的村治》⑩、程同顺的《当代中国农村政治发展研究》⑪、白钢和赵寿星的《选举与治理：中国村民自治研究》⑫、肖唐镖等的《村治中的宗族》⑬、吴毅的《村治变迁中的权威与秩序》⑭、赵秀玲的《村民自治通论》⑮、罗平汉的《村民自治史》⑯、黄辉祥的《村民自治的成长：国家建构与社会发育》⑰、贺雪峰的《村治模式：若干案例研究》⑱、刘友田的《村民自治：中国基层民主建设的实践与探索》⑲、马宝成等的《村级治理：制度与绩

---

① 蔡定剑：《推进农村的民主建设：关于〈村民委员会组织法〉的实施述评》，《政治与法律》1989年第4期。
② 李学举：《对村民代表会议制度的研究》，《乡镇论坛》1991年第9期。
③ 辛向阳：《当代中国农村民主论纲》，《学习与探索》1993年第1期。
④ 张厚安：《中国农村村民自治现状评估和问题探讨》，《乡镇论坛》1996年第6期。
⑤ 徐勇：《中国农村村民自治》（修订本），生活·读书·新知三联书店2018年版。
⑥ 辛秋水：《中国村民自治》，黄山书社1999年版。
⑦ 王仲田、詹成付：《乡村政治：中国村民自治的调查与思考》，江西人民出版社1999年版。
⑧ 张厚安、徐勇、项继权：《中国农村村级治理：22个村的调查与比较》，华中师范大学出版社2000年版。
⑨ 王振耀：《中国村民自治前沿》，中国社会科学出版社2000年版。
⑩ 卢福营：《农民分化过程中的村治》，南方出版社2000年版。
⑪ 程同顺：《当代中国农村政治发展研究》，天津人民出版社2000年版。
⑫ 白钢、赵寿星：《选举与治理：中国村民自治研究》，中国社会科学出版社2001年版。
⑬ 肖唐镖：《村治中的宗族》，上海书店2001年版。
⑭ 吴毅：《村治变迁中的权威与秩序》，中国社会科学出版社2002年版。
⑮ 赵秀玲：《村民自治通论》，中国社会科学出版社2004年版。
⑯ 罗平汉：《村民自治史》，福建人民出版社2006年版。
⑰ 黄辉祥：《村民自治的成长：国家建构与社会发育》，西北大学出版社2008年版。
⑱ 贺雪峰：《村治模式——若干案例研究》，山东人民出版社2009年版。
⑲ 刘友田：《村民自治：中国基层民主建设的实践与探索》，人民出版社2010年版。

效》①、程瑞山和贾建友的《村民自治制度运行研究》②、王丽惠的《控制的自治：村级治理半行政化的形成机制与内在困境——以城乡一体化为背景的问题讨论》③、李晓鹏的《论"村民自治"的转型和"乡—村"关系的重塑》④、侣传振和崔琳琳的《外生型与内生型村民自治模式比较研究——兼论外生型向内向型村民自治转型的条件》⑤、陈明和刘义强的《"根"与"径"：重新认识村民自治》⑥、赵银红的《村民自治有效实现的关键议题》⑦，等等。上述这些学者通过实地大量的直接观察、访谈和典型个案分析，描述了中国农村村民自治发展历程和内部治理过程，分析了村民自治进程中的乡村关系及乡村治理主体的行为逻辑，探讨了乡村关系变迁下的农村基层的政治生态和未来走向，从理论上分析并解读了村民自治实践深入推进进程中国家权力结构、制度运行、治理方式等的变革以及政治影响。

（3）国家权力与农村社会互动视角。这一视角主要是从国家与社会协调互动的角度出发，逐步摆脱了过去国家与社会二元分离的研究藩篱，即只见国家不见社会或者只见社会不见国家的研究局限，将国家与社会放在同一层次上分析国家与社会的同质性和异质性特征，研究国家与社会交互博弈的复杂关系。就农村基层治理来说，很多学者关注到国家与农村社会的交互博弈，特别是乡镇基层政权与村民自治组织之间的互动博弈关系，即日常所说的"乡-村关系"，探讨研究的内容包括乡村治理体系、乡村治理进程、乡村治理结构、乡村治理关系、乡村治理过程、乡村治理主体以及乡村矛盾冲突等诸多方面。同

---

① 马宝成：《村级治理：制度与绩效》，中国社会出版社2010年版。
② 程瑞山、贾建友：《村民自治制度运行研究》，中国社会科学出版社2013年版。
③ 王丽惠：《控制的自治：村级治理半行政化的形成机制与内在困境——以城乡一体化为背景的问题讨论》，《中国农村观察》2015年第2期。
④ 李晓鹏：《论"村民自治"的转型和"乡—村"关系的重塑》，《社会主义研究》2016年第6期。
⑤ 侣传振、崔琳琳：《外生型与内生型村民自治模式比较研究——兼论外生型向内生型村民自治转型的条件》，《湖南农业大学学报》（社会科学版）2016年第1期。
⑥ 陈明、刘义强：《"根"与"径"：重新认识村民自治》，《探索》2017年第6期。
⑦ 赵银红：《村民自治有效实现的关键议题》，《天津行政学院学报》2019年第1期。

时，值得注意的是近年来学术界对农村基层治理问题的反思性研究成果开始增多，研究的重心趋向于将乡村互动治理放置于农村基层政权与村民自治博弈关系的复杂性和多样性中来考察，更加注重从全面、统筹、协调的角度来认识农村基层国家权力与社会自治权力的互动关系，即从"具体的乡村场域中分析认识国家权力，在国家权力与自治权力的相互作用中认识乡村社会"①。秉持这一研究视角和分析框架进行农村基层治理的研究成果十分丰硕，其中代表性的学术专著有：金太军和施从美的《乡村关系与村民自治》②、徐勇和项继权的《村民自治进程中的乡村关系》③、贺雪峰的《乡村治理的社会基础——转型期乡村社会性质研究》④、潘嘉玮和周贤日的《村民自治与行政权的冲突》⑤、唐力行的《国家、地方、民众的互动与社会变迁》⑥、卢福营的《冲突域协调——乡村治理中的博弈》⑦、郭相宏的《失范与重构：转型期乡村关系法治化研究》⑧、季丽新和南刚志的《改革开放以来中国特色农村政治发展模式的选择与优化研究》⑨、梁莹和姚军的《草根社区中的合作治理与公民治理——地方政府社会管理与基层群众自治的有效衔接与良性互动》⑩、张健的《中国社会历史变迁中的乡村治理研究》⑪、陈晓莉的《新时期乡村治理主体及其行为关系研

---

① 段绪柱：《国家权力与自治权力的互构与博弈——转型中国乡村社会权力关系研究》，博士学位论文，吉林大学，2010年。
② 金太军、施从美：《乡村关系与村民自治》，广东人民出版社2002年版。
③ 徐勇、项继权：《村民自治进程中的乡村关系》，华中师范大学出版社2003年版。
④ 贺雪峰：《乡村治理的社会基础——转型期乡村社会性质研究》，中国社会科学出版社2003年版。
⑤ 潘嘉玮、周贤日：《村民自治与行政权的冲突》，中国人民大学出版社2004年版。
⑥ 唐力行：《国家、地方、民众的互动与社会变迁》，商务印书馆2004年版。
⑦ 卢福营：《冲突与协调——乡村治理中的博弈》，上海交通大学出版社2006年版。
⑧ 郭相宏：《失范与重构：转型期乡村关系法治化研究》，北京法律出版社2010年版。
⑨ 季丽新、南刚志：《改革开放以来中国特色农村政治发展模式的选择与优化研究》，中国社会科学出版社2011年版。
⑩ 梁莹、姚军：《草根社区中的合作治理与公民治理——地方政府社会管理与基层群众自治的有效衔接与良性互动》，研究出版社2011年版。
⑪ 张健：《中国社会历史变迁中的乡村治理研究》，中国农业出版社2012年版。

究》①、陈朋的《国家与社会合力互动下的乡村协商民主实践》② 等等。代表性的学术文章有：早期吴越和吴卫生的《从我国乡政村治历史发展看乡村关系的两重性》③、徐勇的《现阶段农村管理体制中乡政与村治的冲突与调适》④、《论乡政管理与村民自治的有机衔接》⑤、项继权的《乡村关系的调适与嬗变》⑥、张明锁的《衔接好村民自治与乡镇行政管理》⑦、金太军和董磊明的《村民自治背景下乡村关系的冲突及其对策》⑧、季丽新和耿金玲的《村民自治条件下如何实现乡村关系的协调》⑨、程同顺的《村民自治中的乡村关系及其出路》⑩、项继权的《乡村关系行政化的根源与调解对策》⑪、吴毅的《不同语境下的乡村关系》⑫、赵树凯的《乡村关系：在控制中脱节》⑬、贺雪峰和苏明华的《乡村关系研究的视角与进路》⑭ 等。

2. 国内相关研究现状的述评

分析上述不同研究视角的成果观点，可以看出改革开放以来学界

---

① 陈晓莉：《新时期乡村治理主体及其行为关系研究》，中国社会科学出版社2012年版。

② 陈朋：《国家与社会合力互动下的乡村协商民主实践》，上海人民出版社2012年版。

③ 吴越、吴卫生：《从我国乡政村治历史发展看乡村关系的两重性》，《政治学研究》1986年第2期。

④ 徐勇：《现阶段农村管理体制中乡政与村治的冲突与调适》，《求索》1992年第2期。

⑤ 徐勇：《论乡政管理与村民自治的有机衔接》，《华中师范大学学报》（人文社会科学版）1997年第1期。

⑥ 项继权：《乡村关系的调适与嬗变——河南南街、山东向高和甘肃方家泉村的考察分析》，《华中师范大学学报》（人文社会科学版）1998年第2期。

⑦ 张明锁：《衔接好村民自治与乡镇行政管理》，《中国行政管理》1999年第4期。

⑧ 金太军、董磊明：《村民自治背景下乡村关系的冲突及其对策》，《中国行政管理》2000年第10期。

⑨ 季丽新：《村民自治条件下如何实现乡村关系的协调》，《世纪桥》2000年第6期。

⑩ 程同顺：《村民自治中的乡村关系及其出路》，《调研世界》2001年第7期。

⑪ 项继权：《乡村关系行政化的根源与调解对策》，《北京行政学院学报》2002年第4期。

⑫ 吴毅：《不同语境下的乡村关系》，《探索与争鸣》2004年第9期。

⑬ 赵树凯：《乡村关系：在控制中脱节——10省区20乡镇调查》，《华中师范大学学报》（人文社会科学版）2005年第5期。

⑭ 贺雪峰、苏明华：《乡村关系研究的视角与进路》，《社会科学研究》2006年第1期。

对农村基层治理，特别是农村基层政权与村民自治之间关系的认识存在不同的观点和政策主张，对农村基层治理互动治理关系结构改革提出了不同设想。总结起来，主要形成了两种改革思路：（1）对农村基层治理结构进行根本性的政策变革。核心观点主张国家权力相对脱离农村基层社会，将其政府管理权力上收至县一级行政单位，在乡镇及以下村庄实行全面自治。持此种观点的学者进一步提出乡村治理的不同模式设想，包括"乡治—村政—社有"模式、"乡镇自治"模式以及"县政乡社"模式，等。具体来看，一是"乡治—村政—社有"模式，主张应"承袭古制设立乡镇一级的自治体，乡镇自治机构在承担上级政府委托事项（即行政事务）的同时对乡镇一级的公共事务和公益事业（即自治事项）拥有自行处理的权利，在村一级设立'村公所'作为乡镇自治组织的派出机构，负责管理日常事务，并将'村公所'工作人员纳入公务员队伍，由国家支付工资报酬。同时在村域内设立'村社委员会'的自治组织，负责行使由法律赋予的村社土地管理权"[1]。这一模式实质上是实行有限的乡镇自治，乡镇与上级政府关系依然较为密切。二是"乡镇自治"模式，主张撤销乡镇政权建制，实行乡镇自治，"构筑以农民自治体和农民组织为基本架构的乡村农民组织制度，以填补撤销乡镇政权留下的权力真空，建立农民自治体意味着在目前实行村自治基础上实行乡（镇）民自治"[2]。另外，"撤消乡镇政府"，同时应"充实和加强村级自治组织，大力发展农村经济中介组织，开放农会等农民利益代表组织"[3]。三是"县政乡社"模式的核心观点是将"县作为农村社会治理的基层政权，县政府以下设立农村社区作为县级政府的派出机构，县级基层政府与农村社区互相合作，从而形成对农村社会的共治，促进农村社会的发展"[4]。（2）对农村基层治理结构进行渐进改良式的政策变革。主张维持农村基层"乡政村治"治理格局基本不变，即村一级实行自治的基本制度

---

[1] 沈延生：《村政的兴衰与重建》，《战略与管理》1998年第6期。
[2] 郑法：《农村改革与公共权力的划分》，《战略与管理》2000年第4期。
[3] 于建嵘：《乡镇自治：根据和路径》，《战略与管理》2002年第6期。
[4] 甘信奎：《县政乡社：中国农村治理模式新构想》，《学习论坛》2005年第10期。

不变情况下，强调改革并完善乡镇基层政权，以此推进农村基层政权与村民自治之间的衔接互动和互助合作。持此种观点的学者提出"乡政村派"模式、"县政—乡派—村治"模式、"乡派镇治"模式，等。一是"乡政村派"模式，学者门强调乡镇政府存在的必要性及其作用的无可替代性，主张"应该强化国家对农村社会的主导作用，大力加强乡镇体制建设，规范乡镇各政权机构相互关系，同时采取有力措施提高乡镇干部的素质并努力使其行为制度化，特别是县级政权要简政放权，下放各部门在乡镇的下设机构，以改变目前乡镇体制上条块分割的状况而提高乡镇政府的工作效率"[①]。二是"县政—乡派—村治"模式，学者们主张把县作为农村基层一级政权，乡改为县的派出机构，专门从事县政府所委托的各项事务并指导村民自治活动，同时在村一级实行村民自治，使村委会成为真正意义上的群众性自治组织，村委会协助政府工作，并由政府给予适当补贴，从而使乡村治理结构中的权、责、能相对均衡，从根本上消除制造和加重农民负担的因素，并适应乡村社会转型的要求[②]。三是"乡派镇治"模式，学者门试图采取精乡扩镇的改革思路，主张精简乡的建制，改为县政府的派出机构、扩张镇一级的政权，镇改为市以下的基层地方自治单位，强调从整体结构上对国家体制进行改革。[③]

然而，必须承认的是，在现代化进程中国家不可避免地进入农村社会，主导农村社会的建设和发展，农村社会必须承认国家权力的实然存在，并且依托国家更为全面的治理体系推进农村社会发展，国家不应该脱离于农村社会治理本身，而是在推进农村社会现代化进程中，应逐步将国家权威和职能社会化，通过国家与社会之间的互动进行共同治理。国家权威不是从外部强制地"嵌入"乡村社会，而是根植于农村社会，与农村社会相融合，这个过程中国家的职能应逐步从

---

① 李学举、王振耀、汤晋苏：《中国乡镇政权的现状与改革》，中国社会出版社1994年版，第42页。

② 徐勇：《县政、乡派、村治：乡村治理的结构性转换》，《江苏社会科学》2002年第2期。

③ 徐勇：《从村治到乡政：乡村管理的第二次制度创新》，《山东科技大学学报》2002年第3期。

管制转向服务、从统合转向治理，从而构建一种以人民为中心的国家治理，这种国家治理"与以阶级统治为本质的旧国家相比，它成为非政治性的'新国家'，从高居于社会之上，君临于人民之上的庞然大物，向着贴近社会、服务人民的方向转化"。① 从国家制度设计来看，目前是要理顺国家权力与农村社会的关系，必须要承认国家权力辐射统领农村社会治理的前提下，注重农村社会对国家权力的制约和影响，实现国家力量和社会力量的协同增长，形成"强国家——强社会"的互强型国家与社会关系模式，② 从而实现农村基层治理的现代化。事实上，就国家而言，治理现代化意味着国家力量的增长，政治体系能力的提高；就农村社会而言，治理现代化则意味着农村社会力量的增长，农民对政治体系的参与水平的提高和影响的扩大，主要表现为治理民主化。"不管人们承认与否，国家权力对于农村社会的控制和影响是一直存在的，而且不论村民自治未来的发展如何，国家权力都不会改变对农村社会的实际控制和影响，我们看不到国家退出的根据和理由"③。因此，统观上述学者的研究观点，学术界更倾向于国家对农村社会所具有的根本上的治理功能，这基本上是学术界所达成的一个共识，因而在此基础上，寻求国家与农村社会的"和解"，构建农村基层政权与农村村民自治之间的互动合作治理体系，形成新型的农村基层治理体系格局，将成为目前推动农村基层社会发展与进步的现实选择。

## 三 研究内容思路与方法

本书是在马克思主义唯物辩证法和历史唯物主义方法论总的指导下，以"国家与社会"关系和制度变迁为理论分析视角，采用文献研究法、历史研究法、比较研究方法、系统研究方法等多种社会科学研

---

① 刘京希：《从国家化社会主义到社会化社会主义：兼论社会主义的本质特征》，《文史哲》2000年第4期。
② 马宝成：《村级治理：制度与绩效》，中国社会出版社2010年版，第33页。
③ 马宝成：《村级治理：制度与绩效》，中国社会出版社2010年版，第33页。

究方法，从理论与实践、历史与现实、域外与本土等多个维度，深入研究了中国农村基层互动治理的理论和现实基础、互动关系变迁的历程与逻辑、面临实践困境与主要成因、域外经验与启示以及良性互动机制构建与有效运行等内容。

### （一）主要研究内容与研究思路

新时代，党和国家将"三农"工作置于前所未有的战略高度，不仅提出实施乡村振兴战略，进一步建立健全乡村治理体系，加快推进农业农村现代化；而且着眼乡村社会的现实发展，尽锐出战，创造性地打赢脱贫攻坚战，如期实现全面建成小康社会。站在中国式现代化的新征程上，党的二十大报告突出强调"全面建设社会主义现代化国家，最艰巨最繁重的任务仍然再农村"，作出"全面推进乡村振兴"的战略部署，这不仅是对"实现政府行政管理与基层群众自治有效衔接和良性互动"的新型农村基层治理模式的最新要求，也是对村民自治制度确立以来的农村基层"乡政"与"村治"关系失调和冲突的政策应对和回应。基于学术界的相关研究成果，通过分析和梳理已有的文献资料，本书认为推进中国式农村治理现代化（包括治理体系和治理能力现代化）不能仅仅依靠农村基层政权或者村民自治力量中的任何一方搞"单兵推进"，而应该在承认国家权力对农村社会监管和农村社会自治对国家权力制约的相互制衡关系的前提下，努力促进农村基层政权与村民自治组织的互动、协调与合作，形成二者的"发展合力"驱动农村基层治理现代化。因此，本书的研究主题聚焦全面推进乡村振兴背景下中国农村基层的互动治理问题研究，旨为通过考察中国农村基层互动治理关系的变迁历史、内在逻辑和深层动因，分析现阶段农村基层互动治理面临的发展困境和主要成因，提出中国农村基层互动机制的构建策略并分析其良性运行的现实途径。本书研究主要围绕全面推进乡村振兴背景下农村基层互动治理的"关系变迁—内在逻辑—历史动因"→"互动治理困境—原因分析"→"互动治理机制构建—有效运行"这一总体思路进行系统研究。具体的研究内容包括：一是，关于全面推进乡村振兴与农村基层互动治理的学理分析，主要从学理层面集中分析和阐释了乡村振兴战略实施背景、主要内容及目标任务，农村基层互动治理的概念内涵、主体构成及职责厘定，并进而探讨了全面推进乡村振兴背景下农村基层实现互动治理的发展依据及其战略意蕴。二是，关于中华人民共和国成立以来我国农村基层互动治理关系变迁的历史与逻辑，主要从历史发展历程和逻辑嬗变的角度阐述了我国农村基层互动治理关系的演进历程、基本特点和内在的逻辑动因等问题；三是，关于全面推进乡村振兴背景下我国农村基层互动治理的现实境遇，主要是基于全面推进乡村振兴战略背景，从农村基层治理的现实实践层面集中分析和探讨了我国农村基层互动治理的发展现状、面临的实践困境和受困的主要成因等问题；四是，关于国外地方互动治理的经验借鉴，主要是从域外经验借鉴的角度以欧美发达国家地方和基层社会互动治理实践为考察对象，集中研究和分析了国外发达国家地方和基层社会互动治理的历史与现实基础、基本的运行过程和主要实现方式，并在此基础上总结了国外地方互动治理的基本经验，探讨其对中国农村基层治理的启示意义；五是，关于全面推进乡村振兴背景下我国农村基层互动治理的体系建设，着重探讨和研究了全面推进乡村振兴背景下农村基层互动治理机制的构建原则、运行要素、体系构成问题，六是，关于全面推进乡村振兴背景下农村基层互动治理机制有效运行的路径保障策略，主要包括明确农村基层互动治理的主体职责、完善农村基层互动治理的法律制度、规范农村基层互动治理的运行程序和构建农村基层互动治理的评价体系等。

### （二）采用的分析视角和研究方法

分析视角和研究方法是认识和探索研究对象的手段和工具，影响着对研究对象理解和把握的广度和深度。不同的研究对象所采取的分析视角和研究方法不近相同，选取合适的分析视角和研究方法，能够有效提升研究的科学性和合理性，促进研究取得良好的效果。本书在对农村基层互动治理问题的研究过程中，始终以马克思主义的辩证唯物论和历史唯物论总的方法论为指导，在具体研究过程中，主要采用了"国家与社会"关系和制度变迁的分析视角以及应用了文献分析法、历史分析法、比较研究方法、系统研究方法等多种社会科学研究方法。

1. 主要分析视角

制度变迁的分析视角。制度变迁是指"制度创立、变更及随着时间变迁而被打破的方式"①。它主要是通过对新旧制度交替变革过程的考察，分析制度变迁的动因、逻辑以及所带来的影响等，进而依循制度建设所普遍存在的路径依赖，提出具体的制度安排和制度创新举措。本书以制度变迁为分析视角，分析考察了中华人民共和国成立以来我国农村基层政权体系与村民自治体系的互动治理关系的变迁历程，分析其历史变迁过程的基本特点和内在的逻辑动因，进而从制度惯性的角度探讨了新时期我国农村基层互动治理机制的构建问题，并提出其有效运行的现实路径策略。

"国家与社会"关系的分析视角。不同于西方社会将国家与社会分别看成独立的实体，从"二元对立"角度来研究二者关系的分析视角，马克思主义政治学更注重"国家与社会"关系的内在统一性，即国家独立于社会之上，在社会发展中起着主导性作用，同时强调国家源于社会，社会决定国家的本质。这也就表明，"国家与社会"关系的本质不是彼此"二元对立"，而是相互影响作用具有内在统一性。本书以"国家与社会"为分析视角研究中国农村基层治理问题，自觉扬弃西方社会固有的国家与社会二元对立的理论分析框架，将中国农村基层社会治理问题置于国家政治管理与基层社会自治的交互影响作用的框架之下，从代表国家政权体系的乡镇管理与代表社会自治力量的村民自治的互动演进维度，探讨农村基层社会的互动治理问题，推进和完善乡镇政权管理体系与村民自治体系二者的有效衔接和良性互动。

2. 具体研究方法

文献分析法。文献分析法是对初步选定的研究议题或方向，通过

---

① 杨德才：《新制度经济学》，南京大学出版社2007年版，第272页。

调查和分析文献来获得研究资料,从而全面和充分地了解掌握所要研究问题的信息的一种方法,社会科学研究中几乎所有的研究课题都要先进行文献研究。文献分析的来源主要是相关的学术专著、期刊论文、报纸文章、学位论文、统计数据、会议文件和研究报告等。从这些文献资料中进行分析、综合、归纳、演绎才能获取与自己研究内容相关的信息和知识,从而促进研究工作的顺利开展。文献分析法在本书的大部分内容的研究过程中使用,诸如在对农村基层治理和发展的国内外研究现状的分析和梳理,以及农村基层互动治理关系的历史变迁、基本特点、内在动因和现实中矛盾冲突的表现、原因分析等探讨和研究中,都使用了文献分析法。

案例分析和调查研究法。我国农村区域间的非均质特征明显而又复杂,既有横向的异质性(村情不同)也有纵向的发展不平衡性(乡村差异),这种差异直接造成农村基层治理在各地区的发展存在巨大差别,治理关系因而也变得十分复杂。如何通过目前具有代表性的农村基层互动治理实践形式分析归纳共同性的治理特征和特定导向的治理关系结构,从而构建具有普遍意义的农村基层互动治理体系机制显得十分重要。因此,本书通过大量实地考察和典型案例分析调研基础上,尝试梳理和总结现阶段特别是全面推进乡村振兴背景下我国农村基层互动治理的现实实践形态、分析不同实践形态所遵循的内在机理和实践功能导向,并在此基础上系统把握其所面临的现实困境和成因。

历史分析方法。历史分析方法是运用事物发展、变化的观点来分析研究对象的方法,其目的是弄清研究对象的来龙去脉,明晰其发展轨迹,揭示其内在规律,并预测其趋势走向。历史研究方法不仅要求对历史文献资料的搜集、归纳、整理和分析必须全面真实,而且要求研究者本人秉持价值中立、客观公正的研究立场,不能以个人偏好,妄自猜测揣摩,背离历史根据而妄下结论甚至颠倒黑白。本书在对中华人民共和国成立以来农村基层互动治理关系变迁的历史与逻辑的研究中采用了历史分析的方法。主要是通过对中华人民共和国成立以来农村基层政权体系与村民自治体系的互动治理关系的变迁历程的考察，探讨了其关系变迁的基本特点，揭示了其关系变迁的内在逻辑和动因，从而有助于探讨现阶段农村基层互动治理所面临的实践困境和主要成因，把握农村基层政权与村民自治互动治理关系的发展趋势和未来走向，从而提出针对性的对策建议。

比较研究方法。比较研究方法是认识、区别和确定具体事物和对象异同关系的思维方法，是社会科学中最常用的研究方法之一。通过比较不仅可以更好地理解不同事物的特点和规律，而且还可以在比较中借鉴对方有益经验。马克思曾指出："极为相似的事情，但在不同的历史环境中出现就引起了完全不同的结果。如果把这些发展过程中的每一个都分别加以研究，然后再把它们加以比较，我们就会很容易地找到理解这种现象的钥匙"①。由于不同国家的政治体制、现实国情、文化传统等方面存在明显差异，绝不能完全照搬任何国家的治理模式，但在处理一些共同问题上可以借鉴外国的先进经验和做法。本书主要以美国地方互动治理为例分析并总结了国外地方政府管理与公民自治二者实现衔接互动治理的成功经验，并进一步探讨了其对中国农村基层互动治理机制体系建构的启示意义，在这个研究过程中本书采用了比较分析方法。

系统研究方法。系统研究方法是基于系统论、信息论和控制论的一些重要思想所形成的一种新型的整体性的研究方法，其核心内容是将要解决的问题看作一个系统，对系统中的各个要素进行综合分析，然后找出解决问题的可行方案，其具体实施分为两步：进行问题诊断和提出解决方案。系统研究方法运用于农村基层治理研究之中，主要是将中国农村基层治理体系本身看成是一个独立运行的系统，这个系统主要由农村基层政权体系和村民自治体系为核心的主体要素构成，因此，推进农村基层治理体系的有序运行，不能仅仅只偏重一个主体，而应该置之于系统当中具体分析每一个主体要素的职能和作用，并找出使各个要素竞相发挥作用的可行方案，从而推动整个系统的良性运行。另外，相对于整个国家治理体系这个大系统而言，农村基层治理体系只是其中的一个子

---

① 《马克思恩格斯全集》（第19卷），人民出版社2006年版，第131页。

系统，因此，研究和分析农村基层治理体系这个子系统的运行状况和作用发挥还应该将其放在国家治理体系这个大系统中来，这样不仅视野上更为开放、全面和灵活，而且也将有助于认识农村基层治理体系的良性运行对于国家治理体系的作用和地位，从而避免出现研究视野和认识视角上的封闭、片面和僵化等局限。

此外，本书研究过程中，还运用了诸如图表法、列举法、归纳和演绎法、分析和综合法、实证研究法、结构——功能分析法等一些社会科学的研究方法。

## 四　研究重难点及不足

选取全面推进乡村振兴背景下中国农村基层互动治理问题进行研究是一项艰巨而又复杂的课题，在对这一课题展开研究的过程中不可避免地会遇到一些需要突破的疑难问题和需要严密论证的重点问题，逐一研究和突破这些重难点问题，不仅是本书研究的核心任务，将有助于本书研究目标的顺利实现，而且在对这些问题的研究论述中所形成的一些核心观点和思想亦是本文的创新之处，具有重要的价值意义。

### （一）拟突破的重难点

第一，何以选取全面推进乡村振兴进程中的农村基层互动治理机制构建问题为研究对象。这不仅是因为学术界对农村治理中政治管理与村民自治是应然的"指导"关系还是实然的"领导"关系一直存在争论，而且是由于农村基层治理机制运行中"乡政"与"村治"一直存在制度文本与现实实践的张力，迫切需要从学理上分析并阐明农村基层的复杂治理关系，推进农村基层治理体系的科学化规范化。因此本书研究伊始提出农村基层互动治理的理论假设，从学理上分析了全面推进乡村振兴战略与推进农村基层治理体系内在的逻辑关联和契合性，并在此基础上探究农村基层互动治理的概念内涵、现实必然性和可行性，从而为本书的研究奠定理论基础和现实根据，是本研究的重点问题。

第二，中国农村基层互动治理机制的确立和良性运行不能脱离农村基层互动治理关系的变迁历史和现实环境，对农村基层互动治理关系变迁历程的考察，分析农村基层互动治理关系变迁的基本特点以及其背后的历史动因和内在逻辑，有助于认识当前农村基层互动治理面临的制度困境，从而破解农村基层互动治理的路径依赖困局，建构合理可行的运行机制，这是本书研究的逻辑起点和前提，也是本书的研究重点。

第三，中国农村区域间的非均质特征明显而又复杂，既有横向的异质性（村情不同）也有纵向的发展不平衡性（乡村差异），并且这种异质性和发展不平衡性互相交织、错综复杂，直接造成农村基层治理在各地区、各领域发展的巨大差异，治理关系变得十分复杂而又混乱。面对农村复杂的治理环境，本书着重分析了全国各地所涌现出来的具有代表性的农村基层互动治理实践形式，并从中归纳总结出共同性的治理特征和特定导向的治理功能，从而为构建具有普遍意义的农村基层互动治理机制提供支撑和依据，这是本书研究的重点问题，也是难点问题。

第四，构建农村基层互动治理机制，实现农村基层政府管理与村民自治有效衔接和良性互动，不仅是新时代实施乡村振兴战略，构建现代乡村治理体系的核心内容和环节，也是实现农村基层治理体系和治理能力现代化的重要成果和鲜明体现。随着农村经济社会多元化的发展，农村社会的阶层分化加剧，农村社会不同力量之间的博弈关系日趋复杂。应根据农村基层互动关系的复杂特点和基层民主发展的非均衡性状况，进一步健全村民自治机制，扩大基层群众自治范围，深化基层政府机构改革和职能转变，推进基层政权建设，从而构建切实可行的农村基层互动治理机制体系，形成一种政府与村民自治组织、公共权力组织与社会公益组织、官员与百姓民主参与、互助合作、共同治理的良好发展局面，是本书研究的又一难点。

### （二）存在的不足

在学术研究中，受研究者学识能力、知识结构以及研究视角受限等因素制约，所有预设的研究目标并不能完全达到和实现，往往会挂一漏万，不可避免地存在一些瑕疵和不足，甚至是失误。本书的研究过程中，受多种因素的制约，存在的不足也不少。首先，受研究者个人的研究能力所限，收集和整理的文献资料不尽丰富和详实，掌握的一手资料较少。因而，存在某些章节的论证和研究上的不够充分，逻辑不尽严密，结构不够严谨，有些观点阐述仅仅是笔者的一点浅见，有失偏颇等问题。其次，对现有文献史料的挖掘分析不够深入，因而在对中国农村基层政权组织与村民自治组织互动治理关系变迁的基本历程的梳理和阐述上，显得较为粗浅，不够细致严密，对很多深层、隐匿的问题和原因挖掘不深和拓展不够，这有待于后续进一步地深入研究。最后，虽然本书竭尽全力避免定性研究为主，定量研究不足的弊端，但又局限于所掌握的资料不够全面，对现有资料的挖掘不够深入，使得定性描述较多，定量分析不足，规范研究较多，实证研究较少。以上这些研究中存在的不足都将促使作者在今后的学习和工作中展开更进一步的研究，从而能提升作品的学术质量，完善本书的研究框架和内容。

# 第二章

# 学理阐释：全面推进乡村振兴与农村基层互动治理的理论分析

改革开放以来，我国广大农村地区普遍确立了村民自治的制度体系，国家权力逐渐退出农村基层社会的直接管理，上移至乡（镇）一级，农村基层社会逐步形成了"乡政村治"的治理体系格局。"乡政"是国家政权体系最基层一级，其代表国家行使政治管理权；"村治"是经村民选举产生自治组织，其代表全体村民行使自治权。农村基层治理的现实政治生态直接体现为"乡政"与"村治"之间的协调互动治理关系，即农村基层政府管理体系与村民自治体系二者之间的互动治理。进入新时代，特别是党和国家提出实施乡村振兴战略以来，农村基层社会治理中国家政权体系与村民自治组织的互动和联系日益紧密，不仅成为常态化，而且逐渐成型的农村基层互动治理体系格局也成为推进乡村振兴的重要的基础性组织力量和治理制度体系。本部分内容主要对全面推进乡村振兴与农村基层互动治理进行学理分析，着重分析和探讨乡村振兴战略实施背景、主要内容及目标任务，农村基层互动治理的概念内涵、主体构成及职责厘定，并进而探讨全面推进乡村振兴背景下农村基层实现互动治理的发展依据及其战略意蕴。从学理上分析和解读中国农村基层政府管理与村民自治之间的互动治理是本研究的前提和基础。

## 一　全面推进乡村振兴背景下农村基层互动治理的理论内涵

实施乡村振兴战略是党的十九大提出的关乎农村社会长远发展的

一项重大发展战略，直接指向完成脱贫攻坚任务之后接续推进农村全面振兴的重大现实任务，党的二十大又进一步强调在乡村产业、人才、文化、生态组织等方面全面推进乡村振兴，健全和完善乡村治理体系，建设宜居宜业和美乡村，对于推进农村基层社会治理趋向国家政权管理体系与农村社会自治体系有效衔接、良性互动的格局发展具有重大的现实指导意义。

**（一）实施乡村振兴战略的背景、主要内容及目标任务**

2017年10月，中国共产党第十九次全国代表大会报告首次提出了"实施乡村振兴战略"的重大决策部署，并于2018年2月，国家正式颁布实施《中共中央、国务院关于实施乡村振兴战略的意见》，同年9月，中共中央、国务院颁布了《乡村振兴战略规划（2018—2022年）》。实施乡村振兴战略是基于我国"决胜全面建成小康社会和全面建设社会主义现代化国家的重大历史任务"的现实需要，着力破解当前我国基层治理面临的城乡发展不平衡、基层发展不充分的重大现实问题，引领和深化新时代我国"三农"工作改革和发展而做出的一项重要决策，具有划时代的重大意义。

1. 实施乡村振兴战略的背景依据

改革开放45年来，我国经济社会持续快速发展，人民生活水平不断提高，社会主义现代化事业取得了举世瞩目的成就。但与此同时，我国广大农村地区经经济发展相对滞后，城乡差距不断扩大，"三农"问题日益凸显，农村基层发展滞后的"短板"已经严重影响了我国社会主义现代化建设的总体进程。进入21世纪，党和国家十分重视"三农"问题，并始终将其作为党和国家全部工作的重中之重。自2004年起，党中央、国务院围绕着促进农业增产、农村稳定、农民增收的核心问题，以每年的中央一号文件的形式，出台了一系列指导农村改革和发展的方针、政策和具体措施，形成了新时期我国"三农"工作的基本思路和政策体系。2005年，党的十六届五中全会明确提出了社会主义新农村建设的目标要求，即按照"生产发展、生活宽裕、乡风文明、村容整洁、管理民主"的要求稳步推进新农村建设。党的十八大以来,在以习近平同志为核心的党中央领导集体的领导下,我国农村改革不断深化,农业持续健康发展,农村贫困人口逐年减少,农民生活水平显著提高,农业农村发展取得了诸多历史性成就。然而,随着国家统筹推进"五位一体"总体布局、协调推进"四个全面"战略布局,国家治理现代化建设迈进新时代,我国城乡发展不平衡、农村发展不充分、基层治理体系和治理能力亟待提升等问题日益凸显,成为我国全面深化农村改革,推进基层治理现代化和农村整体发展进程中亟待解决的重大现实问题。

在此背景之下,2017年10月,中国共产党第十九次全国代表大会报告首次提出了"实施乡村振兴战略"的重大战略部署,并进一步明确指出"农业农村农民问题是关系国计民生的根本性问题,必须始终把解决好'三农'问题作为全党工作的重中之重。要坚持农业农村优先发展,按照产业兴旺、生态宜居、乡风文明、治理有效、生活富裕的总要求,建立健全城乡融合发展体制机制和政策体系,加快推进农业农村现代化。"[①] 此外,党的十九大还决定对《党章》进行修改,将"实施乡村振兴战略"作为新时代社会主义现代化建设的重大战略写入党的章程,充分表明实施乡村振兴战略将成为今后一个时期指导我国"三农"工作的一项重要指南和行动纲领,突显了党和国家全面深化乡村治理体系改革的决心。2017年12月28日至29日和12月29日至30日,党和国家相继召开了中央农村工作会议和全国农业工作会议。会议深入贯彻党的十九大精神和习近平新时代中国特色社会主义思想,全面分析了当前"三农"工作面临的形势和任务,研究实施乡村振兴战略重大决策部署,讨论了《中共中央、国务院关于实施乡村振兴战略的意见(讨论稿)》和相关配套规划,[②] 并于2018年1月2日,以中央一号文件的形式正式印发了《中共中央国务院关于实施乡村振兴战略的意见》(以下简称《意见》)。《意见》以习近平新

---

① 习近平:《决胜全面建成小康社会 夺取新时代中国特色社会主义伟大胜利——在中国共产党第十九次全国代表大会上的报告》,《人民日报》2017年10月28日第1版。

② 《中央农村工作会议在北京举行 习近平作重要讲话》,《农民日报》2017年12月30日第1版。

时代中国特色社会主义思想为指引，深入围绕实施乡村振兴的思路、任务和政策，提出来一系列的具体要求。为今后一个时期推进我国乡村治理改革和发展乃至基层治理现代化布局谋划。同年9月，党和国家制定了《乡村振兴战略规划（2018—2022年）》，对实施乡村振兴战略的第一个5年规划，进一步做出了具体的工作部署和全面的指导。随着乡村振兴战略的部署和实施，我国农业农村经济和社会发展将迎来重大战略机遇。

2. 实施乡村振兴战略的基本内容、目标任务和推进原则

实施乡村振兴战略是一个综合全面的系统性工程，涉及农业农村经济社会发展的诸多方面。2017年12月，习近平总书记在中央农村工作会议上做出重要讲话，全面阐述了实施乡村振兴战略的基本内容、目标任务和推进原则等重大问题。

（1）实施乡村振兴战略的基本内容

党的十九报告提出要按照"产业兴旺、生态宜居、乡风文明、治理有效、生活富裕的总要求，建立健全城乡融合发展体制机制和政策体系，加快推进农业农村现代化"。[①] 2017年的中央农村工作会议进一步明确了实施乡村振兴战略的基本内容，主要包括：一是，产业兴旺是乡村振兴的重点。必须坚持质量兴农、绿色兴农，以农业供给侧结构性改革为主线，加快构建现代农业产业体系、生产体系、经营体系，提高农业创新力、竞争力和全要素生产率，加快实现由农业大国向农业强国转变。二是，生态宜居是乡村振兴的关键。良好生态环境是农村最大优势和宝贵财富。必须尊重自然、顺应自然、保护自然，推动乡村自然资本加快增值，实现百姓富、生态美的统一。三是，乡风文明是乡村振兴的保障。必须坚持物质文明和精神文明一起抓，提升农民精神风貌，培育文明乡风、良好家风、淳朴民风，不断提高乡村社会文明程度。四是，治理有效是乡村振兴的基础。必须把夯实基层基础作为固本之策，建立健全党委领导、政府负责、社会协同、公众参与、法治保障的现代乡村社会治理体制，坚持自治、法治、德治

---

[①] 习近平：《决胜全面建成小康社会 夺取新时代中国特色社会主义伟大胜利——在中国共产党第十九次全国代表大会上的报告》，《人民日报》2017年10月28日第1版。

相结合，确保乡村社会充满活力、和谐有序。五是，生活富裕是乡村振兴的根本。要坚持人人尽责、人人享有，按照抓重点、补短板、强弱项的要求，围绕农民群众最关心最直接最现实的利益问题，一件事情接着一件事情办，一年接着一年干，把乡村建设成为幸福美丽新家园。六是，摆脱贫困是乡村振兴的前提。必须坚持精准扶贫、精准脱贫，把提高脱贫质量放在首位，既不降低扶贫标准，也不吊高胃口，采取更加有力的举措、更加集中的支持、更加精细的工作，坚决打好精准脱贫这场对全面建成小康社会具有决定性意义的攻坚战。此外，推进实施乡村振兴战略，还需要把制度建设贯穿于改革发展的始终，着力增强改革的系统性、整体性、协同性。还必须把人才队伍建设放到首要位置，培养造就一大批"懂农业、爱农村、爱农民"的"三农"人才队伍。

（2）实施乡村振兴战略的目标任务

2018年9月，习近平总书记在主持十九届中央政治局第八次集体学习中指出"乡村振兴战略是党的十九大提出的一项重大战略，是关系全面建设社会主义现代化国家的全局性、历史性任务，是新时代'三农'工作总抓手"[①]。按照党的十九大提出的决胜全面建成小康社会、分两个阶段实现第二个百年奋斗目标的战略安排，我国推进实施乡村振兴战略的总体目标任务是"坚持把解决好'三农'问题作为全党工作重中之重，坚持农业农村优先发展，按照产业兴旺、生态宜居、乡风文明、治理有效、生活富裕的总要求，建立健全城乡融合发展体制机制和政策体系，统筹推进农村经济建设、政治建设、文化建设、社会建设、生态文明建设和党的建设，加快推进乡村治理体系和治理能力现代化，加快推进农业农村现代化，走中国特色社会主义乡村振兴道路，让农业成为有奔头的产业，让农民成为有吸引力的职业，让农村成为安居乐业的美丽家园"[②]。9月26日，中共中央、国

---

① 中共中央党史和文献研究院编：《习近平关于"三农"工作论述摘编》，中央文献出版社2019年版，第194页。

② 中共中央党史和文献研究院编：《习近平关于"三农"工作论述摘编》，中央文献出版社2019年版，第15页。

务院印发的《乡村振兴战略规划（2018—2022年）》中又进一步明确指出了未来五年我国乡村振兴战略的发展目标，即"到2020年，乡村振兴的制度框架和政策体系基本形成，各地区各部门乡村振兴的思路举措得以确立，全民建成小康社会的目标如期实现。到2022年，乡村振兴的制度框架和政策体系初步健全。国家粮食安全保障水平进一步提高，现代农业体系初步建立，农业绿色发展全面推进；农村一二三产业融合发展格局基本形成，乡村产业加快发展，农民收入水平进一步提高，脱贫攻坚成果得到进一步的巩固；农村基础设施条件持续改善，城乡统一的社会保障制度体系基本建立；农村人居环境显著改善，生态宜居的美丽乡村建设扎实推进；城乡融合发展体制机制初步建立，农村基本公共服务水平进一步提升；乡村优秀传统文化的得以传承和发展，农民精神文化生活需求基本得到满足；以党组织为核心的农村基层组织建设明显加强，乡村治理能力进一步提升，现代乡村治理体系初步建构；探索形成一批各具特色的乡村振兴模式和经验，乡村振兴取得阶段性成果"[①]。与此同时进一步制定了实施乡村振兴战略的远景谋划，即"到2035年，乡村振兴取得决定性进展，农业农村现代化基本实现。农业结构得到根本性的改善，农民就业质量显著增高，相对贫困进一步缓解，共同富裕迈出坚实步伐；城乡基本公共服务均等化基本实现，城乡融合发展体制机制更加完善；乡风文明达到新高度，乡村治理体系更加完善；农村生态环境根本好转，生态宜居的美丽乡村基本实现。到2050年，乡村全面振兴，农业强、农村美、农民富全面实现"。[②]

（3）实施乡村振兴战略的推进原则

在推进实施乡村振兴战略进程中，应始终坚持以下基本原则：一是，坚持党管农村工作。毫不动摇地坚持和加强党对农村工作的领导，健全党管农村工作领导体制机制和党内法规，确保党在农村工作中始终总揽全局、协调各方，为乡村振兴提供坚强有力的政治保障。二是，坚持农业农村优先发展。把实现乡村振兴作为全党的共同意

---

[①]《乡村振兴战略规划（2018—2022年）》，人民出版社2018年版，第13—14页。
[②]《乡村振兴战略规划（2018—2022年）》，人民出版社2018年版，第17页。

志、共同行动,做到认识统一、步调一致,在干部配备上优先考虑,在要素配置上优先满足,在资金投入上优先保障,在公共服务上优先安排,加快补齐农业农村短板。三是,坚持农民主体地位。充分尊重农民意愿,切实发挥农民在乡村振兴中的主体作用,调动亿万农民的积极性、主动性、创造性,把维护农民群众根本利益、促进农民共同富裕作为出发点和落脚点,促进农民持续增收,不断提升农民的获得感、幸福感、安全感。四是,坚持乡村全面振兴。准确把握乡村振兴的科学内涵,挖掘乡村多种功能和价值,统筹谋划农村经济建设、政治建设、文化建设、社会建设、生态文明建设和党的建设,注重协同性、关联性,整体部署,协调推进。五是,坚持城乡融合发展。坚决破除体制机制弊端,使市场在资源配置中起决定性作用,更好发挥政府作用,推动城乡要素自由流动、平等交换,推动新型工业化、信息化、城镇化、农业现代化同步发展,加快形成工农互促、城乡互补、全面融合、共同繁荣的新型工农城乡关系。六是,坚持人与自然和谐共生。牢固树立和践行绿水青山就是金山银山的理念,落实节约优先、保护优先、自然恢复为主的方针,统筹山水林田湖草系统治理,严守生态保护红线,以绿色发展引领乡村振兴。七是,坚持因地制宜、循序渐进。科学把握乡村的差异性和发展走势分化特征,做好顶层设计,注重规划先行、突出重点、分类施策、典型引路。既尽力而为,又量力而行,不搞层层加码,不搞一刀切,不搞形式主义,久久为功,扎实推进。[①] 实现乡村振兴是一个纷繁浩大的系统性工程,要充分认识到实施乡村振兴战略的长期性、艰巨性,恪守原则,扎实推进,有序实现乡村振兴。为此,一方面,要准确聚焦阶段任务。在全面建成小康社会决胜期,重点抓好防范化解重大风险、精准脱贫、污染防治三大攻坚战,加快补齐农业现代化短腿和乡村建设短板。在开启全面建设社会主义现代化国家新征程时期,重点加快城乡融合发展制度设计和政策创新,推动城乡公共资源均衡配置和基本公共服务均等化,推进乡村治理体系和治理能力现代化,全面提升农民精神风

---

① 《乡村振兴战略规划(2018—2022年)》,人民出版社2018年版,第11—13页。

貌，为乡村振兴这盘大棋布好局。另一方面，科学把握节奏力度。合理设定阶段性目标任务和工作重点，分步实施，形成统筹推进的工作机制。加强主体、资源、政策和城乡协同发力，避免代替农民选择，引导农民摒弃"等靠要"思想，激发农村各类主体活力，激活乡村振兴内生动力，形成系统高效的运行机制。立足当前发展阶段，科学评估财政承受能力、集体经济实力和社会资本动力，依法合规谋划乡村振兴筹资渠道，避免负债搞建设，防止刮风搞运动，合理确定乡村基础设施、公共产品、制度保障等供给水平，形成可持续发展的长效机制。最后，梯次推进乡村振兴。科学把握我国乡村区域差异，尊重并发挥基层首创精神，发掘和总结典型经验，推动不同地区、不同发展阶段的乡村有序实现农业农村现代化。发挥引领区示范作用，东部沿海发达地区、人口净流入城市的郊区、集体经济实力强以及其他具备条件的乡村，到2022年率先基本实现农业农村现代化。推动重点区加速发展，中小城市和小城镇周边以及广大平原、丘陵地区的乡村，涵盖我国大部分村庄，是乡村振兴的主战场，到2035年基本实现农业农村现代化。聚焦脱贫攻坚精准发力，革命老区、民族地区、边疆地区、集中连片特困地区的乡村，到2050年如期实现农业农村现代化。[①]

**（二）农村基层互动治理的概念内涵、主体构成及其职责厘定**

基层互动式治理是新时代我国农村基层治理的鲜明特点和趋势。深入理解中国农村基层互动治理的理论内涵，应先准确把握中国农村基层互动治理的基本概念、互动治理的主体构成及其职责构成等基本内容。

1. 农村基层互动治理的概念内涵

基层，是指人们"日常生活所发生的共同空间，是社会的所有成员在日常生活中共同分享到的各种社会关系和社会情感，直接接触的

---

① 《乡村振兴战略规划（2018—2022年）》，人民出版社2018年版，第103—104页。

各类组织和制度"①。它不仅仅是一个简单的空间地理概念，也是一个凸显国家权力与社会力量交互博弈，既相竞争又相协作的空间场域。农村基层，是指乡镇以下的基层社会，简单讲就是农村村民日常生活和活动的空间场域，既包含农民日常活动所结成的社会资本网络，也包含农村基本的社会组织和社会制度。农村基层的基本构成单位是行政村、自然村（村民小组）和农村社区等，它们共同构成了农村治理的基础单元，是我国基层治理的基本场域。

"互动"（Interactive）一词可以拆分为"互"和"动"，按照汉语辞典的理解，"互"是指交替，"动"意为使起作用或变化。"互动"一词是指一种相互使彼此发生作用或变化的过程。德国社会学家G·齐美尔在其《社会学》（1980）一书中提出并使用社会互动的概念，从而将"互动"的理论引入社会科学研究之中，并对社交行为中统治与服从、冲突与凝聚等具体互动形式做了详细的分析，进而形成了诸如符号互动、社会交换、人际互动等互动理论的相关思想。我国学者郑杭生认为，"互动"又称社会互动，是一种社会交往过程或者社会交互作用，是"指社会上个人与个人、群体与群体之间通过信息的传播而发生的具有相互依赖性的社会交往活动。"② 由于这种行为过程是在不同的社会行动者之间作用产生的，因此，这种互动又称为社会互动。从上述学者的分析可以看出，"互动"一词在运用于社会科学研究中通常是于指社会的不同成员、组织之间的交互作用，实际上这种交互作用也体现在其他方面，比如权力互动、信息互动以及文化互动等。作为一种社会的交互作用，"社会互动"则存在不同的表现类型，这些类型主要包括竞争、冲突、强制、顺从、合作等形式。

"治理"（Governance）一词的涵义十分广泛，它既指一种关系，也指一种方式。作为一种关系，泛指国家、公共组织、私人机构及社会个人等各种活动主体之间的关系，作为一种方式，则指各种公共的

---

① 杨雪冬：《把基层的空间还给基层》，《人民论坛》2010年第24期。
② 郑杭生主编：《社会学概论新修》（第五版），中国人民大学出版社2019年版，第126页。

或私人的机构和个人管理其共同事务的诸多方式的总和。① 自世界银行首次提出这一概念以来，治理概念及其理论呈现出多样化演进的趋势，出现了"从语义治理转向行动治理"②的发展趋势，特别是互动治理理论及其实践模式的出现，表明了治理从文本走向行动。20 世纪70 年代，随着人们对"政府超载"（overload of government）进行热烈的讨论，开始强调政府、非政府组织以及公民个体在处理社会问题方面所共同负有的责任，注重通过利益相关者的参与沟通互动，来提高项目和政策提案的质量和效益，逐渐出现了一种多主体参与、协调互动的治理形式，对这一治理形式的研究和讨论也逐步在西方学术界蔚然兴起。

互动治理（Interactive Governance）的概念最早是由西方学者爱德兰博（Jurian Edelenbos）于 2005 年首次提出，他认为在公共政策制定过程中，各利益相关者通过参与到决策过程的不同阶段，在复杂项目的规划、执行和操作过程中发挥比以往更大的作用，③从而将这种多主体参与互动的治理形式视为决策进程中各个行动主体采取措施来处理治理障碍并为更优的治理目标寻找新的策略的一种特定的行动形式。Jacob Torfing 等人认为，互动治理可以被视为众多具有不同利益的社会成员与政治成员通过一系列思想、规则和资源的相互交换和作用，来形成、促进并实现共同目标的过程。④ 互动治理是区别于传统的以政府为中心的治理方式的一种新的治理模式，承认不同利益相关者以不同方式参与治理活动的正当性，它"要求政府官员顺应公民参与而非阻挠，通过更直接的政治参与将普通公民身份进一步转化为较

---

① 胡仙芝：《从善政向善治的转变："治理理论与中国行政改革"研讨会综述》，《中国行政管理》2001 年第 9 期。
② 臧雷振：《治理类型的多样性演化与比较——求索国家治理逻辑》，《公共管理学报》2011 年第 4 期。
③ Jurian Edelenbos, "Institutional Implications of Interactive Governance: Insights from Dutch Practice", *Governance*, Vol. 18, Issue. 1, January 2005, pp. 111 – 134.
④ Jacob Torfing, B. Guy Peters, Jon Pierre and Eva Sorensen, *Interactive Governance: Advancing the Paradigm*, Oxford University Press, 2012.

为积极的选民或监督者，减低政策后期执行阻力"。① 互动治理展开有其特殊的运行条件要求：（1）必须是在两个或两个以上的不同主体之间进行；（2）需要特定的情境下进行；（3）需要以信息传播为基础；（4）需要有产生相互依赖性的行为和关系；（5）遵循一定的行为模式和互动结构。

综合上述分析，本书将农村基层互动治理的概念界定，主要是指作为代表国家行使职权的最低一级的农村基层政权组织体系（包括农村基层党组织、乡镇人民代表大会和乡镇人民政府及派出机构）与代表全体村民行使自治权的村民自治组织体系（包括村党支部、村民会议或村民代表会议、村民委员会、村民小组）在共同处理和解决农村基层社会公共事务、公益事业中彼此在职能和关系上相互促进、有机协调的互动治理过程。由此可以看出，农村基层互动治理实际上主要涉及农村基层政府管理体系与村民自治体系二者的互动治理过程。农村基层互动治理需要具备一定的条件和要素，主要包括互动治理的参与主体；互动治理的社会情境；互动治理的价值目标；互动治理的基本内容以及互动治理所遵循的行为规范等。实现农村基层政府管理与村民自治的有效衔接和良性互动，构建农村基层互动治理体系，应该树立农村基层各个治理主体共同的价值目标和追求，在共同治理农村基层公共事务和公益事业过程中划定彼此的职能权限，在遵循国家法律制度和基本的程序规则下协调各自行为，建立良性的互动关系，使之趋于可持续的良性发展态势。作为一种新型治理范式，农村基层互动式治理应映现阶段我国乡村治理需要发挥国家行政力量和基层社会自治力量两个主体的整体协同作用的现实需要，是顺应国家全面推进乡村振兴目标任务要求，夯实基层治理体系和组织基础的一项重要变革，本质上体现国家与农村基层社会关系的深刻转变。

2. 农村基层互动治理的主体构成及其职责厘定

从现行的农村基层治理格局来看，农村基层互动治理的主体可以分为两个基本层级：一个是农村基层政权组织体系，包括农村基层党

---

① 臧雷振：《治理类型的多样性演化与比较——求索国家治理逻辑》，《公共管理学报》2011年第4期。

组织、乡镇人民代表大会、乡镇人民政府及其派出机构等；另一个是农村基层村民自治组织体系，包括村党组织、村民（代表）会议、村民委员会、村民小组等。由此可见，农村基层的互动治理不仅只局限于乡镇政府与村民委员会两种不同性质的组织之间的互动，还应包括范围更大的农村基层政权管理机关与村民自治性组织，即为农村基层政权组织体系与村民自治体系之间的协调与互动。

（1）乡镇政权组织体系及基本职责

中国农村行政区域的面积远远超过城市，且分布着数量众多的社会人口。如此广阔面积和人口众多的地区历来是国家政权进行管理和控制的重要地域。历史上，中国自周代以来就确立了乡的行政区划单位名称，建立乡级政权建制单位，成立代表中央政府管理基层的组织单元。虽然秦朝以后历代对乡的称谓各不相同，但作为县以下的农村基层行政区域单位的建制一直沿袭至今。中华人民共和国成立以后，于1954年颁布实施的宪法，明确乡级政权建制，正式在农村基层确立起了以乡为单位的基层政权，并在乡以下设立村级管理单位。同期，在农村恢复了以"手工业和商业活动为主的城市型行政区域"①，这就是自宋代开始称为的镇。镇是与乡平级的行政建制。由此，乡、镇共同构成了中国农村基层主要的行政管辖区域。截至2021年底，中国共有乡级行政区划单位38558个，其中乡（民族乡）有8155个，镇有21322个。② 乡镇政权组织的地位和作用相当重要，它既上连国家又下接农村，直接代表着国家对农村社会进行直接的管理和治理。"国家对农村社会的治理得好坏，在很大程度上取决于乡镇政府管理组织的实际'作为'。同时，在日常生活中，农民群众也主要是通过乡镇政府组织与国家发生各种联系"。③ 改革开放之后，"乡政村治"的农村基层管理体制逐步确立，乡镇政权成为国家权力在农村的基础和末梢，以乡镇党政组织为载体的"乡政"权力运行是国家

---

① 金太军、施从美：《乡村关系与村民自治》，广东人民出版社2002年版，第23页。
② 中华人民共和国民政部：《2021年民政事业发展统计公报》，https://www.mca.gov.cn/article/sj/tjgb/.
③ 吴理财：《改革与重建——中国乡镇制度研究》，高等教育出版社2010年版，第17页。

权力与村级自治权力互为渗透、互为影响的连接点。由于实际政治生活中所谓政府有广义和狭义之分,广义上的政府即"大政府",包括立法机关、行政机关、司法机关等在内的所有国家政权管理机关。狭义的政府即"小政府","则仅仅指国家行政机关"①。实际上,农村基层的政府管理职能、"乡政"权力的运行不能只局限于乡镇政府组织,而应涵盖整个乡镇政权组织,即包括乡镇党委、乡镇人民代表大会和乡镇人民政府在内的"大政府"体系。相关研究表明,农村基层政府管理体系实际上是一个"以乡镇党委为核心,以乡镇党委书记为'当家人',党政高度一体化和政治、经济、行政与社会权力高度集中的金字塔式的权力机构"②。

一是乡镇党组织。乡镇党组织是中国共产党在农村基层政权体系的执政和领导核心,是党在农村的基层组织,包括乡镇一级的委员会(简称乡镇党委)以及下属的村党组织(党支部、党总支或党委)。乡镇党委由党员大会或党员代表大会选举产生,一般设委员7至9名,其中书记1人,副书记2至3人(一般其中一人兼任乡镇长),另设组织委员1人,宣传委员1人,其他委员2人(一人管妇女工作,一人管民兵工作,一般称武装部长),纪委书记由党委委员兼任。乡镇党委是整个乡镇区域内的领导核心,全面负责并领导本地区的工作,对乡镇实行政治领导、思想领导和组织领导,支持和保证行政组织、经济组织和群众组织充分行使职权。根据《党章》规定,乡镇党政机关中的基层支部不领导本单位的业务工作,但应当对包括行政负责人在内的每个党员在执行党的路线、方针、政策和遵纪守法、联系群众等方面,以及他们的思想、作风、道德品质等方面的情况进行监督,协助行政领导改进工作,提高效率,克服官僚主义,并把了解到的机关工作的缺点、问题通知行政负责人或报告给党的上级组织。

根据最新修订的《中国共产党农村基层组织工作条例》的规定,乡镇党组织的职责任务可以分为乡镇党委的职责和村党组织的职责两

---

① 王惠岩:《政治学原理》(第二版),高等教育出版社2006年版,第134页。
② 王雅琳:《农村基层的权力结构及其运行机制——对黑龙江省昌五镇的个案研究》,《中国社会科学》1998年第5期。

个部分。乡镇党委工作的主要职责和任务包括:"第一,宣传和贯彻执行党的路线方针政策和党中央、上级党组织及本乡镇党员代表大会(党员大会)的决议。第二,讨论和决定本乡镇经济建设、政治建设、文化建设、社会建设、生态文明建设和党的建设以及乡村振兴中的重大问题。需由乡镇政权机关或者集体经济组织决定的重要事项,经乡镇党委研究讨论后,由乡镇政权机关或者集体经济组织依照法律和有关规定作出决定。第三,领导乡镇政权机关、群团组织和其他各类组织,加强指导和规范,支持和保证这些机关和组织依照国家法律法规以及各自章程履行职责。第四,加强乡镇党委自身建设和村党组织建设,以及其他隶属乡镇党委的党组织建设,抓好发展党员工作,加强党员队伍建设。维护和执行党的纪律,监督党员干部和其他任何工作人员严格遵守国家法律法规。第五,按照干部管理权限,负责对干部的教育、培训、选拔、考核和监督工作。协助管理上级有关部门驻乡镇单位的干部。做好人才服务和引进工作。第六,领导本乡镇的基层治理,加强社会主义民主法治建设和精神文明建设,加强社会治安综合治理,做好生态环保、美丽乡村建设、民生保障、脱贫致富、民族宗教等工作"[1]。另外,乡镇党委"还肩负着对共青团、妇联、科协和民兵等群众组织的领导,支持和协调本地区各群众组织的活动"。[2]

村党组织的主要职责包括:"第一,宣传和贯彻执行党的路线方针政策和党中央、上级党组织及本村党员大会(党员代表大会)的决议。第二,讨论和决定本村经济建设、政治建设、文化建设、社会建设、生态文明建设和党的建设以及乡村振兴中的重要问题并及时向乡镇党委报告。需由村民委员会提请村民会议、村民代表会议决定的事情或者集体经济组织决定的重要事项,经村党组织研究讨论后,由村民会议、村民代表会议或者集体经济组织依照法律和有关规定作出决定。第三,领导和推进村级民主选举、民主决策、民主管理、民主监督,推进农村基层协商,支持和保障村民依法开展自治活动。领导村民委员会以及村务监督委员会、村集体经济组织、群团组织和其他经

---

[1] 《中国共产党农村基层组织工作条例》,人民出版社2019年版,第9—10页。
[2] 张厚安:《中国农村基层政权》,四川人民出版社1992年版,第340页。

济组织、社会组织，加强指导和规范，支持和保证这些组织依照国家法律法规以及各自章程履行职责。第四，加强村党组织自身建设，严格组织生活，对党员进行教育、管理、监督和服务。负责对要求入党的积极分子进行教育和培养，做好发展党员工作。维护和执行党的纪律。加强对村、组干部和经济组织、社会组织负责人的教育、管理和监督，培养村级后备力量。做好本村招才引智等工作。第五，组织群众、宣传群众、凝聚群众、服务群众，经常了解群众的批评和意见，维护群众正当权利和利益，加强对群众的教育引导，做好群众思想政治工作。第六，领导本村的社会治理，做好本村的社会主义精神文明建设、法治宣传教育、社会治安综合治理、生态环保、美丽村庄建设、民生保障、脱贫致富、民族宗教等工作"。①

二是乡镇人民代表大会。乡镇人民代表大会（简称"乡镇人大"）是最基层的一级地方国家权力机关，由本行政区域的选民直接选举产生的人民代表组成，代表人民行使国家权力。乡镇人大是人民代表大会制度的重要组成部分，也是人大制度的基础。它既是国家基层政权的权力机关，也是人民群众参与农村基层政治、行使当家作主权利的主要形式。乡镇人大设主席1名，可设立副主席1至2名。主席和副主席由本级人民代表大会从代表中选出，任期与本级人大每届任期相同。根据《中华人民共和国地方各级人民代表大会和地方各级人民政府组织法》第十二条的规定，乡、民族乡、镇的人民代表大会行使下列职权："①在本行政区域内，保证宪法、法律、行政法规和上级人民代表大会及其常务委员会决议的遵守和执行和项目；②在职权范围内通过和发布决议；③根据国家计划，决定本行政区域内的经济、文化事业和公共事业的建设计划；④审查和批准本行政区域内的预算和预算执行情况的报告，监督本级预算的执行，审查和批准本级预算的调整方案，审查和批准本级决算；⑤决定本行政区域内的民政工作的实施计划；⑥选举本级人民代表大会主席、副主席；⑦选举乡长、副乡长、镇长、副镇长；⑧听取和审议乡、民族乡、镇的人民政

---

① 《中国共产党农村基层组织工作条例》，人民出版社2019年版，第10—11页。

府的工作报告；⑨听取和审议乡、民族乡、镇的人民代表大会主席团的工作报告；⑩撤销乡、民族乡、镇的人民政府的不适当的决定和命令；撤销乡、民族乡、镇的人民政府的不适当的决定和命令；⑪保护社会主义的全民所有的财产和劳动群众集体所有的财产，保护公民私人所有的合法财产，维护社会秩序，保障公民的人身权利、民主权利和其他权利；⑫保护各种经济组织的合法权益；⑬铸牢中华民族共同体意识，促进各民族广泛交往交流交融，保障少数民族的合法权利和利益；⑭保障宪法和法律赋予妇女的男女平等、同工同酬和婚姻自由等各项权利"①。

三是乡镇人民政府。乡镇人民政府（简称"乡镇政府"）既是乡镇人民代表大会的执行机关，又是我国最基层一级的国家行政机关。作为乡镇人大的执行机关，乡镇政府必须对产生它的乡镇人大负责，并对其报告工作，接受乡镇人大的民主监督；作为一级基层国家行政机关，乡镇政府必须对上一级人民政府负责并报告工作，完成其交办的各项行政事务，并同时接受国务院的统一领导。根据《村民委员会组织法》的相关规定，乡镇政府还须指导、支持和帮助村民委员会的工作。乡镇政府是国家行政的"末梢"，它直接面向广大农民，是国家和政府联系广大人民群众的重要桥梁和纽带，起着承上启下的作用，在我国行政体系中占据着极其重要的地位。乡镇政府一般设乡、镇长1名，副乡、镇长若干人。乡、镇长由乡镇人民代表大会选举产生，乡镇政府实行乡、镇长负责制，乡、镇长有权领导和管理乡镇政府所属行政机关及其工作人员，全面负责乡镇政府的各项工作。副乡、镇长则协助乡、镇长开展工作，并具体分管若干方面的工作。乡镇政府一般由乡镇政府内设机构和县级政府驻派乡镇的机构共同构成。内设机构主要有：乡镇政府办公室、民政办公室、司法办公室、计划生育办公室、财政所、城镇建设所、土地管理所、农经办、文教卫办公室、教委、企业办公室、统计站等。县级政府驻派乡镇一级的

---

① 《中华人民共和国地方各级人民代表大会和地方各级人民政府组织法》，人民出版社2022年版，第35—37页。

机构主要是所谓的"七站八所"①,它们受县级政府和乡镇政府的双重领导。

我国乡镇政府的职能,主要就是乡镇政府在组织和领导本行政区域内的经济、文化、社会等各项事业建设中所负有的职责和具有的功能。按照《中华人民共和国地方各级人民代表大会和地方各级人民政府组织法》第七十六条的规定,乡镇政府主要行使以下职权:"①执行本级人民代表大会的决议和上级国家行政机关的决定和命令,发布决定和命令;②执行本行政区域内的经济和社会发展计划、预算,管理本行政区域内的经济、教育、科学、文化、卫生、体育等事业和生态环境保护、财政、民政、社会保障、公安、司法行政、人口与计划生育等行政工作;③保护社会主义的全民所有的财产和劳动群众集体所有的财产,保护公民私人所有的合法财产,维护社会秩序,保障公民的人身权利、民主权利和其他权利;④保护各种经济组织的合法权益;⑤铸牢中华民族共同体意识,促进各民族广泛交往交流交融,保障少数民族的合法权利和利益,保障少数民族保持或者改革自己的风俗习惯的自由;⑥保障宪法和法律赋予妇女的男女平等、同工同酬和婚姻自由等各项权利;⑦办理上级人民政府交办的其他事项"②。

综合上述,我们可以看出在农村基层政权体系中,基层各级管理机关的内在结构特征主要体现为乡镇党委组织居于首位,处于领导核心地位,直接担负着领导基层治理的核心职责。乡镇人大组织是国家基层一级政权组织的权力机关,是乡镇政府组织的权力授权机关,拥有对重要干部人事任命、重大事项决策等权力,同时直接对乡镇政府活动进行直接的监督和制约。乡镇政府组织作为基层政权的执行机关其权力最为密实,机构设置庞杂,职能最广,直接承担着基层政权组织日常运转和工作的重要职能。由此,在农村基层社会构成了以农村

---

① "七站八所"种类和数目各地有异,"所"一般是政府机构即工商行政管理所、税务所、公安派出所、财政所、土地管理所、邮电所、粮管所、交通运输管理所、物价所等;"站"一般是政府所属的行政性事业单位,主要为农民提供社会化服务的机构,包括广播站、农机站、农技站、林业站、水利站、种子站、文化站、兽医站、农经站等——笔者注。

② 《中华人民共和国地方各级人民代表大会和地方各级人民政府组织法》,人民出版社2022年版,第69—70页。

基层党组织为领导核心、以农村基层人大为权力中心、以乡镇基层政府为权力执行机关的国家基层政权组织体系,形成了上自乡镇党委书记下至"七站八所"和村干部的"金字塔"型权力结构。在这种权力运行体系结构中,农村社会权力主要集中于乡镇一级的基层政府,因而具有较为浓厚的"行政支配社会"①的制度特点。乡镇政府作为农村基层国家行政机关和乡镇人大的执行机关,是乡镇行政管理的唯一主体和具体的实施者,负责管理本行政区域内的社会、经济、文化等方面的行政工作。

(2)村民自治组织体系及基本职责

自治(autonomy)一词,从广义上理解意为"自己管理自己"②以及"自行管理或处理"等意思③,是与他治特别是官治等相对而言的概念。从政治学角度理解,自治定义为"实行自我管理的国家,或国家内部享有很大程度的独立和主动性机构。④ 由此而言,自治的基本内涵就是在一定的社会单位内部,其成员或管理机构可以在一定范围内拥有内部事务的决定权,尽管这种自治权力拥有不受其他个人或组织的过问和管理的天然要求,但是现实生活中的完全自治是很难实现的,也就是说自治是有条件的,有限度的,"任何国家的自治都是在法律规定范围内的自治"⑤。自治的主要类型包括地方自治、民族区域自治、特别行政区高度自治和基层群众自治(包含农村村民自治)等。

农村村民自治出现的社会背景是人民公社的解体后,农村基层出现了政权的空白,为了填补农村社会的治权空白,有着强烈人身依附观念,但又获得了一定经济自主权的农民自己创造出的农村基层社会的管理组织。村民自治组织起初的称谓比较混乱,有的称作"村管

---

① 王雅琳:《农村基层的权力结构及其运行机制——对黑龙江省昌五镇的个案研究》,《中国社会科学》1998年第5期。
② 《辞海》(增补本),上海辞书出版社1983年版,第557页。
③ 罗竹风:《汉语大词典》,汉语大词典出版社1991年版,第1318页。
④ 邓正来:《布莱克约尔政治学百科全书》,中国政法大学出版社2002年版,第49页。
⑤ 刘友田:《村民自治——中国基层民主建设的实践与探索》,人民出版社2010年版,第8页。

会"，有的称作"议事会"，甚至有的直接叫做"治安领导小组"。1982 年《宪法》第 111 条，统一使用"村民委员会"的名称，并规定"村民委员会是基层群众自治组织"。1988 年，《村民委员会组织法（试行）》颁布实施，该法明确规定了村民自治的性质，村民自治组织构成和主要职能，村民委员会与乡镇政府、与农村基层党组织的关系等内容。1998 年，该法正式由第九届全国人大五次会议通过颁布实施，2018 年，第十三届全国人大七次会议进行修订。根据最新修订的相关规定，村民自治组织主要有村民（代表）会议、村民委员会和村民小组构成。村民（代表）会议是决策机构，村民委员会是执行机构，村民小组是便于开展工作而设立的工作小组。根据民政部 2021 年的统计数据显示，"截止 2021 年底，全国基层群众自治组织共 60.6 万个，其中：村委会 49.0 万个，比上年下降 2.5%，村民小组 395.0 万个，村委会成员 208.9 万人，比上年增长 0.8%"[①]。

一是村民（代表）会议。根据《村民委员会组织法》规定，"村民（代表）会议由本村十八周岁以上的成年村民组成"。村民会议一般由村民委员会召集，负责讨论和决定涉及全体村民利益的事务，包括制定和修改村民自治章程、村规民约，以及其他村民事务。由于村民自治是一种直接民主，因此，村民会议是村民自治的最高决策机关，由村民委员会向村民会议负责并报告工作，同时，村民会议可以授权村民代表会议审议村民委员会的年度工作报告，评议村民委员会成员的工作，撤换或者变更村民委员会不适当的决定。[②]

根据国家相关法律规范和精神，村民（代表）会议一般承担以下主要职责，包括："第一，具有创制权，即根据国家有关法律精神讨论、审定、修改和通过本村村民自治活动的基本章程和规则，但不得与宪法、法律、法规和国家的政策相抵触，不得有侵犯村民的人身权利、民主权利和合法财产权利的内容。第二，审议权，村民会议审议

---

[①] 中华人民共和国民政部：《2021 年民政事业发展统计公报》，民政部门户网，http://www.mca.gov.cn.

[②] 参见《中华人民共和国村民委员会组织法》，中国法制出版社 2019 年版，第 10 页。

村民委员会的年度工作报告，评议村民委员会成员的工作。第三，决策权，包括审议和通过村的经济和社会发展规划、年度工作计划，并做出相应决议；讨论、决定涉及全体村民利益的重大问题。第四，监督权，包括监督、审查村财务，监督自治组织工作机构和人员。第五，否决权，有权撤销或者变更村民委员会不适当的决定；有权撤销或者变更村民代表会议不适当的决定。"①

二是村民委员会。《村民委员会组织法》第 2 条的规定，"村民委员会是村民自我管理、自我教育、自我服务的基层群众性自治组织，实行民主选举、民主决策、民主管理、民主监督。村民委员会一般由 3 至 7 人组成，分别设主任、副主任和若干委员，包括妇女委员。村民委员会各成员由村民直接选举产生，任何组织或者个人不得干预委员人选产生。村委会一般每届任期 5 年，届满其成员可以连选连任。村民委员会根据需要可以设人民调解、治安保卫、公共卫生等委员会，村民委员会成员可以兼任下属委员会的成员。人口少的村的村民委员会可以不设下属委员会，由村民委员会成员分工负责人民调解、治安保卫、公共卫生等工作"②。

根据《村民委员会组织法》的规定，村民委员会的主要职责有："第一，办理本村的公共事务和公共事业，调解民间纠纷，协助维护社会治安，向人民政府反映村民的意见，要求和提出建议；第二，村民委员会应当支持和组织村民依法发展各种形式的合作经济和其他经济，承担本村生产的服务和协调工作，促进农村生产建设和经济发展；第三，村民委员会依照法律规定，管理本村属于村农民集体所有的土地和其他财产，引导村民合理利用自然资源，保护和改善生态环境；第四，村民委员会应当尊重并支持集体经济组织依法独立进行经济活动的自主权，维护以家庭承包经营为基础、统分结合的双层经营体制，保障集体经济组织和村民、承包经营户、联户或者合伙的合法

---

① 刘友田：《村民自治——中国基层民主建设的实践与探索》，人民出版社 2010 年版，第 46 页。

② 参见《中华人民共和国村民委员会组织法》，中国法制出版社 2019 年版，第 3—4 页。

财产权和其他合法权益;第五,村民委员会应当宣传宪法、法律、法规和国家的政策,教育和推动村民履行法律规定的义务、爱护公共财产,维护村民的合法权益,发展文化教育,普及科技知识,促进男女平等,做好计划生育工作,促进村与村之间的团结、互助,开展多种形式的社会主义精神文明建设活动;第六,村民委员会应当支持服务性、公益性、互助性社会组织依法开展活动,推动农村社区建设;多民族村民居住的村,村民委员会应当教育和引导各民族村民增进团结、互相尊重、互相帮助;第七,村民委员会及其成员应当遵守宪法、法律、法规和国家的政策,遵守并组织实施村民自治章程、村规民约,执行村民会议、村民代表会议的决定、决议,办事公道,廉洁奉公,热心为村民服务,接受村民监督。"[1] 除上述村民自治事务外,村民委员会还负责协助乡镇政府完成行政性的事务,如推动和促进农民履行纳税、服兵役、义务教育、计划生育、农产品订购合同等。需要明确的是,村民委员会既不是一级政府,也不是任何一级政府的派出机构或下属机关,它是自治组织,而不是政府机关。

三是村民小组。村民小组是实行村民自治的基本单位,是享有对本小组内部经济、社会和公共事务独立管理权的基础自治组织。根据《村民委员会组织法》规定,村民委员会可以根据村民居住状况、集体土地所有权关系等分设若干村民小组。一般而言,村民小组是在人民公社时期的生产队基础上演变而来的组织。村民小组长由村民小组会议推选产生,其任期与村民委员会的任期相同,可以连选连任。作为村民自治最低一级的机构,村民小组在村民自治过程中发挥着重要的作用,它"不仅是目前中国乡村社会的最普遍的集体经济组织,同时,它是由自然村落组成的社区组织,是村民最基本的生存环境,是村治结构中的组成部分"[2],其主要职责包括:落实乡村两级组织交付的各项任务;向村民委员会反映本组村民的意见、要求和建议;处理

---

[1] 参见《中华人民共和国村民委员会组织法》,中国法制出版社2019年版,第4—5页。

[2] 于建嵘:《岳村政治:转型期中国乡村政治结构的变迁》,商务印书馆2001年版,第369页。

小组内部的各项事务，如发包土地、兴修水利等；促进本小组村民互帮互助。村民小组在村民（代表）大会和村委会的领导下活动。

### （三）农村基层互动治理的基本关系形态

在农村基层治理中，乡村两级组织的关系往往是直接影响村级社会治理的重要因素。作为乡村关系的"主角"，在农村基层社会治理中，农村基层政府管理组织与村民自治组织之间的治理关系会因不同的主体利益、权力分疏、工作职能和任务性质的不同而产生不同的行为关系模式，尤其在压力型体制的综合作用下，国家自上而下的治理指标和任务要求需要基层治理部门予以落实和推进，农村基层政府和村民自治组织自然是落实项目任务的主体，并且在不同治理事务和工作中二者也会结成不同的互动治理关系。从理论角度分析，这种互动关系会随着事物自身因素和外在条件以及周遭环境的发展变化，事物之间的相互关系也会发生变化，因而呈现出不同的关系形态或关系模式。本书基于互动治理的相关理论框架，结合我国农村基层治理的现实情况，以农村基层政府组织与村民自治组织之间互动关系的强弱变化为变量因素，将我国农村基层互动治理的关系形态划分为：合作型治理关系、强制顺从型治理关系和冲突型治理关系。（见表2-1）

表2-1　农村基层政府管理与村民自治互动治理的关系形态

| 治理主体 \ 治理关系 | 合作型 | 强制顺从型 | | 冲突型 |
|---|---|---|---|---|
| 政府管理 | 强 | 强 | 弱 | 弱 |
| 村民自治 | 强 | 弱 | 强 | 弱 |

1. 农村基层政府管理与村民自治的合作型治理关系形态

互动治理中的合作型治理关系形态，是指交互活动的双方为完成某个共同目标或实现某种共同的价值理念，在利益上无根本冲突和矛盾的情况下，通过合情、合理以及合法的手段和媒介进行交互作用，发生彼此协调和合作的行为，从而实现双方的互利互惠和合作共赢的一种关系形态。这些共同目标和价值理念的实现必须要依赖双方的联合行动，仅靠一方努力而忽略另一方的活动是无法实现的，可以说，很多的社会事务都是建立在相互合作的基础上进行治理和解决的。具体来说，合作型治理关系可以分为4种基本类型，包括：（1）援助性合作，也可称为帮助性合作，是指主体间通过优势互补来共同完成某种目标和任务，这种合作互动主要是基于某种实际的需要和可能，而建立起的合作互助性关系。（2）传统性合作，主要是基于既定的社会习惯而言，人们在没有约定的前提下自然地走向合作，最终在长期实践中慢慢形成并固定下来的合作关系。（3）指导性合作，是指系统结构中的上下级之间通过建立的指导与被指导的关系来进行的合作，从而完成目标任务。（4）契约性合作，是指互动主体双方在明确各自的职责和权限基础上，通过订立的契约同意在特定的条件下来共同完成目标任务而进行的合作。

农村基层政府管理与村民自治的合作型治理关系形态，是指农村基层政府组织与村民自治组织能够基于共同的利益目标和价值诉求，通过合情、合理以及合法的途径实现彼此协调与合作，进而达到互利互惠的一种关系形态。这种关系模式要求基层政权组织与村民自治组织彼此具备强有力的主体行为能力，二者在明确各自职能和权限的基础上能够平等地就乡村社会的共同性事务和公益事业展开良性化的协调与合作。农村基层政府管理能力强，可以很好地指导并帮助村民自治组织开展事务活动；村民自治组织能力强，也能快速适应并协助基层政权组织完成和实现共同的利益目标和价值目标。特别是在乡镇政府与村委会之间，在职能强大的乡镇政府和自治力强的村委会的共同作用下，能够有效地处理农村社会各项公共事务和公益事业，并在此过程中促进彼此力量的持续增长，从而在农村基层互动治理中，使农村基层政府管理与村民自治呈现出一种"互强"型的增长模式。

2. 农村基层政府管理与村民自治的强制顺从型治理关系形态

互动治理中的强制顺从型治理关系形态，是指在社会共同事务中存在利益上冲突和矛盾的双方，在不得到对方同意或者违背对方意愿的基础上，互动的一方主体将意志强加给另一方主体，迫使另一方顺从（自愿或主动调整自己的行为），从而实现自身所期待的目标的一种关系形态和模式。一般强制顺从关系形态是在双方处于不对等的位置，彼此力量不平衡的条件下所产生的一种行为关系。强制的一方拥有控制另一方的权威和资源优势，顺从的一方只能被动地改变自己的行为而采取和解、妥协或依附的方式来适应另一方的行为。强制顺从型治理关系形态和模式，通常被看作是一种负面的、非正常化的互动治理形式，并且这种治理关系形态和模式处于变动调整之中，会经常随着外部环境和条件的变化，治理主体双方的强制顺从关系会发生倒转，即出现原来强势的一方转变为弱势的一方，原来弱势的一方转为强势的一方的情形，相应的各互动行为主体的关系随之发生变化。这种基层互动治理双方进行博弈的情况，也会带来彼此力量相互蚀损出现"互弱"化的问题，进而导致基层治理陷入失序混乱的境地。

村基层政府管理与村民自治的强制顺从型治理关系形态，是指农村基层政府组织与村民自治组织的双方在处理共同事务中，一方强制另一方服从自己的行为，以达到自己目的的行为关系形态和模式。一般存在两种情形：一种是农村基层政府管理力量强势，村民自治组织能力弱小的情形；另一种是农村基层政府管理能力弱小，村民自治组织力量强势的情形。前者主要是作为国家权力的行使者，农村基层政权组织拥有强大的权威和资源优势，强制村民自治组织按照自己的意愿完成各项指令计划和任务，控制并干预村民自治的各项事务和工作活动，村民自治组织则处于弱势地位，常常依附于乡镇政权，顺从乡镇政权组织的意愿。后者主要是农村基层政权组织的管理能力弱化，贯彻执行上级政府下派的任务能力较差，不能完全行使一级政权组织的职能，村民自治组织总体处于强势地位，不配合、不协助乡镇政府完成相应的政务工作，甚至公然与乡镇政府对抗，致使村庄的管理基本处于一种无政府状态。以上两种情形或多或少地存在于当前中国农村社会之中，成为农村基层政府管理与村民自治互动治理关系形态中一种消极治理的表现形式。在这种治理关系形态和模式中，农村基层政府管理力量与村民自治力量处于不平衡之中，彼此交互作用下能够产生动态的协调关系，但很不稳定，容易激化矛盾转向对立和冲突的关系形态，极大地削弱基层治理的效能。

3. 农村基层政府管理与村民自治的冲突型治理关系形态

互动治理中的冲突型治理关系形态，是指互动的双方在利益分配和实现以及价值理念上存在着直接的或间接的矛盾冲突而且矛盾冲突变得尖锐而又不可调和，致使双方在交互作用过程中出现较为激烈的对抗和斗争的一种行为关系形态。在冲突型治理关系形态下，矛盾冲突的双方处于不平等的地位，冲突方式上较为激烈和粗暴，矛盾冲突尖锐而不可调和。现实生活中，冲突是合作的反面，有合作就有冲突，冲突无处不在，上至国家与国家之间的冲突，下至个体之间甚至家庭内部的冲突。冲突的类型形式各不相同，既存在群体间的战争、群体内的冲突，也存在打官司、观念对立等类型的冲突。

农村基层政府管理与村民自治的冲突型治理关系形态，是指农村基层政府组织与村民自治组织在处理和解决社会共同的事务和问题中，存在直接或间接的利益冲突和矛盾，这种矛盾冲突尖锐而又不可调和，从而致使二者处于对抗和斗争中的一种行为关系形态。农村基层治理中的冲突型治理关系形态的出现，是由于农村基层政府管理与村民自治二者的力量长期处于一种不平衡的状态，农村基层政府组织与村民自治组织在利益实现和价值理念上出现严重的分歧，基层政权组织掌握着更多的治理资源，囿于自身利益本位和利益膨胀而阻碍村民直接行使自治权，有的基层政府无所事事，有的基层政府却"胡作非为"，致使乡村两级治理关系无法有机的协调统一起来。在这种关系形态下，农村基层政权组织与村民自治组织之间的对立冲突的局面，阻碍并削弱了二者职能的正常发挥，严重影响了农村社会各项公共事业的发展，农村社会基本处于失序和混乱状态，最终造成农村基层政府管理与村民自治"互弱"的关系状态。

总的来说，在非均质发展的农村基层社会，农村基层政府管理与村民自治的互动治理关系模式是复杂多样的，无法且不能存在统一形态的关系模式，因而，在农村基层治理中，既有良性的互动关系形态，也有恶性的互动关系形态。在不同的关系形态下，农村基层社会的治理方式和治理绩效也存在很大差异。因此，只有充分了解和掌握不同农村地域中的基层政府与村民自治组织互动治理的不同关系形态，才能针对不同地域和类型的乡村关系，采取相应的举措逐步消除农村基层政府管理与村民自治互动治理的不良条件和消极因素，促使农村基层政府管理与村民自治的关系趋于良性化和可持续。

## 二 全面推进乡村振兴背景下农村基层实现互动治理的发展依据

在全面推进乡村振兴进程中，实现农村基层互动治理，即推进基层政权体系与农村社会自治体系之间的有效衔接和良性互动，其形成和发展的过程绝不是某种偶然性的产物，而是应和时代发展的根本诉求，符合国家治理向基层拓展延伸、全面推进乡村振兴的必然逻辑。农村基层实现互动治理不仅具有深厚的思想理论渊源，也有其历史的必然性和现实的条件基础。

### （一）全面推进乡村振兴背景下农村基层实现互动治理的理论渊源

推进和实现农村基层互动治理，即是使基层政府管理体系与村民自治体系之间形成互动合作、协调有序的治理共同体，这不仅是中国农村基层治理实践发展的现实需要，也是国家与农村基层社会治理关系变革进程中，对于国家与农村基层社会关系趋于一种合作治理的理性认识。这种理性认识付诸于实践就并不是简单的主观臆断，而应受其深刻的思想理论指导。这些思想理论主要包括马克思主义关于国家与社会关系的理论、中国传统政治文化中的民本思想以及现代治理理论中的治理和善治思想等，它们都为中国农村基层互动治理的发展奠定了重要的思想理论基础。

1. 马克思主义关于国家与社会关系的理论

马克思、恩格斯根据社会发展和国家演进的规律，集中论述了国家与社会的关系，从历史唯物主义的维度完整地阐释了国家源于社会、社会决定国家、国家终将回归社会的思想，为我们完整理解和把握国家与社会的关系奠定了重要基础。马克思、恩格斯认为，社会是以物质生产活动为基础的人类生活共同体，"国家决不是从外部强加于社会的一种力量。国家也不像黑格尔所断言的是'伦理观念的现实','理性的形象和现实'。确切地说,国家是社会在一定发展阶段上的产物",是"从社会中产生但又自居于社会之上并且日益同社会相异化的力量"①。国家自产生之后就以整个社会的正式代表居于社会之上,担负起"缓和冲突,把冲突保持在'秩序'的范围以内"②的责任,并且现代国家的建立还肩负着推进社会现代化的历史任务。此外,国家"正如它们从前不可避免地产生一样。随着阶级的消失,国家也不可避免地要消亡"③。当社会生产力高度发展之后,随着阶级的消灭,"在生产者自由平等的联合体的基础上按新方式来组织生产的社会,将把全部国家机器放到它应该去的地方","那时,国家政权对社会关系的干预在各个领域中将先后成为多余的事情而自行停止下来,那时,对人的统治将由对物的管理和对生产过程的领导所代替。国家不是'被废除'的,它是自行消亡的"④。至此,马克思和恩格斯深刻揭示出国家与社会互动发展的基本规律。并且根据这一规律可以明确,国家自产生以来与社会交互作用过程中主要存在着四种基本关系形态,即"强国家——弱社会、弱国家——强社会、弱国家——弱社会、强国家——强社会"⑤。中华人民共和国成立以来,我国农村社会总体处于"强国家——弱社会"关系形态之中,国家权力深入下沉至农村社会,对农村社会进行直接全面的管控,农村社会的自主性自治力量较弱,自治水平还比较低下,无法承担起农村社会治理的善治重任。随着新时代国家治理现代化进程的不断推进,全面推进乡村振兴成为是实现农村基层治理由弱转强的关键性举措,在不断发展壮大农村基层自主性治理力量的同时,需要国家权力体系的组织引领,通过国家力量推动农村社会实现现代化,促进农村村民自治性力量的成长和壮大。社会发展的历史规律也表明,"要想在国家与社会之间划出一道鸿沟显然是一件不可能的事情;不仅如此,而且虽然国家与

---

① 《马克思恩格斯选集》(第4卷),人民出版社2012年版,第186—187页。
② 《马克思恩格斯选集》(第4卷),人民出版社2012年版,第187页。
③ 《马克思恩格斯选集》(第4卷),人民出版社2012年版,第190页。
④ 《马克思恩格斯选集》(第3卷),人民出版社2012年版,第812页。
⑤ 戴桂斌:《"互强型"国家与乡村社会的建构》,《社会主义研究》2010年第1期。

社会之间的确存在着对立的一面,但实际上它们又是互为条件、互相依存的"①。只有在国家权力与农村社会的协调互动中,才能推进国家力量和社会力量的同步增长,促使农村基层政府管理与村民自治有效衔接和良性互动。随着国家力量与农村社会力量的增长,双方建立平等互助、协调合作、相互制衡、互利互惠的良性关系,持续推进国家与农村社会的持续互动和共同发展,从而使国家与农村社会关系逐渐由"强国家——弱社会"的关系形态向"强国家——强社会"的互强型关系形态转变。

2. 中国优秀传统政治文化中的民本思想

传统民本思想是我国古代传统政治思想的重要内容,曾在我国古代政治生活中发挥了重大而积极的作用。民本思想"是传统社会中的有识之士据以对抗专制君主的重要思想武器,也是历史上一些清官贤臣重视民意的为政原则","一直贯穿在在我国历史发展的始终"。② 中国优秀传统政治文化中的民本思想,主要是指中国古代哲人关于爱民、重民、保民、利民、富民、顺民、教民、养民等一系列思想的总称。"传统民本思想起源于商周,形成于春秋,成熟于战国,发展于汉唐,完善于宋明,顶峰于明末清初"③,经历了民为邦本、敬德保民、利民富民、民贵君轻等思想形态的发展过程。传统民本思想源远流长,早在《尚书·盘庚》(关于上古时期帝王的著述)中就有"施实德于民"、"重我民"的记载。《尚书·夏书·五子之歌》提出"皇祖有训:民可近,不可下。民为邦本,本固邦宁",阐述了"民为邦本"的思想,鲜明揭示出国家与民众的紧密关系,倡导国家的安宁昌盛必须重视与民众建立良好的关系。周人从殷商的覆灭中认识到"天命靡常",看到了民众的强大力量,因而,进一步提出"敬德保民"的思想,"民之所欲,天必从之"、"天视自我民视,天听自我民

---

① 唐士其:《国家与社会的关系——社会主义国家的理论与实践比较研究》,北京大学出版社1998年版,第280页。
② 杨弘、张等文:《论新民本主义的时代内涵及对传统民本主义的超越》,《东北师大学报》2008年第1期。
③ 刘彤、张等文:《中国共产党民本思想对传统民本思想的传承与超越》,《马克思主义与现实》2012年第12期。

听"(《尚书·太誓》)、"皇天无亲,唯德是辅,民心无常,惟惠之怀"(《尚书·蔡仲之命》),从而开启了先秦民本思想的先河。春秋时期,孔子、孟子等儒家政治思想家进一步阐述和拓展了民本思想。孔子提出"利民富民"的思想,认为君王以利民而利己,以害民而害己,"百姓足,君孰与不足?百姓不足,君孰与足?"(《论语·颜渊》),冉有曰:"既庶矣,又何加焉?"曰:"富之"(《论语·子路》),反之"刻民而奉君,犹割肉以充腹,腹饱而身毙,君富而国亡。"(《资治通鉴》卷一九二),因而,必须除暴政,兴仁政。孟子认为"民为贵,社稷次之,君为轻"(《孟子·梁惠王》),揭示出民众、国家与君主之间的关系,阐发了"民贵君轻"思想。此外,孔孟都主张君主应施以"德政"、"仁政","为政以德,譬如北辰居其所,而众星拱之。"(《论语·为政》),只有施"德政"、"仁政"才能得民心,"桀纣之失天下也,失其民也,失其民者,失其心也。得天下有道,得其民,斯得天下矣。"(《孟子·离娄上》),"德政"、"仁政"的中心内容就是"爱民惠民","召君子之于物也,爱之而弗仁,于民也,仁之而弗亲。亲亲而仁民,仁民而爱物"(《孟子·尽心上》)。总体来看,中国传统民本思想主要围绕国家、君主、民众三者之间的关系,集中阐述了国家与民众、君主(施政者)与民众之间紧密相连的内在关系,积极弘扬和倡导国家(君主)与民众之间建立良性的互动关系,这不仅有助于社会的和谐稳定,也有利于国家的长治久安。虽然中国传统民本思想是封建社会生产关系下的产物,有其历史局限性,但其中所蕴含着的一些合理理念对于我们分析和认识当前中国农村基层政府管理与村民自治互动治理关系仍具有重要的镜鉴价值和启示意义。

3. 现代治理理论中的治理与善治思想

20世纪七八十年代,随着全球经济一体化、社会多元治理进程的快速推进,国外社会和思想理论界掀起了一场"重塑政府"、"再造公共部门"的新公共管理运动。随着这场声势浩大的社会变革运动的深入推进,现代政府治理中的治理与善治思想深入人心。治理与善治思想的提出最早可以追溯到古希腊时期,柏拉图、亚里士多德等思想家在其著述中就提出过对理想政体以及何为良善政府的观点和思想。现代意义上，关于治理与善治的相关探讨，最早是由罗茨（R·Rhodes）提出的，他认为"治理意味着统治的含义发生了变化，意味着一种新的统治过程，意味着有序统治的条件已经不同于以前，或是以新的方法来统治社会"①。1995年，全球治理委员会在《我们的全球伙伴关系》一文中，将治理的概念界定为："各种公共的或私人的个人和机构管理其共同事务的诸多方式的总和。它是使相互冲突的或不同的利益得以调和并且采取联合行动的持续的过程"②。这既包括有权迫使人们服从的正式制度和规则，也包括各种人们同意或以为符合其利益的非正式的制度安排。治理主要有4个特征，即"治理不是一整套规则，也不是一种活动，而是一个过程；治理过程的基础不是控制，而是协调；治理既涉及公共部门，也包括私人部门；治理不是一种正式的制度，而是持续的互动"③。我国学者俞可平教授在研究和引入西方治理理论的基础上，认为治理（governance）的基本含义是指"在一个既定的范围内运用权威维持秩序，满足公众的需要。治理的目的是在各种不同的制度关系中运用权力去引导、控制和规范公民的各种活动，以最大限度地增进公共利益"④。治理的最终目标是实现善治。善治（good governance）就是使公共利益最大化的社会管理过程，其本质体现政府与公民对公共生活的合作共治，是政治国家与公民社会建立的一种新颖关系，直接表现为国家政治管理职能与公民社会自治职能的有效衔接和良性互动，是两者的最佳状态。善治包括合法性、法治、透明性、责任性、回应性、有效性、参与、稳定、廉洁、公正等10个要素。⑤ 现代治理理论中的治理与善治思想的提出预示着人类政治生活发生重大变革，即从统治走向治理、从善政走向善治、从国家一元化

---

① ［美］R. 罗茨：《新治理：没有政府的管理》，杨雪冬译，《政治研究》1996年第154期。
② 参见俞可平《治理与善治》，社会科学文献出版社2000年版，第4页。
③ 参见全球治理委员会《我们的全球伙伴关系》，牛津大学出版社1995年版，第23页。
④ 俞可平：《治理与善治引论》，《马克思主义与现实》1999年第5期。
⑤ 参见俞可平《全球治理引论》，《马克思主义与现实》2002年第1期。

治理走向国家与社会良性互动、合作治理。

现代治理理论中的治理与善治思想启示我们：随着中国农村社会的不断开放和市场经济的多元化发展，当前农村基层治理体系格局应从基层政府一元化主导的治理格局向基层政府与农村村民自治组织衔接互动、合作共治方向转变，建立农村基层政府管理与村民自治有效衔接和良性互动的机制体系，从而克服农村社会治理主体一元化和治理方式简单化所带来的治理困境，提升农村社会治理的整体绩效和水平。

### （二）全面推进乡村振兴背景下农村基层实现互动治理的历史必然

农村基层政府管理体系与村民自治体系之间互动治理关系的确立不是人们主观意识想象的产物，而是基于农村社会发展的客观现实所确立起来的一种现实的、必然的联系。农村基层互动治理关系的确立既有深刻的历史依据，也有现实发展的实际需要。

必然性是事物发展过程中一定要发生的不可避免的确定的趋势，它是由事物本质的原因即根本矛盾引起的。马克思主义哲学认为，"必然性主要是由事物内部的本质原因即根本矛盾决定的，但也受非本质原因和外部条件不同程度的影响"。[①] 认识事物的这种必然性就是认识事物的本质。分析事物发展的这种必然性，有助于我们了解和把握事物之间的内在关系及其发展的总体趋势，从而找寻适当的方法和策略引导这种趋势向正确的方向发展并努力使之成为现实。据此分析农村基层政府管理体系与村民自治体系之间互动治理关系的建立，是由农村社会发展的客观现实所决定的，有其深刻的历史必然性。

1978 年，党的十一届三中全会确立了改革开放的大政方针，中国社会逐步从封闭落后的计划管理体制向社会主义市场经济体制转变，受经济改革的驱动，我国农村基层社会的管理体制相应地发生了重大变化。主要表现在：一方面，农村社会的组织管理体系由原来"政社合一"时期的垂直式组织管理体系转变为"政社分开"的相对独立和

---

[①] 王锐生、薛文华：《马克思主义哲学原理》，高等教育出版社 1993 年版，第 202—203 页。

集中的组织管理体系，组织结构由原来的"公社—大队—生产队"转变为"乡（镇）—村—组"的新的组织形式。职能上，乡镇政府承担管理基层社会的主要职能角色，农村基层实行党组织领导下的村民自治，并且将生产经济职能直接下放到集体经营的集体组织和实行家庭经济的农户等单位，农民和农村自治组织的独立性和自治性得到增强，自治能力逐渐得到提升；另一方面，国家将一直延伸和介入农村社会底层的权力上收至乡镇一级，在乡镇一级建立农村基层政权，对本乡（镇）事务行使国家行政管理职能和权限，但不直接管理具体农村基层社会事务。农村经济社会的发展，农民独立自主管理自己事务的能力和意识显著增强，在乡以下的村建立村民自治组织，在党和农村基层政府支持协助下自主地管理农村基层社会事务。由此，农村社会形成了"乡政村治"的管理体系格局。"乡政村治"的农村基层社会管理体系的确立，既是农村经济、社会发展的必然结果，也是适应农村经济、社会发展的一种现实制度安排，亦是人民的一种必然选择，有其历史必然性。"乡政村治"体制下，虽然"乡政"与"村治"彼此分离，各自独立行使职能和发挥作用，但在农村基层社会的公共利益实现和共同性事务的处理过程中，仍需要"乡政"与"村治"彼此协作，需要基层政府管理与村民自治的有效衔接和合作互动。

从权力的来源和功能上看，农村基层社会的"乡政村治"管理格局实际上由农村基层政府的管理权和村民自治权两种不同形态的治理权构成，"这两种治理权从最终归属和运作的目的看，是一致的"①，因而，二者是可以相互统一和协调的。首先，从权力来源上看，农村基层政府的管理权与村民自治权同源于人民的直接赋权。基层政府的权力直接来自于人民群众的授权，是作为社会主体的人民群众将手中的一部分权力让渡给政府，并授予政府集中统一行使这部分权力。村民自治权也是人民群众将手中的一部分权力授予村民委员会等村民自治性组织来集中统一行使。二者同源于人民的赋权，共同服务于人民

---

① 徐勇：《论乡政管理与村民自治的有机衔接》，《华中师范大学学报》（人文社会科学版）1997年第1期。

群众的根本利益。由于具有共同的权力来源基础，农村基层政府权力和村民自治权利能够实现二者的有效衔接和良性互动。其次，从权力的职能属性上看，中华人民共和国成立以来，我国正式确立了社会主义公有制度，人民真正实现了当家作主人，同时国家（政府）权力的根本属性也发生了根本改变，即不再是为统治阶级和少数人群的利益服务，而是为全体人民的根本利益服务。在农村基层，"村民自治权属于人民当家作主的民主范畴，而不同于传统社会属于专制范畴的族民自治"①，直接行使国家权力的基层政府不再是凌驾于乡村社会之上，统治和压迫农民的强权，而是代表全体农民利益，有效领导和服务农村社会的民主管理权力。村民自治权利是实现人民当家作主制度体系的重要构成部分，村民自治是基层民众实现自我组织、自我管理和自我服务的基本治理组织形式，直接服务于全体村民自治事务和整体利益。在职能上，作为人民民主专政的自上而下的基层政府权力在农村社会的有效运行，离不开自下而上的村民自治权的积极配合，村民自治这种自治性的权利和制度在农村基层社会的实施，也有赖于国家正式权力特别是农村基层政府权力的保障和支持。由于农村基层政府权力与村民自治权利都是以实现和服务农村社会全体人民的根本利益为存在的前提和基础，因而，就有可能规避传统农村基层政府管理权与村民自治权的严重冲突和非均衡发展状况，实现二者有效衔接和充分互动。

从当前农村社会发展的现实状况来看，中国农村社会正处于转型期，一方面，农村基层政府作为国家权力在基层社会的代表仍然主导着农村社会发展，但其服务型政府的职能角色定位尚未完全定型，在很多方面的管理上管制行为居多，服务意识不足；另一方面，农村社会自治水平比较低下，农村社会的自主性力量发展比较缓慢，很多承担重要社会职能的自治组织能力不足或缺失。由于缺乏这些必要的农村社会组织来履行和承担社会功能，因此仍需要农村基层政府承担这方面的职能和角色，但也导致了村民自治组织的依赖性过强和农村

---

① 徐勇：《论现阶段农村管理体制中乡政与村治的冲突与调适》，《求索》1992年第2期。

社会自主性的严重不足。因而，处于转型期的农村社会亟需要在农村基层政府与村民自治之间建立一种衔接和互动的治理关系，从而为二者的职能角色的转型和发展提供相互促进的动力。实际上，农村治理主体运行的现实情况表明，农村基层政府居于国家与农村社会之间的特殊位置，在国家与农民之间扮演着其他组织无可替代的作用，"它是调整二者力量的一个极其重要的平衡器，亦是二者博弈的一个主要场域，甚至是二者冲突的一个不可置换的缓冲区间"，[①] 对于维系农村社会的稳定、建设现代乡村治理体系具有重要作用。另外，自主性的农村社会还有待发育和壮大，仍需要农村基层政府在一定范围内有效行使社会管理职权，并在引导和帮助村民实现自治方面发挥积极作用。村民自治力量的成长也能够不断地拓展农村社会的自治空间，逐渐承接其原来由农村基层政府承担的诸多社会服务职能，不断促进基层政府职能角色的转变，减少基层政府直接干预农村社会自治事务的行为，增强和完善基层政府的公共服务能力。由此来看，农村基层政府管理与村民自治能够在相互促进和相互协同中建立起有效衔接和良性互动的平台机制，形成良好的共治关系是我国农村社会发展的历史必然要求。

### （三）全面推进乡村振兴背景下农村基层实现互动治理的现实条件

随着农村基层社会开放化、多元化发展，农村基层社会主体性力量的发展壮大，为农村基层互动治理提供了相应的发展条件，即农村基层互动治理具有现实可行的条件和基础。现实可能性是指包含在现存事物之中的并预示着事物发展前途的种种趋势，是潜在的尚未实现的东西，通常人们用它来分析事物发生的概率。可能性是相对于现实性而言，是尚未实现的一种状态，现实性是现在实际存在的具有必然性的事物或现象，具有必然性的事物是一定会成为现实，而可能性就是事物成为现实性之前的一种状态。任何客观事物的发生、发展都存在一个由可能性向现实性转化的过程。农村社会发展的历史与现实表

---

[①] 吴理财：《中国乡镇政府往何处去？》，《二十一世纪》2003年第8期。

明，农村基层政府管理体系与村民自治体系之间的互动治理成为一种必然，而这种必然性的互动治理关系也将会随着社会发展成为现实性的互动治理关系。在这个过程中就是农村基层政府管理与村民自治互动治理关系由应然向实然的转变过程。实际上，随着农村社会开放化和多元化的趋势不断增强，农村社会力量的成长壮大和各种社会环境条件的具备为农村基层政府管理与村民自治实现有效衔接和良性互动提供了现实可能的条件和基础。

其一，农村经济社会的开放和多元化发展，对农村基层政府管理与村民自治的互动治理提出了客观要求。党的十一届三中全会召开以来，农村基层社会从原来的静态封闭形态进入多元开放的快速发展期，社会主义市场经济体制逐渐在农村基层社会确立，农村经济社会的开放和多元化发展的趋势更加明显。农村经济社会的开放多元化，不仅催生出适应现代市场经济发展、具有现代民主意识的农村经济性组织和社会性组织，而且逐渐破除了原有体制下的束缚农村社会发展的旧的管理思想、管理制度和管理方法。新的农村社会自治力量的成长，促使国家力量逐步转变对农村基层社会的直接管理，而是发挥引领性作用，将直接管理权交由党组织领导下的农村基层社会的自治性组织来实行自我管理和自我服务，因而，国家权力上收至乡镇一级，在乡镇一级建立基层政权，乡镇以下实行村民自治，成立村民自治委员会。虽然整个农村社会形成了乡镇一级基层政府管理与乡镇以下村民自治的二元共治的局面，看似彼此分立，但农村社会的很多共同性事务和活动又促使农村基层政府管理与村民自治彼此之间进行紧密协作，而且这种职能上的衔接和互动关系会随着农村基层经济社会不断开放和多元化的深入发展而变得更加紧密和频繁。这些都从客观上促进了农村基层政府管理与村民自治的有效衔接和良性互动。

其二，农村基层社会多元治理主体的成长壮大，为农村基层政府管理与村民自治的互动治理蓄积社会性力量。农村基层社会的开放和多元化发展为农村社会主体的成长和发展孕育了良好的环境。这些多元性农村治理组织主体的成长和发展，促使原来一元化的治理主体结构发生分化，政府原有的一些经济和社会职能逐渐下放给基层社会的经济性和社会性自治组织,并且逐渐吸纳进这些拥有独立意识、自治能力较强和明确利益诉求和主张的社会组织,来参与公共事务的决策和治理,从而使农村基层公共事务的治理主体多元化,形成了多主体协调互动、合作共治的局面。尽管不同主体间的利益诉求和主张时不时地存在着相互矛盾和冲突的地方,甚至有时在农村基层自治组织与农村基层政府间在具体利益和价值取向上也存在着矛盾冲突,但这些矛盾冲突并非根本利益上的冲突对立,因而是可以调和并能协商缓解的。实际上,经过农村基层协商机制的有效运行,农村基层这些不同治理主体之间的利益互动和博弈客观上能够促进不同主体之间的相互利益认同,从而能够达成最后的协商共识,并能建立起相互支持、相互信任、协调合作、互动共治的关系。总的来说,农村基层社会多元主体的成长和发展,改变了原来农村基层治理结构,从根本上推进农村基层治理权威从一元转向多元;治理方式从管制转向合作;治理关系从领导服从转向协调互动,从而为建立良好的协商共治局面奠定基础。

其三,农村基层社会的法律制度的不断完善,为农村基层政府管理与村民自治的互动治理提供了基本的制度保障。法律制度往往"更带有根本性、全局性、稳定性和长期性"[1]的特点。邓小平同志曾讲过"我们过去发生的各种错误,固然与某些领导人的思想、作风有关,但是组织制度、工作制度方面的问题更重要"[2]。在农村基层民主政治建设和民主政治实践过程中,法律制度往往发挥着关键作用。一方面,法律制度调整并规范着农村基层不同治理主体的行为关系和活动方式,明确不同主体的职责和权限并保障不同主体的利益不受干涉和侵犯;另一方面,法律制度规范并保障农村基层组织和人民群众进行民主自治和民主创新的各项权利,并进一步推进着农村民主政治建设的发展和进步。如《村民委员会组织法》的颁布实施就直接推动了农村基层村民自治的不断深化。当然,法律制度并不是永恒不变的,随着经济社会的向前发展,法律制度会存在一定的滞后性,特别是农

---

[1] 《邓小平文选》(第2卷),人民出版社1994年版,第333页。
[2] 《邓小平文选》(第2卷),人民出版社1994年版,第333页。

村社会的不断开放和多元化发展，农村基层治理中的许多民主创制和实践创新由于得不到法律制度的相应保障，而流于形式，失去应有的地位和作用。因而，需要不断完善和改进农村基层基本的法律制度，使之适应农村基层经济社会的发展步伐。近年来，伴随着农村基层治理形势的变化，国家在基层法律制度建设方面取得了很大进步，很多农村基层的民主实践创新上升为乡村治理的制度性规范，从而"使这种制度和法律不因领导人的改变而改变，不因领导人的看法和注意力的改变而改变"①，保障了法律和制度的权威性和有效性。由此充分说明农村基层治理的法律和制度体系的不断完善，不仅能够保障农村基层人民群众自治权利的顺利实现，同时也为农村基层政府管理与村民自治的衔接互动治理提供了坚实的制度基础。

其四，国家和地方政府的政策支持和制度创新，为农村基层政府管理与村民自治的互动治理提供了巨大的发展动力。随着农村改革步伐的加快和社会主义市场经济体制在农村基层社会的逐步推进，农村基层社会的治理已经无法像过去那样在一个自我封闭的空间里进行，而是需要国家和政府根据农村基层经济社会的发展趋势，做出相应的政策调整和制度创新，支持并推动农村基层社会治理不断向着善治的方向发展。现阶段，随着党和国家提出和实施乡村振兴战略，各地方政府紧跟形势发展全面推进乡村振兴，密集研制推进本地方乡村振兴的具体性的实施方案和规划，在政策供给和制度创新方面，国家和地方各级政府加大对农村社会的改革力度，特别是随着政府的权力下放和农村社会治理制度和环境的变革，农村基层组织获得了较大的独立处理辖区内公共事务的权力，同时，地方经济的发展也使一些地方基层政府能够承担制度创新所需的各种成本，因而，一些基层政府逐渐具备了推进农村基层治理制度创新的主观动力和客观条件，并且它们在国家政策制定和制度安排中的地位和作用越来越重要。作为农村基层社会治理活动的制度供给者，地方基层政府制定政策和进行制度创新的主要动力直接源于农村基层社会治理的形势变化，包括：一是，

---

① 《邓小平文选》（第2卷），人民出版社1994年版，第146页。

随着村民自治的发展，村民的政治参与和利益表达的诉求不断高涨，客观要求基层政府改变管理方式和方法，为村民提供利益表达和参与的渠道和载体，缓解基层政府与村民之间的紧张关系，生发于农村基层的各类协商议事平台和机制就是基层政府进行制度创新的一项重要成果。二是，基层政府角色职能的转变，内在要求政府转变原有的命令服从式的管理制度和方式，创新并改革政府的行政制度和方式，建设服务型政府，重塑基层政府的合法性基础，这些年在农村基层大力实施的基层政务公开、权力和责任清单制度以及设立基层党群服务中心等都是基层建设服务型政府的重要举措。基于上述，农村经济社会形势的发展和变化，促使国家和地方政府进行适应农村发展改革策略和各项必要的制度创新，这些政策和制度层面的创新做法一定程度上支持并推动了农村基层政府管理与村民自治的衔接与互动，从而为农村基层政府管理与村民自治的互动治理发展提供了巨大的推动力。

总体而言，尽管我国政治改革和建设的实质是在中央政府的主导下，以供给型的制度创新为主要模式的制度变迁过程，但社会和民众的民主参与意识和能力的不断提升、地方政府的治理创新和制度化等成为推动基层政府管理与村民自治衔接互动治理的重要条件和因素。因此，从这个意义上而言，农村基层互动治理的根本动力源泉来自国家与基层社会互动协作的机制作用，换言之，农村基层政府管理与村民自治衔接互动治理的动力机制，实际上既源于各级政府（包括中央政府与地方政府）的治理创新和制度化建设，也源于基层民众民主参与意识和能力的逐步提升，同时也是政府与民众之间不断的协作互动所形成的合力的共同作用的结果。

## 三 全面推进乡村振兴背景下农村基层实现互动治理的战略意蕴

在全面推进实施乡村振兴战略的进程中，实现农村基层政权体系与农村社会自治体系之间的协调互动治理，对于新时代农村社会治理中有效协调国家与农村社会良性互动、推进完善适应农村社会发展的现代乡村社会治理体系、推进农村基层社会民主政治建设以及构建现代农村多元主体协同治理共同体等方面有着重要的现实意义。

### (一) 协调国家与农村社会的良性互动

国家与农村社会关系是国家与社会关系的重要组成部分，构成了国家与社会二元结构体系的底层基础。长期以来，国家与农村社会关系一直是学术界和实务界进行理论研究和政策制定所要考虑的重大问题之一。中华人民共和国成立以来，随着国家政权对农村社会的全面系统的整合治理，逐步形成了国家政权管理与基层群众自治的农村社会共同治理格局，在这种治理格局下，作为规范性权力的代表，国家政权下沉至农村基层社会的各个领域和角落，对于推动农村基层经济社会的有序发展，改善农民生活环境和条件起着主导性的作用，发挥着重要的影响。然而，伴随着国家主导性权力的下沉，农村基层社会自身的自治性力量的发展却较为缓慢，并没有承接起农村基层社会治理的主体责任，乃至并未从根本上改变传统意义上农村基层治理中"强国家——弱社会"的农村基层社会治理关系形态。随着国家治理体系和治理能力现代化改革进程的推进，健全和完善农村基层政府管理体系与村民自治体系有机结合和良性互动的运行体系，在一定意义上，成为破解"强国家-弱社会"农村治理困局，构建现代乡村治理体系的一项重要工作，对于协调国家与农村社会的良性互动，推进农村基层治理体系现代化的具有重要的现实意义。

可喜的是，近年来随着农村经济和社会的不断发展，国家与农村社会的关系呈现出良性互动的发展趋势，特别是我国农村基层治理体系的逐步健全和完善，农村社会自治组织发展迅速，村民自我管理的能力和意识的逐步提高，基层群众自治的水平显著提升，在一定程度上有效承接起了基层社会治理和服务的职责。同时，作为农村基层社会管理和服务的主体，基层政府的职能角色得到进一步的规范和明确，并逐步与农村基层社会自治性组织建立起功能衔接和协同共治的良性互动关系，从而为协调国家与农村社会的良性互动提供了有利的条件和基础，使得国家与农村社会趋向协调统一的发展趋势逐渐增强。实际上，随着农村基层政府职能角色的转变和农村社会村民自治性力量的成长，农村基层政府管理体系与村民自治体系之间的协调互动趋势进一步增强，国家与农村社会的矛盾冲突将被压缩并逐渐消除，从而逐渐确立起国家与农村社会的协调统一的良性互动关系。农村基层政府管理体系与村民自治体系之间的互动治理，将促使二者进一步明确各自的职能与权限，理顺二者协调发展的关系，从而促进国家力量与社会力量的共同增长，为构建"强国家——强社会"的互强型国家与农村社会关系奠定坚实基础。

### (二) 完善现代农村基层社会治理体系

中国农村基层治理的根本目的是实现农村基层社会的善治目标。实现农村基层社会的善治目标，首先是要构建现代农村基层治理体系，提升农村基层社会的治理能力。随着农村市场经济的深入推进，农村基层社会逐渐显现出农村基层政府、村民自治组织以及农村经济社会组织等多元主体并存的局面，农村基层社会的治理结构逐渐由原来政府权威一元化主导的治理格局向农村基层社会多元主体协调参与、共同治理的新型格局转变。农村社会这种多元主体参与、民主共治的新型治理结构的形成，不仅需要明确不同治理主体的基本职能和作用，还需要农村基层政府、村民自治组织以及农村市场主体在农村社会治理中形成协调互动的良性治理关系。当前，伴随着农村不同治理主体力量的成长和职能角色的转换，农村基层社会多元主体之间的协调互动趋势逐渐增强，主要体现在农村基层政府与村民自治组织以及其他社会自治组织的联系和互动越来越紧密，特别是作为国家权力代表的基层政府逐渐转变原来对农村基层社会全面控制的角色职能，逐步将经济职能和部分社会职能下放或转移给农村基层自治性的经济组织和社会组织，交由这些社会性自治组织承接并满足民众的公共需求，显现出农村基层政府对农村社会治理角色逐渐从全能主导型政府向有限合作型政府转变。与此同时，随着农村基层政府角色职能的转变，农村基层社会自治组织的力量逐渐成长起来，其组织能力和职能作用逐渐增强，能够承接和吸纳基层政府组织转移、下放的部分社会管理和服务职能，来满足公众多元化的社会需要。在农村基层政府与村民自治性组织"转移——承接"的互动治理过程中，不仅逐步明晰和理清了农村基层政府与村民自治组织各自的职能权限，而且使两者之间的互动联系进一步加强。总的来看，农村基层政府管理体系与村民自治体系之间的互动治理关系的确立，不仅增进了农村基层社会不同主体之间的联系和互动，而且有助于构建不同治理主体职能明确、运作协调、良性互动的现代农村基层治理体系格局。从这个意义上而言，中国农村基层互动治理关系的发展和生成，顺应了农村经济社会发展的规律，实现了社会安定有序、群众生活改善，丰富完善中国特色社会主义治理理论和治理体系。

### （三）推进农村基层社会民主政治发展

习近平总书记指出，党的工作最坚实的力量支撑在基层，实现中国式现代化最艰巨最繁重的任务也在基层。这主要是由于"经济社会发展和民生最突出的矛盾和问题在基层，因此必须把抓基层打基础作为长远之计和固本之策，丝毫不能放松"。[1]农村基层民主政治建设是社会主义民主政治建设的重要内容和基本组成部分。推进农村基层民主政治发展，"就是在中国共产党的领导下，通过改革和调整不适应社会主义市场经济需要的农村基层管理思想、管理制度和管理方法，建立农村基层社会民主管理新体制，加强社会主义法制和制度建设，保障人民群众直接行使民主权利，依法管理自己事务，进而创造自己幸福生活的社会主义民主的广泛实践"[2]。其主要内容包括：（1）建立健全以农村基层党委、基层政府、村民代表会议、村委会、村民代表为主体的、坚强有力的农村基层社会管理组织体系。（2）建立健全以民主选举、民主决策、民主管理、民主监督为主要内容、配套齐全的农村基层民主管理制度体系。（3）以农村工作运行、干部群众行为

---

[1] 中共中央文献研究室编：《习近平关于全面从严治党论述摘编》，中央文献出版社2016年版，第138页。

[2] 宋琼：《社会主义文化大发展大繁荣对推动农村发展的重要意义》，《光明日报》2011年11月3日。

和各项制度运作规范为基本内容，建立健全科学规范的农村各项事务协调治理的运作体系。近年来，农村基层民主政治建设取得显著成绩，不仅农村社会不同治理主体的民主治理能力得到提升，而且农村社会多元主体民主共治的治理格局逐渐成为农村基层社会发展的趋势和方向。当然，农村基层民主政治建设取得巨大成绩的同时，也面临着诸多现实的挑战，特别是当前乡村关系有待进一步理顺，农村基层政府管理体系与村民自治体系之间的互动协作治理机制尚未健全完善的情况下，农村基层民主政治建设仍然任重而道远。因此，建立农村基层政府管理体系与村民自治体系之间良性的互动协作关系，将有助于农村基层民主政治的发展，这不仅要逐步确立以农村基层党委、基层政府、村民自治性组织、普通村民为主体的、坚强有力的农村基层社会管理体系，并视之为处理农村社会事务的新的治理权威，还要进一步理清农村基层不同治理主体的职能与权限，逐步确立起职能明确、运转协调、合理有序的农村基层社会事务治理体系，从而推动国家力量与社会力量的互助式增长，并实现二者的动态平衡与良性互动，为农村基层民主政治建设提供不竭的发展动力和制度支撑。

**（四）构建农村多元主体协同治理共同体**

习近平总书记指出："治理和管理一字之差，体现的是系统治理、依法治理、源头治理、综合施策。"① 我国农村社会人口数量多，基层事务纷繁复杂，加之不同地域和文化空间下使得基层社会治理面临更为复杂的境况。因而，在全面推进乡村振兴进程中，必须高度重视协调基层多元复杂的治理关系，推进基层社会治理体制机制创新，尤其在此过程中注重基层社会多元主体的协同治理，形成基层协同治理共同体。进入新时代，党和国家提出要构建和完善党委领导、政府负责、社会协同、公众参与、法治保障的社会治理体制，其内在逻辑突显出我国基层社会治理格局由以往的政府作为单一主体行政主导的模式向多元主体协同治理的模式转变。由于我国基层政府的治理观念

---

① 习近平：《论坚持全面深化改革》，中央文献出版社2018年版，第95页。

长期处于一种行政主导思维模式下，在这种行政思维模式主导的治理体系下，受科层制结构下的压力型体制的影响，基层政府不得不应对来自上级的各种行政指令与任务，而忽视社会公众需求的有效回应。因而，推进基层多元主体协同治理，必须要将一部分的社会治理压力从行政力量身上释放出来，通过搭建和完善基层社会组织、基层公众等多主体间的民主协商、合作治理的平台和服务机制，同时拓展公众参与的渠道和途径，促进不同利益主体间的联系和互动，统筹基层社会治理资源，形成有效回应社会需求的合力和机制。在推进农村基层多元主体互动治理过程中还需注意社会不同治理主体能力不足的问题，通过增强基层社会治理的制度供给，强化公众在基层社会治理中的参与意识，从而形成有利于基层群众参与社会治理的制度环境。农村基层社会治理的系统性和协作性特点内在要求要根据基层治理不同治理主体的特点和职责来分工，充分发挥各个治理主体的优势和专长，构建农村基层互动协同治理体系，形成农村多元主体协同治理共同体。

# 第三章

# 历史嬗变：中华人民共和国成立以来农村基层互动治理关系的变迁

中华人民共和国成立伊始，在中国共产党的领导下，国家权力向下延伸至农村基层社会，对传统农村社会的经济关系和社会结构进行了彻底的改造，重塑了农村基层社会的权力运行体系和政治生态。此后，农村基层就一直存在着两种不同的治理力量，即代表国家权力的农村基层政府和代表社会权力的农村基层村民自治组织，并且二者逐渐呈现出交互影响、协调互动的复杂关系形态。列宁说过："在社会科学问题上有一种最可靠的方法，……那就是不要忘记基本的历史联系，考察每个问题都要看某种现象在历史上怎样产生、在发展中经过了哪些主要阶段，并根据它的这种发展去考察这一事物现在是怎样的"。[①] 本部分通过对新中国成立以来农村基层政权管理体系与村民自治组织体系互动治理关系变迁历程的考察和回溯，论析了农村基层政府管理与村民自治互动治理关系变迁的基本特点，并在此基础上进一步探讨了农村基层政府管理与村民自治互动治理关系变迁的深层次的逻辑动因。

## 一 农村基层互动治理关系的变迁历程

中华人民共和国的成立，宣告深受苦难的中国人民从此得到解放，实现人民当家成为主人的夙愿。新政权通过平均地权的土地改革

---

① 《列宁选集》（第4卷），人民出版社2012年版，第26页。

运动，以强制性的方式改变了延续上千年的农村经济社会关系，废除了传统农村权力组织存在的基础，摧毁了封建的农村社会秩序，使国家权力下沉延伸至农村社会，并获得了广大贫苦农民的广泛支持，从此国家政权与农村社会之间建立起了前所未有的密切联系，这种联系的突出表现就是农村基层政府管理体系与农村基层村民组织体系之间所建立的互动治理关系。随着社会生产力与社会生产关系的变革和调整，在不同历史阶段，国家对农村社会的管控和治理方式并不相同，致使农村基层政府管理体系与村民自治组织体系的互动治理关系相应地发生变化，形成了不同的农村基层治理关系模式。迄今为止，农村基层互动治理关系的变迁过程大致经历了四个重要发展阶段：农村基层政权体系初步确立时期；"政社合一"时期、改革开放以来的"乡政村治"时期以及新时代全面推进实施乡村振兴时期。

### （一）农村基层政权体系初步确立时期的农村基层互动治理关系

1949年10月，在中国共产党领导下的人民军队打败了国民党反动派，推翻旧政权建立了由人民当家作主的新政权。新政权建立之初的重要工作就是逐步理顺国家政权与基层社会的治理关系。特别是在新解放的农村地区里"由于解放时间短，干部严重缺乏，乡村基层政权未来得及改造，土匪武装、地主恶霸以及反革命分子活动猖獗，农民对新政权还心怀戒忌"[1]。因而，中华人民共和国成立伊始，国家首先在解放区乡村中"有步骤地展开清剿土匪和反对恶霸即地主阶级当权派的斗争"[2]，通过实行土地改革逐步改变乡村旧的传统土地所有制度，满足了贫苦农民长期以来对土地收益权和占有权的渴望，实现新政权对乡村社会的改造和政治动员。这场轰轰烈烈的土地改革运动，不仅是一场农村社会的经济革命，更为重要的是它还是一场对农村社会政权改造的政治革命。正如杜润生所指出的，"中国共产党指导土改运动，强调要按照阶级斗争和人民民主专政的学说分析社会结构、

---

[1] 张健：《中国社会历史变迁中的乡村治理研究》，中国农业出版社2012年版，第118页。

[2] 《毛泽东选集》（第4卷），人民出版社1991年版，第1429页。

分析阶级、分清敌我,讲究掌握政策和策略。土改当然要分配土地,但又不是单纯地分配土地,还要着眼于根本改变农村社会结构、政治结构,亦即不仅要夺取国家政权,而且还要改造基层政权"。① 因此,我们党提出了"土地改革的过程即是建政过程"的口号,即在土地改革的过程中,逐步改造并重建农村基层政权体系,并以新建立的农村基层政权组织服务于土地改革。然而,为顺利完成土地改革的目标任务,农村基层的"建政过程",不仅要改造和重建农村基层的政权组织,还要组织并发展农民组织参与到土改运动中,这样实际必须逐步恢复和建立农村基层的政权组织,推进基层政权与农民的互动合作。国家初步建立了农村基层政权组织体系,实现了对农村社会的改造和整合,同时使国家基层政权组织与农村村民组织之间建立起紧密的关系,初步在农村形成了互动合作的治理关系。

随着土地改革工作的深入开展,农村社会的生产建设出现诸多问题,农民协会执行基层政权职能愈来愈受限,合法性基础面临巨大挑战,而"没有代表国家权力的外力深入,乡村社会很难运用'农民协会'这类组织解决自身的问题"②,这就促使国家必须建立完整的农村基层政权组织体系,以此夯实基层社会治理的合法性基础。因此,1950 年 12 月,政务院颁布了《乡(行政村)人民代表会议组织通则》和《乡(行政村)人民政府组织通则》,正式成立了农村基层政权组织体系的构成,即乡(行政村)人民代表会议和乡(行政村)人民政府,同时明确规定了人民代表会议和乡人民政府的机构组成及主要职能。乡(行政村)的人民代表会议一般由直接选举的乡村人民代表构成,是农村基层权力机关。乡(行政村)人民政府是本行政区内国家权力的执行组织,主要执行上级政府的决议和命令,实施乡人民政府会议通过的决议,领导和检查乡政府各部门的工作。农村基层政权体系根据中华人民共和国成立初期新老解放区的不同情况,北方地区实行区村体制,即县以下设立区、村两级政权组织;南方地区实

---

① 杜润生:《关于中国的土地改革运动》,《中共党史研究》1996 年第 6 期。
② 于建嵘:《岳村政治:转型期中国乡村社会政治结构的变迁》,商务印书馆 2001 年版,第 231 页。

行区乡体制,即县以下设立区公所,区公所之下设立乡政权,村一级不再设立村政权。从而使得乡与行政村并存,同为农村基层行政区划,同属区管辖。由此,我国农村基层基本形成了"县、区、乡(行政村)"三级政权组织体系。乡(行政村)作为我国农村基层政权的最低一级组织直接建立在村一级,直接管理所在辖区的农民及一切社会事务,原来的农民协会组织成为乡(行政村)政权的辅助机构,其自身职能作用逐渐被削弱。这样乡(行政村)作为一级政权组织取代农民协会等农民组织,负责管理农村事务,对上受区公所领导,对下直接与农民相联系。

1954年1月,中央人民政府内务部发出《关于健全乡镇政权建设的指示》,对乡以下的农村政权体系进一步作出细化调整,直接赋予乡人民政府可以越过行政村、自然村或选区直接领导村民小组工作的权力,实际上将行政村、自然村或选区等农村基层政权组织的权力上收至乡镇一级。同年9月,《中华人民共和国宪法》和《地方各级人民代表大会和地方各级人民委员会组织法》正式颁布实施,明确规定我国农村的基层政权为乡、民族乡、镇,取消了行政村的建制,将村作为乡镇政府的辅助机构或派出机构。由此,农村基层政权组织体系变为"县—区—乡"三级结构,乡镇政权成为最基层一级的政权组织,直接管理下辖的自然村及农民的一切社会事务,原来的行政村及其他农民组织成为附属机构辅助乡镇政府的工作。基层社会管理权力上收至乡镇政权组织,进一步简化了农村基层政权管理的层级,但并不意味着对农村社会管理的削弱,实际上农村基层政权管理的范围仍然覆盖到农村基层各方面,仍然与农民保持着密切直接的联系,乡村一体化的行政联系并没有改变。1957年,我国农村开始实施"撤区并乡"的改革,区一级的政权组织被取消,统一改为县级的附属机构和派出机构,乡镇政权组织成为我国最基层一级的政权组织,至此,我国农村基层变成"县—乡"的两级政权组织体系,乡以下不设国家政权机构,原来设在村级的组织改为生产合作社,担负组织农民生产和经营互助的经济职能,受乡镇政府领导。乡镇政权是负责管理农村社会事务的政府组织,与农民建立直接的联系,整个农村社会仍然由国家基层政权来进行直接管理。

需要指出的是，中华人民共和国成立初期，伴随着各地农村的土地改革运动的展开，中国共产党通过"政党下乡"①成功在农村建立了各级党组织，并发挥了领导核心的职能作用。起初，在解放区，中国共产党通过派出的"工作队"在开展土改工作的同时负责建立农村基层党组织，后来随着农村基层政权组织的建立，相应一级的党组织也建立起来。当时农村党组织的设置原则是乡一级建立支部委员会，在行政村或自然村，党员人数较多的建立党小组，但在新解放区，乡一级基本建立党支部，乡以下的行政村党组织基本空白。这主要是因为新解放区的党员数量较少，而且党员的培养、发展需要一个过程，因而很多地方的党组织迟迟没有建立。直到1953年，土地改革基本完成，农村进入了农业生产合作化阶段。这一时期，随着合作化运动的发展，一大批农民积极分子被吸纳进党组织，在行政村和合作社才普遍建立了党的组织。1954年，中央召开第一次全国农村党的工作会议前，相关统计，"截止1953年底，全国22万个乡中，已有17万个乡建立了党的基层组织，农村党员近400万人，占农村人口的0.8%"。②总体来看，农村基层党组织作为执政党在基层领导管理组织，不管是在推行土地改革运动中还是在领导农村基层政权建设中都发挥了积极的领导作用，不仅领导农村基层政权在组织和管理辖区内农村的政治、经济、文化和社会等事业上发挥着重要作用，而且充当国家在农村的利益代言人，组织和动员农民成立农民协会，选举乡人民代表和村干部，与农民群众建立起血肉联系，调动了广大农民参与政治生活的热情，使农村社会与国家紧密连接起来，以此达到了国家对农村社会的整合。

总体而言，中华人民共和国成立初期，随着土地改革的推进，国家通过"政权下乡"和"政党下乡"在农村建立起完备的政权体系，不仅建立了基层党组织、基层人民代表大会和基层人民政府，还积极

---

① 徐勇：《"政党下乡"：现代国家对乡土的整合》，《学术月刊》2007年第8期。
② 中共中央文献研究室：《中共中央文件选集》（第十八册），人民出版社2013年版，第178页。

发展了附属在这些组织之下的各级各类的村民组织,并且农村基层政权组织与村民组织之间形成了浓厚的行政化的关系。一方面,农村基层政权组织是农村社会的权力核心,直接控制和管理着农村社会一切事务;另一方面,村级组织完全依附于农村基层政权组织,表现出浓重的行政附属色彩,不仅村干部任免受乡镇政府或者更上一级行政的有力控制,而且村一级组织的主要职能也是完成乡镇政府的工作任务,贯彻执行乡政府的决议。

### (二)"政社合一"时期的农村基层互动治理关系

随着"政党下乡"和"政权下乡"农村改革进程的深入推进,党的基层组织和国家的基层政权体系已经在乡村社会全面确立,国家政权力量深入乡村社会内部,传统乡村社会进行自我调控的内生组织及其文化根基逐渐在乡村治理体系改革建设中逐步被取代,并且随着农村集体化改革,农业生产建设制度和统购统销政策的变化调整,农村基层社会治理从中华人民共和国成立初期的土地改革运动进入到农业合作化运动阶段,农村地区的农业生产、农村经济和社会管理受到国家意志的影响和管控趋势增强,农民自主生产的空间和地位下降,"政社合一"的人民公社呼之欲出。① 由此,我国农村基层互动治理的关系进入到"政社合一"时期。"政社合一"是我国农村公社化运动过程中农村基层政权组织体系构成的基本特征。农村人民公社化是"在农业合作化进入高级阶段,党和国家领导人在乐观情绪支配下,从主观愿望出发而在全国普遍推行的一种农村基层经济政治制度安排"②。"公社化运动"的产物是人民公社在农村的普遍建立和推行,人民公社是我国社会主义社会结构的一种独特形式,是工农商学兵相结合的基层单位,同时又是社会主义组织的基层单位,具有"政社合一"的属性特点。早在1955年,毛泽东同志在为《大社的优越性》一文所写按语中就指出:"现在办的半社会主义的合作社,为了易于

---

① 王立胜:《人民公社化运动与中国农村社会基础再造》,《中共党史研究》2007年第3期。

② 金太军、施从美:《乡村关系与村民自治》,广东人民出版社2002年版,第91页。

办成，为了使干部和群众迅速取得经验，二、三十户的小社为多。但是小社人少地少资金少，不能进行大规模的经营，不能使用机器。这种小社仍然束缚生产力的发展，不能停留太久，应当逐步合并。……不但平原地区可以办大社，山区也可以办大社"①。1958年7月，陈伯达发表了题为《全新的社会、全新的人》（《红旗》杂志第3期）的文章，提出"把合作社变成一个既有农业合作又有工业合作的基层组织单位，实际上是农业和工业相结合的人民公社"②。接着他又在同刊第4期发表《在毛泽东同志的旗帜下》的文章，明确谈到毛泽东关于人民公社的构想，"毛泽东同志说，'我们的方向应该逐步地、有次序地把工（工业）、农（农业）、商（交换）、学（文化教育）、兵（民兵，即全民武装）组成一个大公社'，从而构成我国社会的基层单位"。③ 同年8月，毛泽东同志相继视察了河北、河南、山东等地的农村，认为"还是人民公社好"。随后，中共中央在北戴河召开政治局扩大会议并通过了《中共中央关于在农村建立人民公社问题的决议》，提出"建立农林牧副渔全面发展、工农商学兵互相结合的人民公社，是指导农民加速社会主义建设，提前建成社会主义并过渡到共产主义所必须采取的基本方针"。④ 这之后全国各地相继将高级社合并转成人民公社，"原来的全国74万个合作社，在短短的一个多月时间，全部改造成人民公社，全国99.1%的农民被组织在26500个人民公社中，基本实现了农村的人民公社化"。⑤

根据《农村人民公社工作条例（修正草案）》的规定，农村人民公社是"政社合一"的组织，既是我国社会主义社会在农村中的基层单位，又是我国社会主义政权在农村中的基层单位。从管理体制来看，人民公社实行统一领导、分级管理。人民公社的组织，可以是两

---

① 中共中央文献研究室：《建国以来重要文献选编》（第七册），中央文献出版社1993年版，第225页。
② 陈伯达：《全新的社会、全新的人》，《红旗杂志》1958年第3期。
③ 陈伯达：《在毛泽东同志的旗帜下》，《红旗杂志》1958年第4期。
④ 中共中央文献研究室：《建国以来重要文献选编》（第十一册），中央文献出版社1995年版，第447页。
⑤ 金太军、施从美：《乡村关系与村民自治》，广东人民出版社2002年版，第92页。

级,即公社和生产队,也可以是三级,即公社、生产大队和生产队。公社是国家设在农村基层的政权组织,包括公社社员代表大会和公社管理委员会,即分别是原来的乡人民代表大会和乡人民委员会(即乡人民政府)。公社管理委员会,在行政上,就是乡人民委员会(即乡人民政府),受县人民委员会(即县人民政府)和县人民委员会派出机关的领导,在管理生产建设、财政、粮食、贸易、民政、文教卫生、治安、民兵和调解民事纠纷等项工作方面,行使乡人民委员会的职权。生产大队,即公社管理区,一般是分区管理工农商学兵和进行经济核算的单位,负责管理本大队范围内各生产队的生产工作和行政工作,接受公社管理委员会的领导。生产队是组织劳动的基本单位,是人民公社中基本核算单位,实行独立核算,自负盈亏,直接组织生产,负责收益的分配。同时生产队接受生产大队及上级组织的领导和管理。上述表明,"政社合一"时期的农村基层政权组织体系实际是由两种属性的两级组织构成,即公社管理委员会和生产大队以及下属生产小队。前者是国家在农村基层的政权组织,后者则是国家政权便于管理所建立的村民组织,不属于国家正式的权力组织。因此,这一时期农村基层政权与村民组织的关系主要体现为人民公社与生产大队以及生产队的关系。由于"人民公社体制"是一种国家行政权力与农村社会权力高度集中和统一的"全能主义"[①]体制。在这种体制下,国家权力通过人民公社及其控制下的生产大队以及生产队等组织机构史无前例地下沉到社会底层,直接支配并控制着每个农民的日常生活,并将农民整合到自上而下的集权体系之中,"每一个人和每一个团体都是层层控制、无所不包的体系的一部分"。[②] 人民公社对生产队的行政控制可以从公社管理委员会的职责上看出,公社管理委员会除了贯彻执行中央关于人民公社的政策、法令之外,他还主要根据国家

---

[①] "全能主义"的概念是由芝加哥大学教授邹谠先生提出,用以解释说明一些国家的威权政治的特性:政治机构的权力可以随时地无限制地侵入和控制社会每一个阶层和每一个领域,原则上不受法律、思想、道德(包括宗教)的限制。参见邹谠《二十世纪中国政治——从宏观历史与微观行动角度看》,牛津大学出版社1994年版,第223页。

[②] [美] Robert A. Dahl:《当代政治分析》,任元杰译,巨流图书公司1992年版,第106页。

计划和生产队的具体情况，向各生产队提出关于生产计划的建议，对各生产队制定的计划，进行合理调整；对各生产队的工作进行检查和督促，帮助生产队解决生产中存在的问题；在必要的时候，可以组织生产队之间的生产协作；从各方面帮助和督促生产队妥善地安排生产资料、组织劳动生产等，而且公社还直接控制农村生产队的干部任免。"生产大队一级干部，名义上是社员代表大会选举产生的，但实际上是公社党委任命的；生产小队的干部则是大队书记决定，再交社员大会举手通过"①。公社与农村的生产大队以及生产队形成了权力高度集中的行政关联，公社通过行政权力控制生产大队以及生产队等村民组织的活动，生产大队以及生产队等村民组织则对公社产生严重的行政依附。因此，"在人民公社制度中（由公社行政部门、生产大队和生产小队组成），最令人惊奇的是在国家和社会之间缺少明晰的组织边界，尽管公社行政是国家组织的最低一层（从形式上看），但实际的国家边界无法清楚地划出，公社经由村社组织——民兵、党支部、大队、小队、农会、妇联、共青团等各种正式的和非正式的关系联系起来。这些组织均非村庄内部自发形成，而是由国家嵌入其中的，用以保证对村庄的控制；人民公社的准军事组织形式依从的是国家权力的逻辑"②。实际上，人民公社的体制结构中，公社本身的结构组织比较单一弱小，但因其是国家利益的代理人，直接行使国家权力。在其控制之下的数万个生产大队和生产队则扮演着极为重要的角色③，它们承担着"从组织农业生产、落实上级下达的计划任务、交纳公粮或农业税收、决算分配、管理社区集体资产到维护社会治安、文教卫生等几乎所有的乡村政治、经济、社会活动的管理和控制任

---

① 金太军：《村庄治理与权力结构》，广东人民出版社2008年版，第43页。
② Victor Nee, David Stark. *Remaking the Economic Institution of Socialism: China and Eastern Europe*, Stanford University Press, 1989, pp. 192-193.
③ 当时全国约有75万个生产大会、500万个生产队。按全国平均数看，每个公社有10个生产大队，每个生产大队有7个生产队，每个生产队有农户33户、人口145人，生产队和生产大队的干部与农户之比不足1∶10。参见梁开金、贺雪峰《村级组织制度安排与创新》，红旗出版社1999年版，第64—65页。

务"。①

另外,在农村"政社合一"的人民公社体制形成后,党在农村基层的组织形态随之发生重要变化,公社党委代替了原来的乡镇党委组织,生产大队普遍设立党支部,生产队设立党小组,并且三者形成了上下级的隶属关系。特别是在人民公社发展后期,党的领导被放大为党的"一元化领导",农村基层公社党委与公社管理委员会合署办公,公社党委书记和大队书记成为人民公社的权力核心,从而进一步强化了"政经不分、政社合一"的人民公社体制。农村社会一切事务的决定权高度集中于公社党委书记以及各生产队书记的个人手中,家长制、一言堂等个人独断式的决策形式普遍盛行于农村各级组织之中。由此,农村基层在"政社一体化"领导下,人民公社体制外表上发展成为一种"以党为核心的行政权力支配型"②的政权组织形式,农村基层事务的决定权集中于基层党组织,基层党组织成为实际拥有管理农村基层事务的权力机构,但实则权力高度集中于党组织少数个人手中,成为个别领导干部独断专行、谋取私利甚至将个人意志凌驾于组织之上的"病态"管理工具。

基于上述,可以说,"政社合一"时期的农村基层政权与村民组织的关系呈现出一种非正常的甚至极端的治理关系形态,是一种非良性的互动治理关系。在乡村治理的实际过程,表现为国家完全控制乡村社会,国家权力不仅通过科层制的组织体系史无前例地深入到农村基层社会,使得农村社会的方方面面被完全组织化、行政化和军事化,而且农村的村级组织完全被国家的行政体制所控制,存在严重的行政依附性,其自主性受到严重约束。农民的生产和生活被严格控制在"公社—生产大队—生产队"三级行政组织之中,农民丧失了主体地位。从现实发展来看,农村基层社会这种非良性的农村治理体系结构,背离了农村社会发展的内在规律,阻碍了农村社会的正常流动和分化,因而是不能够长久维持下去的,从而为"政社合一"的人民公

---

① 吴理财:《20世纪村政的兴衰及村民自治与国家重建》,《当代中国研究》2002年夏季号。

② 金太军:《村庄治理与权力结构》,广东人民出版社2008年版,第46页。

社体制解体埋下伏笔。

### (三)"乡政村治"时期的农村基层互动治理关系

20世纪70年代末至80年代初,农村社会开始实行以家庭联产承包责任制为核心的经济体制改革,联产到劳,包产到户、到组,包干到户、到组等生产方式取代原来人民公社体制下以生产队为单位的集体生产方式,农业生产单位开始由公社集体回归农户和家庭。由于包产到户后,各农户都是分散经营、自负盈亏的独立生产单位,生产队不能直接干预农户的生产经营权,因而"当前一些地方,由于放松了领导,生产队的机构和领导班子陷于瘫痪、半瘫痪状态,致使很多工作无人负责"①。农村基层集体经济的生产组织的瘫痪和解体,使得建立在集体经营管理体制上的政权管理模式——人民公社体制丧失存在的经济社会基础而随之解体。人民公社体制的解体,使得农村基层出现了治理权威的真空期,一系列社会问题随之而来,如"集体所有的土地谁来管理?原来属于集体的财产谁来管理?谁来组织与协调农民的生产?农村的建设和发展由谁去组织?还有家庭、邻里纠纷、社会治安、计划生育、社会福利等事情由谁去协调、管理?"② 等等,这就需要寻找建立新的管理组织形式来填补国家基层政权组织与集体经济组织涣散和失效后所出现的治理权威空白。

1980年初,广西罗城、宜山的一些农村地区,由村民自发选举产生的自治性组织——村民委员会,在农村基层治理中发挥了积极的作用。在村委会的直接组织和领导下,村民制定了村规民约,逐步恢复了农业生产并新修水利、交通等公共设施,调解村民矛盾纠纷,维护社会治安,从而迅速改变了当地社会的混乱状况③,由此形成了一种新的农村治理组织形式——农村村民自治。1982年12月,第五届全

---

① 中共中央文献研究室编:《三中全会以来重要文献选编》(下),人民出版社1982年版,第1078页。
② 潘嘉伟、周贤日:《村民自治与行政权的冲突》,中国人民大学出版社2004年版,第94页。
③ 参见王振耀、白益华《乡镇政权与村委会建设》,中国社会出版社1996年版,第81—82页。

国人大第五次会议通过新修订的《宪法》明确规定，城市和农村按居民居住地区设立的居民委员会或者村民委员会是基层群众性自治组织，从而奠定了村民自治的法律基础。1983年10月，中共中央、国务院下发了《关于实行政社分开建立乡政府的通知》，提出认为"随着农村经济体制的改革，现行农村政社合一的体制显得很不适应。宪法已明确规定在农村建立乡政府，政社必须相应分开。"把政社分开，建立乡政府是当前的首要任务，并要求"大体在一九八四年底以前完成"①。此后，在我国农村基层存在长达27年的人民公社体制被逐步废除，重新恢复了乡级政府建制。"截至1984年底，全国已有28个省、自治区、直辖市全部完成建乡工作，已经实行政社分开的公社占公社总数的98.38%，全国共建乡84340多个，新建村民委员会822000个"②。同时，人民公社以下的生产大队和生产队逐渐被村民委员会和村民小组所取代，完成了向村民自治组织的转变，初步建立了村民自治组织体系。"截至1984年底，全国共建立948628个村民委员会，588万多个村民组"③。1987年11月，全国人大通过了《中华人民共和国村民委员会组织法（试行）》，对村民委员会的性质、地位、职责、产生方式、工作方式等作了具体明确的规定，正式确立了我国农村基层实行村民自治的法律地位。至此，我国农村基层形成了"乡政村治"的新的基层治理体系，从而确立了以农村基层政权组织与村民自治组织为主要治理单位的乡村关系，从而扭转了农村基层互动治理关系紧张的局面，使其逐渐走向正常化。

"乡政村治"治理体系是农村人民公社体制解体后新的历史条件下国家治理乡村社会的基本模式。"乡政村治"中的"乡政"，是指按照国家行政权力的运作方式在乡（镇）一级建立农村基层的一级政权体系，设立乡（镇）人民代表大会和乡（镇）人民政府等组织，乡（镇）政府依法行使职权，领导本乡（镇）的经济、政治、文化

---

① 中共中央文献研究室：《新时期农业和农村工作重要文献选编》，中央文献出版社1992年版，第220页。
② 罗平汉：《农村人民公社史》，人民出版社2016年版，第487页。
③ 袁金辉：《冲突与参与：中国乡村治理改革30年》，郑州大学出版社2008年版，第67页。

和各项社会建设,做好公安、民政、司法、文教卫生、计划生育等工作。"乡政村治"中的"村治",是指乡(镇)以下的村级地区实行村民自治,由村民选举产生村民委员会等基层群众自治组织,依法进行自治,村委会负责办理本村的公共事务和公益事业,调解民间纠纷,协助维护社会治安,向人民政府反映群众的意见、要求和提出建议,并且协助乡人民政府搞好本村的行政工作和生产建设工作。"乡政村治"体制下农村基层政权体系由原来人民公社体制下的"公社—生产大队—生产队"变为"乡(镇)政府—村委会—村民小组"的三级组织结构,农村基层政权与村民组织关系由原来的政社不分、行政一体化的形态转变为乡村组织分立、权力分离的形态。根据《村民委员会组织法(试行)》的相关规定,农村基层政权与村民自治组织的关系不是上下级的行政隶属关系,而是"指导—协助"的关系,基层人民政府对村民委员会的工作依法给予"指导、支持和帮助","但是不得干预依法属于村民自治范围内的事项",村委会协助乡(镇)政府开展工作。这充分表明,农村基层政权组织与村民组织的关系由行政关系变为一种治理关系,村委会作为农村基层治理的主体,拥有独立自主的自治权利,它将与代表行政权力的基层政府组织共同成为农村基层治理的权力主体,二者相互协调互动,共同完成农村基层治理的目标和任务。

此外,随着人民公社体制的解体,党的农村基层党组织的工作逐渐恢复到正常轨迹,并且重塑其基层治理的权威。原来的公社党委改为乡党委,乡(镇)以下设在生产大队和生产队的党组织也发生改变,分别在村一级组织建立党支部或者党总支,村以下的村民小组建立党小组。"乡政村治"治理格局下,农村基层的各级党组织的关系并没有受农村基层治理格局的影响,仍然保持党组织领导一切的核心地位和作用,不仅各级党组织之间仍然保持上下级的领导关系,而且党组织也是同级政权组织的领导核心,表现为乡党委直接领导乡政府工作,村党支部直接领导村委会工作。在"乡政村治"格局中,农村基层的各级党组织作为农村基层社会治理的领导核心地位没有变,但是这种领导地位和作用的实现方式已经逐步从"政社不分"的一体化领导变为党政职能有机分工的法理化领导,党的领导方式的变化体现了党对农村基层社会执政基础和客观环境的理性认知,体现党领导农村治理关系调整和变革的能动自觉。

至此,"乡政村治"时期农村基层社会治理实际上形成了三重治理关系:"一是,乡镇党委与村党支部之间的领导关系,二是,乡镇政府与村委会在自治事务范围内的指导与被指导关系,三是,乡镇政府与村级组织在行政事务上的管理和被管理的关系。第一重关系体现党的领导原则,第二重关系体现村民自治原则,第三重关系体现依法行政的原则。并且乡村三重关系是一个有机的整体,以其中任何一个关系、一个原则来否定其他两个关系、两个原则,都会造成乡村关系的失调,加剧乡村关系的紧张局面"①。事实上,随着国家对乡村治理体系改革的推进,更加注重从乡村社会治理的现实出发,在强化基层党组织统一领导下,促进基层"乡村"两级组织的相互协调、合作互助,也就是要将农村基层三重治理关系融合为一体,即在农村基层党组织的统一领导下,乡镇政府依法行使管理职权,村民依法进行自治活动,不断增强农村基层政权组织与村民自治组织的衔接与互动。(见图 3-1)

**图 3-1 人民公社解体后农村基层政权组织与村民自治组织的关系**

总体来看,"乡政村治"的农村基层治理体系格局,重新厘定了国家权力与社会权力、农村基层政府与村民自治组织的权力边界,从而为农村基层社会的自我组织和管理提供了一定的社会与政治空间,也为农民的经济自主和政治民主提供一定的制度与组织框架。这一治理体系的形成表明,国家与农村社会关系不断进行调适,国家对农村社会的治理方式由直接的、全面的、刚性的控制转向间接的、有限的、适度的调控。虽然,"国家'放权'于乡村社会的价值取向与国

---

① 郭正林:《论乡村三重关系》,《北京行政学院学报》2002 年第 2 期。

家权力'控制'农村社会的现实之间形成了内在的紧张关系,而直接强化这种内在紧张关系的'推手'是村民自治的'行政化'",① 但农村基层政权组织与村民自治组织的关系已经发生实质性的变化,即由原来的行政隶属关系逐渐转变为合作治理的关系,这就为农村基层政府管理与村民自治的有效衔接和良性互动提供了有利环境和条件。

**(四) 新时代实施乡村振兴战略背景下农村基层互动治理关系**

党的十九大庄严宣告中国特色社会主义进入新时代,这是我国发展新的历史方位,同时指出"我国社会主要矛盾已经转化为人民日益增长的美好生活需要和不平衡不充分的发展之间的矛盾",指明"人民美好生活需要日益广泛,不仅对物质文化生活提出了更高要求,而且在民主、法治、公平、正义、安全、环境等方面的要求日益增长"②。新时代社会主要矛盾尤为突出体现在农村基层,面对基层社会的这种发展不平衡不充分的矛盾,既需要推进经济改革来满足人民的物质需求,也需要着眼构建有效的基层治理体系来满足人民的政治社会文化生态等精神层面的需求,因而,基于基层社会群众多元化的现实需要,提升基层社会治理秩序和能力的有效供给成为一项迫切任务。为此,党中央提出实施乡村振兴战略,从战略实施路径上立足国家和社会两个方面,激发基层社会治理和基层群众自治的活力,推进农村基层互动治理发展迈向新的台阶。具体而言,一方面,国家(政府)作为权力主体应加强利用政治权威进行顶层设计,自上而下地进一步释放基层社会治理所需要的制度空间和社会基础,为基层各类具体性的民主实践提供发展的方向和可持续性的资源支撑;另一方面,基层社会自治层面在国家所提供的良好发展环境基础上,充分发掘社会内生性的资源,推进基层社会自治性、志愿性、服务性等社会组织发育,激发基层群众自治的活力。整体上,通过构建自治、法治、德

---

① 张健:《中国社会历史变迁中的乡村治理研究》,中国农业出版社2012年版,第186页。

② 习近平:《决胜全面建成小康社会 夺取新时代中国特色社会主义伟大胜利——在中国共产党第十九次全国代表大会上的报告》,《人民日报》,2017年10月28日第1版。

治三治相结合、相促进的现代乡村治理体系,作为推进基层社会治理创新的重要目标。

实施乡村振兴战略,推动基层群众自治制度发展,离不开国家与社会的二元互动与协同,二者在本质上并不是此消彼长的关系,而是一种处于动态平衡中的双向互动。从我国基层社会自治发展的历程来看,国家与社会二元性关系的调整和转变,直接驱动基层社会群众自治的发展。改革开放之前,我国基层社会场域的"国家与社会"关系被学者概括为一种"总体性社会结构",即国家主导、统合基层社会治理,基层社会"自治和自组织能力差,中间组织不发达,控制系统不完善"①,社会自治的空间薄弱,自主性力量生长缓慢。随着改革开放进程的拓深,我国的国家与社会关系发生根本性的变化,这种变化主要来自国家(政府)推行一系列内部改革举措,有意识地向下放权,从而使得以往高度稳定的国家与社会关系开始松动。"由于法制建设的加强以及政府行为逐步走向规范化,这种任意的控制开始向一种较有规则的控制转变"②,社会的自主性在一定程度上被激发出来,相对独立的社会力量逐渐形成,从而真正意义上的基层群众自治得以萌发和发展起来。历经40多年的基层社会变革,我国基层社会治理结构已经从原来的"有自治空间,但没有自治权,是单中心(集权)权威秩序,不是多中心(分权)自治秩序"③转变为国家与社会二元主体力量的互动与协同。原来由于自上而下的行政权力同日益扩大的民主意愿之间的张力导致的基层社会自治的效果不如人意的状况发生了彻底改变,作为一种民主形式本质表现的基层社会群众自治,开始展现出如赫尔德所说的两个向度的民主化,即国家与社会两个层面民主化的双重共振。

基层治理是国家治理的基石。作为国家治理的基础组成部分,在多元化的社会治理体系中,基层是社会的单元细胞,同时又是党的执

---

① 罗兴佐:《中国国家与社会关系研究述评》,《学术界》2006年第4期。
② 孙立平、王汉生、王思斌、林彬、杨善华:《改革以来中国社会结构的变迁》,《中国社会科学》1994年第2期。
③ 周庆智:《论基层社会自治》,《华中师范大学学报》(人文社会科学版)2017年第1期。

政之基、力量之源。"基层社会治理是党中央治国理政和公众参与国家治理的基本结合点,不仅直接决定着社会治理的整体效果,而且关系到国家整体政策目标的实现,影响着国家治理的整体水平"①。党的十九大报告明确提出要"加强社区治理体系建设,推动社会治理重心向基层下移,发挥社会组织作用,实现政府治理和社会调节、居民自治良性互动"②。推动社会治理重心下移实际上是契合基层群众参与国家治理的政治需要,加强基层群众自治组织规范化建设,发挥基层各治理主体在基层社会治理中的协同性作用,本质上反应了新时代国家与社会关系的再调整和再平衡。随着乡村振兴战略的深入推进,农村基层政权体系与村民自治体系之间的互动联系更为紧密,农村基层互动治理共同体逐渐形成。(图 3-2)

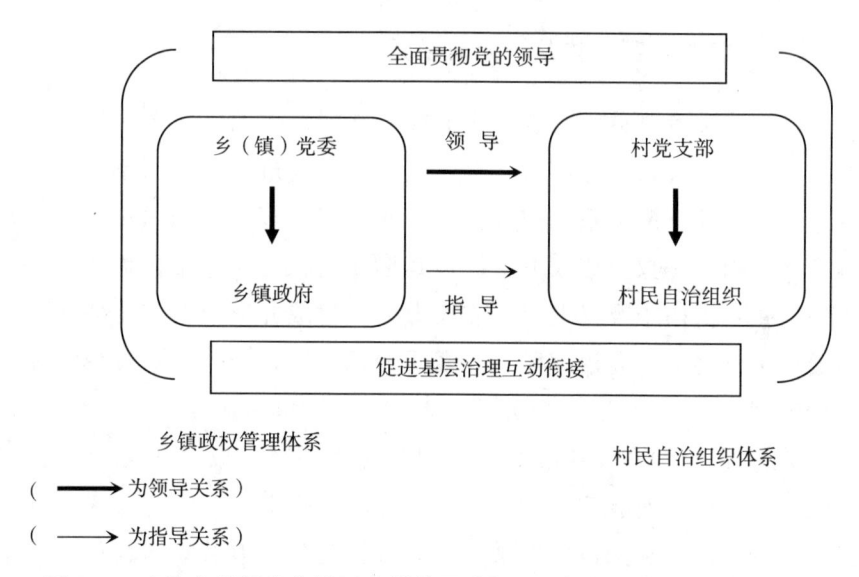

图 3-2 实施乡村振兴背景下农村基层政权组织与村民自治组织的关系

---

① 王东旭、郑慧:《基层社会治理何以实现》,《光明日报》2018 年 5 月 21 日。
② 中共中央党史和文献研究院:《十九大以来重要文献选编》(上),中央文献出版社 2019 年版,第 35 页。

## 二 农村基层互动治理关系变迁的基本特点

通过上述分析，中华人民共和国成立以来中国农村基层政府管理与村民自治的互动治理关系变迁的历程主要经历了农村基层政权体制初步确立时期、"政社合一"的人民公社体制时期、改革开放以来确立的"乡政村治"时期以及新时代实施乡村振兴战略推进乡村治理现代化等四个相继承接的不同发展阶段。在这四个不同发展阶段、七十多年的发展历程中，农村基层政府管理与村民自治的互动治理关系的发展变迁呈现出鲜明的特点和趋势，概括起来主要表现为：权力运行主体从一元向多元；权力运行结构从高度集中向分立；权力运行方式从人治向法治；权力运行环境从封闭向开放。

### （一）权力运行主体从一元向多元

农村基层治理实际上是由处于权力支配地位的主体运用实际掌握的权力对农村公共事务和公共事业进行治理的过程。根据不同数量的权力主体及其支配关系，一般存在一元治理和多元治理两种不同的治理模式。由单一权威或权力主体及其形成的权力支配结构称之为一元治理模式；由两个及以上权威或权力主体组成并形成的多主体协调互动结构可称之为多元治理模式。多元治理模式是与一元治理模式相对立的治理模式，"它以'多元化'治理权力为基础，以'多元化'治理主体为核心，以'多元化'治理资源为桥梁，以'多元化'治理手段为途径的一种治理模式"，[①] 是中国农村基层治理的未来发展模式。中华人民共和国成立以来，中国农村基层政府管理与村民自治的互动治理关系的变迁历程中，农村基层治理的权力主体结构发生重大变化，呈现出从一元向多元发展的趋势。在农村基层政权初步确立时期，中国农村基层政权正式确立为"乡政权"体制，乡人民代表大会、乡党委、乡人民委员会以及延伸至村级的党组织共同构成了农村

---

[①] 肖勇等：《"多元"对"一元"的否定："村庄""多元"治理模式及其构建》，《社会科学研究》2009年第3期。

基层政权体系，直接掌握处理农村基层各项事务的权力。不论是土地改革时期形成的乡镇政权与农民协会的权力结构，还是合作化时期形成的乡镇政权与合作社的权力结构，村级农民组织只是基层政权组织的附属物，成为行政化体系的一部分。由此，农村基层初步形成了以乡镇政权体系为核心的一元主体结构。农村人民公社时期，由于实行"政社合一"和"三级所有、队为基础"的政治体制，党政不分、权力高度集中，农村基层完全形成了党的一元化领导下的以人民公社为核心的一元主体结构，特别是在"文化大革命"期间，几乎所有权力都集中于公社和大队的革命委员会[①]，集中于公社和大队的书记或主任一人，权力主体的一元化达到极限。改革开放之后，随着农村社会的开放和市场化，农村基层确立了"乡政村治"的治理体制，逐步打破了过去政社不分、以党代政、权力高度集中的一元化的主体结构，逐步趋向于形成以乡党委、乡人民政府、乡人民代表大会以及村党支部、村委会、村民代表大会和普通村民等为主体的多元治理主体结构，乡镇政府不再作为唯一的权威主体和权力中心，村民自治组织成为农村基层公共事务的重要治理主体。新时代随着国家全面推进乡村振兴战略进程步伐的加快，乡村治理组织和生态进一步趋向于在基层党组织的统一领导下基层治理主体多元协同、合作治理的局面，党组织在乡村治理中的权威进一步加强，乡村治理主体的参与面进一步扩大，农村基层志愿性组织、村民个体以及其他社会服务力量越来越多地吸纳进基层治理组织体系之中，农村基层治理关系更为多元和开放。通过对农村基层政府管理与村民自治互动治理关系变迁中权力运行主体嬗变过程的分析，可以清晰看出，农村基层权力运行主体从一元转向多元，这一过程表明农村基层政府管理与村民自治关系不再是一元主体结构体系下自上而下的命令强制型关系，而是逐渐向多元主体结构体系下上下互动的民主合作型关系转变。

### （二）权力运行结构从高度集中向分立

一般而言，一元治理模式常意味着权力的高度集中；多元治理模

---

① 李莉、卢福营：《当代中国的乡村治理变迁》，《人民论坛》2010年第17期。

式则多体现为权力的均衡分散。治理模式从一元向多元转变，势必带来权力体制结构从权力集中向权力分散均衡转换。中国农村基层政府管理与村民自治互动治理关系变迁过程中权力运行主体呈现出从一元向多元转变的趋势，势必带来农村基层治理权力运行结构从权力集中的体制结构向权力分期均衡的体制结构转变。在农村改革开放之前，特别是农村人民公社体制时期，中国农村基层形成了政社合一、政经一体、权力高度集中的一元化治理模式。该模式在政治上权力高度过分集中，不但一切权力集中于公社委员会，而且最后集中在少数领导干部个人手中，"集中于几个书记，特别是第一书记，什么事都要第一书记挂帅、拍板"，"文革"期间这种集权形式发展成为极端的个人集权主义，"一言堂、个人决定重大问题、个人崇拜、个人凌驾于组织之上一类家长制现象，不断滋长"，使得"党的一元化领导，往往因此而变成了个人领导"①。邓小平同志更深刻地指出"权力过分集中于个人或少数人手里，多数办事的人无权决定，少数有权的人负担过重，必然造成官僚主义，必然要犯各种错误，必然要损害各级党和政府的民主生活、集体领导、民主集中制、个人分工负责制等等"②。人民公社时期形成的一元治理模式所产生的弊端不仅造成权力上的过分集中，个人主义盛行，而且使农民失去自主性的权利和个人自由，并与农村基层政权体系的相对抗冲突。基于此，改革开放以来，党和国家通过一系列的分权改革，逐步建立了"乡政村治"的多元主体分权制衡体系，逐步破除了农村基层一元化的集权体制。首先，通过党政职能分开，废除农村基层党政一体的人民公社体制，建立乡党委和乡政府，并严格规范党委和政府的职权和责任，实行乡镇长负责制。其次，推行家庭联产承包责任制，将农业生产经营权从原来集体单位组织下放给普通农户和家庭，使农民获得了生产经营的自主性权力，个体自由活动范围扩大，自主性增强。最后，农村实行村民自治，将乡镇以下的治理权力下放给村民自己，由村民选举产生的自治组织进行自我管理、自我教育和自我服务，行使村庄治理权力。此外，随着

---

① 《邓小平文选》（第2卷），人民出版社1994年版，第329—330页。
② 《邓小平文选》（第2卷），人民出版社1994年版，第329页。

农村基层经济性组织、公益性组织以及其他组织的成长和发展，政府逐步将部分经济管理权限和服务职能向这些民间组织转移和下放，使得农村基层治理主体更为多元化，农村社会的自治能力逐步提升。由此，在农村基层政府管理与村民自治关系变迁过程中，上述这些分权取向的改革举措，使得农村基层社会治理的权力运行主体从一元趋向多元，相应的权力运行结构也从权力过分高度集中型结构趋向权力分立均衡型结构。

### （三）权力运行方式从人治向法治

中国是一个有着两千多年封建传统的国家，在治理国家的方式上有着浓重的人治色彩。人治是相对于法治的一种社会治理状态，是指"以人格化权威为国家的支点，把治理国家的希望寄托于统治者个人的圣明与贤能上。它无限夸大圣人明君的作用，把国家的兴旺发达和长治久安完全寄托于执掌最高权力的人"[①]。人治虽然不排斥法律，但它将君王个人权威置于法律之上，个人意志高于法律权威。这种建立在个人专断和独裁基础上的治国方式具有多变性、随意性的弊端，容易造成社会的不稳定。因此，实现从人治向法治转变是中国实行依法治国，建设社会主义法治国家的根本任务和目标。

中华人民共和国成立以来，中国农村基层治理方式逐步从人治向法治转变，特别是在农村基层政府管理与村民自治互动治理关系上呈现出鲜明特点，即调节和处理基层政府管理与村民自治关系的权力运行方式实现了从人治向法治的实质性飞跃。中华人民共和国成立之后，农村基层社会彻底消灭了地主阶级统治，颁布实施了《中华人民共和国地方各级人民代表大会组织法》和《中华人民共和国地方各级人民政府组织法》，并建立了国家正式的基层权力组织，实现了国家政权对农村社会依法进行控制和管理。但受封建主义的影响，加之农村基层法律和制度体系的不完善，农村基层社会治理方式上沿袭了封建社会"人治"的习惯和做法，一言堂、家长制、个人独断专行的情

---

① 叶笃初、卢先福：《党的建设词典》，中共中央党校出版社2009年版，第125页。

况和现象仍在农村基层社会之中存在不少。这突出体现在农村基层政权确立初期，农村基层政权组织主要通过行政授权的方式建立了农民协会、合作社等组织，发展了一大批的农村干部，这些农村干部借助于国家权威成为农村权力的实际行使者，由于他们的权威来源于自上而下的行政授权，而不是村民的直接授权，因而很少受到群众的监督和制约，这就造成他们在办理农村公共事务、协调基层政权组织与村民利益关系上偏向基层政府，进而滋生出个人独断专行、家长制、一言堂等不良作风。人民公社化运动及其发展到后期，宪法及法律的权威遭到无情践踏，农村基层权力完全集中于公社革命委员会，乃至集中在公社书记或主任等少数个人手中，在权力行使上，一言堂、家长制、个人专制主义、官僚主义作风等不断滋长，大肆横行，权力运行过程中，人治方式基本成为协调基层政权与村民组织关系、调解农村社会公共事务的主要方式。

1978年，党的十一届三中全会深刻总结了中华人民共和国成立以来的国家治理的历史经验，特别是改革建设过程中经历的深刻教训，重新确立了依法治国的方针，强调"为了保障人民民主，必须加强社会主义法制，使民主制度化、法律化，使这种制度和法律具有稳定性、连续性和极大的权威，做到有法可依，有法必依，执法必严，违法必究"[①]。不仅要求政府机构要严格依法办事和依法行政，而且更加强调法律的最高统治权威，任何个人和团体都不得超越法律之上。20世纪80年代初，农村基层废除了人民公社体制，恢复并重建了乡镇政权组织体系，重新确立了国家依法治理农村社会事务的权威。1988年，《村民委员会组织法（试行）》的颁布实施，农民获得了管理本居住地区事务的权力，村委会等村民自治组织成为农村基层治理的主体，并依法行使自治权。乡镇政府对村民委员会的工作给予指导、支持和帮助，但是不得干预依法属于村民自治范围内的事项，从而使法律成为治理和调解农村基层社会一切权利和权力主体关系的根本准绳，确立了农村社会治理的法律权威。新时代在党的坚强领导下，农

---

① 中共中央文献研究室：《三中全会以来重要文献选编》（上），人民出版社1982年版，第11页。

村基层社会法治化改革步伐加快,党和国家重新修订、颁布实施了《中国共产党农村基层组织工作条例》《中国共产党农村工作条例》《中华人民共和国村民委员会组织法》《中华人民共和国乡村振兴促进法》等相关法律法规,着力推进农村基层自治、法治和德治"三治"统一,由此,农村基层政府管理与村民自治互动治理关系逐步结束人治管理方式,建立起现代乡村治理的法治化体系,农村基层互动治理关系逐渐趋向于法理化、规范化。

### (四)权力运行环境从封闭向开放

权力运行环境是指权力主体行使权力时所受到的各种外在条件和关系等影响因素的总称。不同经济和社会发展的条件和水平直接影响权力的运行环境。一般而言,经济和社会发展条件和水平较好,权力运行环境较为开放清明;反之,经济和社会发展水平不高,权力运行环境相对比较封闭狭隘。此外,权力运行环境既影响权力主体的行为活动,同时也受权力主体的影响。中华人民共和国成立以来,随着经济社会发展条件和水平的不断提升,中国农村基层权力运行环境逐渐从封闭走向开放,农村基层政府管理与村民自治的互动治理关系逐渐从一元封闭模式环境下的互动治理向多元开放模式环境下的互动治理转变。正如改革开放之前我国经济社会发展形势所表明的那样,在国际冷战局势的影响下,我国对外受到列强的包围和封锁困扰,对内建立起一种全能主义的管理体制,国家几乎垄断了全部资源,建立起严密的组织系统,农民的所有行为和活动受到国家的严密控制和约束。在全能主义模式下,政治权力系统基本处于封闭的运行环境中,国家权力自上而下地延伸至基层社会,由各级行政主体行使权力直接控制并管理农村社会,农村社会完全受制于国家权威,完全处于封闭状态。国家确立改革开放的发展战略以来,农村基层社会的全能主义模式逐渐被"乡政村治"的有限治理模式所取代,农村社会逐渐从过去封闭落后的环境走向多元开放。随着社会主义市场经济体制在农村社会的确立,农村基层社会的多种利益、多元主体成长并壮大起来,农村基层社会治理开始从基层政府为权威核心的一元治理向基层党政组织领导下基层政府、村民自治组织以及社会自治组织等多元主体参与共治的治理形态转变。随着农村多元治理结构的逐步确立，农村基层权力运行的环境也逐步多元化、开放化。在这样的环境下，农村基层政府管理与村民自治的互动治理将更为自由和开放，农村基层政府管理与村民自治关系将趋于良性化和多样化，从而有助于农村基层政府管理与村民自治的有效衔接和良性互动。

总体来说，农村基层政府管理体系与村民自治体系互动治理关系的演进变迁的本质体现了国家力量与社会力量在农村基层的交互博弈和互动，并最终走向协调统一的发展趋势。农村基层治理趋向善治，离不开作为代表国家权力的基层政府与代表社会力量的村民自治组织之间建立有效衔接和良性互动的机制。从新中国成立以来农村基层政府管理与村民自治互动治理关系变迁历程中所展现出来的权力运行主体从一元到多元、权力运行结构从高度集中到分立、权力运行方式从人治到法治和权力运行环境从封闭到开放等鲜明特点，也都充分表明农村基层政府管理与村民自治二者各自在职能上能够相互协调，彼此能够建立良性互动的关系，并能最终实现农村基层治理的善治目标。

## 三 农村基层互动治理关系变迁的逻辑动因

中华人民共和国成立以来，中国农村基层政府管理与村民自治互动治理关系经历了四个不同历史时期的发展和变化。在这70多年的变迁历程中，农村基层政府管理与村民自治的关系整体上逐渐从疏离走向紧密、从一元同构走向多元互构、从彼此分离走向良性互动。农村基层政府管理与村民自治互动治理关系变迁的背后有其深刻的逻辑动因。分析并总结这些原因，归根结底主要体现在三个方面，即政府管理与村民自治的互动演进；传统惯性与现代变革的交互激荡；公共权力与个体权利的交互融合。

### （一）政府管理与村民自治的互动演进

一般而言，农村基层社会不仅仅是指地理空间上所指涉的广阔农村地区，还是一个国家力量与社会力量直接碰撞、交互作用、既相竞争又相协作的场域。"这一场域，对于国家而言，是其权力下沉得以整合农村基层社会并汲取建设资源的基础领域；对于社会而言，是其赖以存续并维持其自治空间和秩序的基本单位"①。农村基层社会互动治理关系的变迁历程实际上就是政府管理与村民自治在农村基层社会互动演进，逐渐从对立走向统一、从竞争走向合作的发展过程。这个过程直接表现为农村基层治理进程中农村基层政府管理与村民自治二者之间的互动治理关系逐步从疏离走向紧密、从一元走向多元、从分离走向互动的交替变化。换言之，农村基层政府管理与村民自治的互动治理关系的变迁背后折射出国家力量与社会力量在农村基层的交互博弈，并且二者关系呈现出从对立走向统一的发展趋势。

自近代以来，农村基层社会治理一直存在着两种不同形态的控制力量，并且二者之间交互博弈、相互持续作用。一种是自上而下形成的国家政权组织系统，另一种是自下而上形成的社会自治系统。中华人民共和国成立以前，尽管代表国家力量的权力组织系统曾试图渗透基层社会，但都未能以组织化的方式渗透进农村社会，农村基层大部分的管理事务基本是由非国家形态的社会自治系统来承担。中华人民共和国成立之后，在中国共产党的领导下党的基层组织逐渐在农村基层确立起来，党领导下的国家政权力量得以组织化的方式直接渗入基层社会，打破了原来由社会自治系统治理农村的局面，直接由国家力量对农村社会实行全面控制和管理。从此，国家与农村基层社会建立起了紧密的联系，这种联系不仅体现为国家对农村民众的政治、经济、文化、生活等领域的直接控制和管理，而且体现为国家建立的农村基层政权组织与村民自治组织之间逐渐形成一套固定化的行政控制模式。这一模式的典型代表就是人民公社时期所建立的全能主义的农村管理体制。该体制的典型特征就是"国家垄断了几乎全部的资源，建立了严密的组织系统，通过生产大队、生产小队控制和整合所有的社会成员，生产大队、生产小队成了社会资源与权力的再分配系统，

---

① 杨弘、胡永保：《建国以来我国农村基层治理中国家与社会关系的演变及启示》，《理论学刊》2012 年第 7 期。

负责管理外出介绍信的开取、结婚生子的申请、集体生产品的分割等事项，加上身份制的固定性，这一切都使农村社会失去应有的自治发展空间。"① 这一时期国家力量完全支配并控制着农村基层社会的方方面面，社会自治性力量被纳入国家行政组织系统，村级组织完全被行政化，成为行政组织的附庸。根据相关统计资料，"1952 年至 1986 年间，国家从农业中隐蔽地抽走了 5823.74 亿元的资金，加上农业为国家缴纳的税收 1044.38 亿元，合计达 6868.12 亿元，相当于同期全民所有制非农企业固定资产原值的 4/5"。② 这致使农村基层社会运行变得越来越难以为继，国家与农村社会关系变得异常紧张。1978 年，随着中国改革开放的序幕拉开，农村推行家庭联产承包责任制逐步取代了"政社合一"的人民公社体制，原有的国家全面控制农村社会的全能主义模式逐渐解体。国家行政权力上收至乡镇一级，建立乡镇政府统一行使管理权，退出了对农村基层的直接管理。乡镇以下的农村地区实行村民自治，通过建立群众性自治组织行使管辖范围内的各项自治权，农村基层形成了"乡政村治"的新型治理模式。在"乡政村治"模式下，国家力量逐步退出了对农村基层社会的直接管理，治理权力逐渐下放为农村基层社会自治力量的自主性发展提供了一定的空间，而农村社会自治力量的成长很好地填补了农村基层政府管理职能的空白，进而提升了农村社会的自治能力。农村基层治理中国家政权组织与村民自治组织的关系渐趋明朗，特别是《村民委员会组织法》的颁布实施，进一步从法律上明确了国家政权管理与基层社会自治关系的边界，奠定了农村基层国家力量与社会力量交互作用的法理依据。由于我国是一个后发现代化国家，农村基层社会的现代化，仅仅依靠农村社会自身的力量是难以实现的，而且原来威权主义体制下"强国家"造成农村社会力量的孱弱，客观上需要国家力量的支持和扶助，需要政府发挥一定的主导作用，"决不能设想一个国家没有强

---

① 戴玉琴：《改革开放以来农村民主政治发展论纲》，社会科学文献出版社 2012 年版，第 60 页。

② 吴理财：《县乡关系：问题与调适》，中国社会科学出版社 2011 年版，第 157 页。

大的政府集权会生存下去，尤其是会繁荣富强。"①。因而，国家力量在农村基层社会的存在具有一定客观必要性。但这一时期的国家力量与社会力量的博弈关系发生了正向的转变，即从过去的冲突对立走向互动合作。一方面，通过发挥国家力量的整合和协调功能，规范并调控农村社会不同主体的利益关系和矛盾冲突，培养村民的自治意识和民主精神，锻炼村民参与公共事务活动的能力，进一步引导和规范村民自治活动；另一方面，农村社会组织和社会成员等社会自治力量的成长壮大也将更好地发挥自治功能，承接政府职能转变过程中下放和转移的公共服务职能和权限，从而实现更大范围和更高层次的社会自治。因而，在国家力量与社会力量的交互作用和统一协调下，农村基层政府管理与村民自治的互动治理关系趋向良性发展的趋势。正是农村基层社会中国家力量与社会力量的交互博弈关系从对立向统一的转变，促使农村基层政府管理与村民自治的（互动）关系走向良性化。

### （二）传统惯性与现代变革的交互激荡

从社会发展变迁的角度，虽然现代与传统一般是相对立的，但二者并不是截然分离的。这是因为"现代生活的大部分仍处在与那些从过去继承而来的法规相一致的、持久的制度之中；那些用来批判世界的信仰也是世代相传的遗产的一部分"②。传统是现代化的秩序保证，在现代化进程中仍然发挥着重要作用，现代化并不意味着完全抛弃传统，相反"在现代社会历史上的大部分时期里，现代性在消解传统的同时又在不断重建传统。"③ 传统与现代的交互作用影响着现代社会的发展，这就要求"处于现代进程中或谋求现代性的我们要有正确对待传统的方式，既不能对它一概继承，更不能全盘抛弃"。④ 就中国农村

---

① ［法］托克维尔：《论美国的民主》（上卷），董果良译，商务印书馆2009年版，第97页。
② ［美］爱德华·希尔斯：《论传统》，上海人民出版社2014年版，第275页。
③ ［英］安东尼·吉登斯：《现代性与后传统》，《南京大学学报》（哲学·人文科学·社会科学版）1999年第3期。
④ 蔺雪春、季丽新：《改革开放以来农村治理模式创新的基本逻辑与展望》，《当代世界与社会主义》2010年第6期。

的基层治理而言，随着国家的现代化转型，即从传统国家向现代国家、农业国家向工业国家转型，农村基层社会的现代化也在经历着从传统向现代转型的变革，这一过程中最为显著的变化就是农村基层互动治理关系从传统向现代变迁。并且更为重要的是，中国农村基层政府管理与村民自治互动治理关系的现代化变迁历程并非简单表现为现代代替传统，传统让位于现代的线性过程，而是一个传统与现代交互影响作用、关系错综复杂的过程。正是农村基层治理中这些传统惯性力量与现代变革力量之间的交互碰撞和激荡、相互作用和影响，深刻影响并改变着农村基层政府管理与村民自治互动治理关系的发展轨迹和演进方向。

农村社会中传统惯性力量和现代变革力量的交互作用和影响的复杂性直接带来现实中农村基层政府管理与村民自治互动治理关系的多样化。从纵向发展来看，在农村基层政府管理与村民自治互动治理关系发展演进过程中，不同历史时期的农村社会中传统惯性因素与现代变革因素的存量、作用方式和影响效果等存在的差异性，直接影响着农村基层政府管理与村民自治互动治理关系的发展。中华人民共和国成立初期，在党和国家的强力推动下，农村社会的传统势力和组织体系被瓦解，国家重建了农村基层政权体系，并与农村村民组织建立起紧密的行政联系。人民公社时期，全能主义体制下国家直接控制农村社会的各个方面，传统专制色彩的地方势力和人治方式横行乡野，农村基层政府管理与村民自治关系基本处于僵化封闭的状态。改革开放之后，传统人治特征浓厚的基层社会管理体制被废除，逐步确立了法治色彩鲜明的"乡政村治"治理体制，农村基层政府管理与村民自治关系逐渐正常化，治理的价值取向更趋向现代性。从横向发展来看，中国农村地区范围十分广阔，传统惯性力量和因素的影响并非完全相同一致，而是呈现出不同的层次、形态和方式的作用影响，它们中有优秀的、适应或推进农村社会进步和现代化的内容，也有愚昧落后的、阻碍甚至禁锢农村社会进步和现代化的内容，这些传统惯性力量和因素的存续和演变，以及与现代变革力量的交互激荡，都使得农村基层政府管理与村民自治的关系在不同的地域或村庄处在不同的历史发展阶段，呈现出不同的形式和特点。不论是从传统角度，还是现代角度，还是从传统向现代转换的角度，由于传统与现代中力量和因素在不同地域和村庄的存量不同，使得农村基层政府管理与村民自治关系在不同的农村区域可能处于不同的历史境域，"即不同的地域可能处于不同的发展阶段，具有不同的历史特征，处于不同时空和不同农村地域"的基层政府管理与村民自治的关系也会因"传统资源的承袭或现实问题的积累而面临的综合境况不同，需要解决的任务、达成的目标就有可能不同，所需采取的方式方法、以及所要走的发展道路也有所差异"[①]。

### （三）公共权力与个体权利的交互融合

公共权力通常是由代表国家权力的机关行使，即以阶级压迫为基础的政治统治和社会管理力量。民主权利则通常是由每个社会个体所拥有的权利的集合，即由法律赋予公民所享有的某种权益。权力与权利（公共权力与个体权利）是相互依存、相互作用的关系，二者既彼此双向制约又彼此相互促进。一方面，权利是权力的基础和源泉，权力是为了制衡、协调、界分、保障权利实现而设置并发挥作用的。另一方面，权力与权利可以相互转化，在调整个体利益分配、改善个体权利关系时，一方主体某些权利的让予即是另一方主体获得某些权力，反过来，一方主体某些权力的取得即是另一方主体某些权利的让予。在现实社会中，公共权力和民众个体权利之间时常存在相互冲突的地方，突出表现在公共权力因缺乏有效的社会监督而发生权力的异化，即权力滥用造成的民主权利被侵害和权利滥用形成的公共权力膨胀问题。对于个体权利而言，它需要得到公共权力的支持和保障。公共权力保护公民合法权益，是经由公民的认可和赋权实现的，公共权力保障个体权利的正当行使和使用，同时又防止个体权利滥用，以维护公共利益或他人的合法权益。对于公共权力而言，它需要得到个体权利的认可和监督，一旦个体权利受到公共权力的侵犯、限制甚至是

---

① 蔺雪春、季丽新：《改革开放以来农村治理模式创新的基本逻辑与展望》，《当代世界与社会主义》2010年第6期。

剥夺，公共机关或某些官员手中的权力被扩大或者滥用，就会使社会自由发展的活力受到抑制，甚至陷入停滞状态，也会使公共权力的掌握者、执行者产生腐败的可能。

中国农村基层互动治理中，基层政权组织是国家在农村基层的代表，是公共权力的直接掌握者和执行者，依法对农村社会进行行政管理。村民作为农村社会的主人，拥有天赋且受法律保护的主体权利，可以依法成立自治组织行使自治权利。农村基层政权组织与村民自治组织之间的关系背后直接体现和反映的是农村基层的公共权力与个体权利之间的关系。正是农村基层公共权力与村民个体权利的交互作用和影响直接带来了农村基层政权组织与村民自治组织关系的变迁和演进。换言之，中华人民共和国成立以来，中国农村基层互动治理关系变迁历程的背后体现的是农村基层公共权力与村民个体权利交互作用和影响的演变历程，农村基层政府管理与村民自治的互动治理关系变迁背后的逻辑动因是农村基层公共权力与村民个体权利的交互作用和互动。中华人民共和国成立初期，国家建立了组织健全的农村基层政权体系，它以公共权力为后盾，直接对农村社会进行直接的管理和控制，相较于缺乏组织性的村民，基层政权组织具有明显的优势，它能够凭借其主导地位，把村民主动吸入或强制拉入到政权体制之内，村民的个体权利基本被基层政权的行政权力所控制，这反映在农村基层政权组织与村民自治组织的关系上，直接体现为基层政权对村民组织的行政控制。"政社合一"的人民公社时期，农村社会形成了"三级所有、队为基础"的人民公社体制，村民几乎所有的个体权利被农村公社管理组织（人民公社、生产大队、生产队）所掌握和控制，一方是村民失去生产和生活的权利和自由，被禁锢在土地之上；另一方是掌握巨大公共权力的公社组织和领导滥用职权，个人独断专行，封建传统人治色彩浓厚的管理方式横行乡里。这一时期农村基层政权组织与村民组织关系主要体现为一种全能主义式的集权控制关系，基层社会的公共权力与村民个体权利呈现为强制控制型的形态。改革开放之后，《村民委员会组织法》的颁布实施，代表国家行使公共权力的基层政权组织设立在乡镇一级，乡镇以下实行村民自治，由村民经过选举产生的村民委员会等自治组织行使自治权利，并且明确规定了乡镇政权与村民自治的关系是指导关系而非行政领导关系，并且在法律上明确界定了农村基层的公共权力与村民个体权利各自的职能权限和活动范围，农村基层公共权力与村民个体权利的博弈关系初步实现了法理化。虽然，农村基层公共权力还十分强大，仍发挥着主导性的作用，但随着农村社会自主活力的释放和增强，村民的个体性权利将呈现出多元化的发展态势，对涉及领域广泛而功能方式单一的公共权力将形成有效的制衡。可以说，在农村基层公共权力与村民个体权利的交互影响和作用下，二者逐渐呈现出一种相互制衡、相互融合的良性发展趋势，农村基层政府管理与村民自治的互动治理关系趋向于有效衔接和良性互动的状态。在此，乡镇政府管理重点是向农村社会提供基本公共服务和保障村民自治权利，村民自治重点是通过村民"自我管理、自我教育、自我服务"实现个体权益和公共利益，并最终以农民权益的实现和维护作为"乡镇政府管理与乡村社会自治关系的结合点和永恒不变的主题"[①]。

综上所述，中华人民共和国成立以来中国农村基层互动治理关系的变迁，其背后的运行机理可以借助国家管理与社会自治、传统惯性与现代变革、公共权力与个体权利三重逻辑进行分析和解读。在农村基层政府管理与村民自治互动治理关系变迁的实践中，这三重逻辑不是单向度地发挥作用，而是彼此交互作用。农村基层政府管理与村民自治关系趋于良性化发展，不仅是国家与社会关系的不断调适和优化的推动结果，也是不断冲破传统惯性束缚的藩篱，坚持现代改良和变革趋向的现代化过程，还是不断优化和完善公共权力的价值取向，承认并保障个体权利的过程。可以说，"这些逻辑或分别或共同、或明或暗、或轻或重，形成一个影响中国农村治理进程的作用框架。"[②] 也正是在这个逻辑框架的作用下，中国农村基层互动治理关系逐渐趋向于国家与社会、传统与现代、公共与个体由对立冲突向合作互动的方向发展。

---

① 李德虎：《协商民主视域下的农村社会管理体制创新探析》，《四川大学学报》2013年第3期。

② 蔺雪春、季丽新：《改革开放以来农村治理模式创新的基本逻辑与展望》，《当代世界与社会主义》2010年第6期。

# 第四章

# 现实境遇：全面推进乡村振兴背景下农村基层互动治理的现状考察

进入新时期新阶段，中国经济转轨、社会转型的速度加快，农村基层社会结构发生了深刻变化，基层社会治理也面临着许多新课题新挑战。一方面，随着农村工业化、城镇化和现代化步伐的稳步推进，农村基层已成为各类社会群体人员的聚合地，原有的社会阶层进一步分化，各种社会矛盾和社会问题逐渐突显；另一方面，农村基层群众自主管理和民主法制意识不断增强，基层管理体制机制和工作方式方法不适应不符合农村基层社会治理的现实需要的地方逐渐增多，农村基层治理效力和治理结构需要进一步改进。面对这些新课题新挑战，传统的以政府为单一中心主导的基层管理体制越来越无法适应基层社会的复杂治理环境，亟待从体制和机制上进一步完善和健全农村基层治理体系，确立农村基层多元主体互动治理的新型模式，实现基层政府管理与村民自治的有效衔接和良性互动。本部分内容主要分析了改革开放以来，特别是实施乡村振兴战略以来农村基层互动治理关系发展的现状，总结归纳了现阶段农村基层互动治理所面临的主要问题，并分析了产生这些问题的现实原因。

## 一 全面推进乡村振兴背景下农村基层互动治理的现状分析

随着改革开放和市场经济在农村基层的逐步确立，中国传统的乡村社会结构正逐渐由一个高度刚性且具有很大同质性的封闭性社会结构向一个由多元主体主导的异质性因素协调互动的开放性社会结构转变。农村基层治理环境和治理结构的变化既给现有的"乡政村治"的治理模式带来了挑战，也催生了农村社会治理变革的萌芽。目前很多农村地区的治理格局正逐渐由"乡政"支配"村治"、"乡政"与"村治"对立向"乡政"与"村治"相互协调、良性互动的方向发展，并且探索形成了多种基层多主体互动治理的模式，为深入推进农村基层互动治理积累了宝贵经验。

### （一）农村基层互动治理面临的复杂环境

农村社会的现代化常常伴随着复杂多变的现代性问题。在步入现代化这条轨道之后，"各种新的外生性制度不断地进入乡村社会，冲击、荡涤着乡村社会的小传统，在传统与现代的碰撞与交织中，乡村治理所面对的规则体系正在发生巨大的变革"[①]。这场巨大变革直接带来农村经济体制深刻变革、社会结构深刻变动、利益格局深刻调整、思想观念深刻变化的复杂情势。具体而言主要表现在以下几个方面。

1. 农村社会各阶层的分化加快

阶层是"社会结构序列中具有相同或类似地位的人群团体的统称。社会成员因占有的社会资源和社会机会不同，而处于不同的社会排序地位，分成不同的层次"[②]。尽管划分社会不同阶层的标准不是唯一的，但通常按职业划分阶层是最具说服力且广泛采用的划分标准。"以职业为分层标准，把资源占有作为基本维度，并辅之以社会地位综合指数的测量"[③]，可以发现，改革开放之前，中国实行以户籍管理为核心的城乡身份制度，农村社会阶层主要表现为政治分层，即根据政治身份划分为不同社会阶层。改革开放以来，随着经济社会的发展和农村社会的不断开放，农民的社会流动日益增多，从而打破了原有社会阶层结构均质同构性的局面，出现了农民的政治分层与经济分层

---

① 贺雪峰等：《乡村治理研究的现状与前瞻》，《学习与实践》2007年第8期。
② 卢福营等：《冲突与协调——乡村治理中的博弈》，上海交通大学出版社2006年版，第13页。
③ 刘成斌、卢福营：《非农化视角下的浙江农村社会分层》，《中国人口科学》2005年第5期。

并存的情况，中国农村形成了角色和身份多元化、地位和需求差别化等异常复杂、特殊的社会分层结构。根据相关研究，目前农村社会阶层大致可以分为9个阶层，分别是："（1）农业劳动者，是指由承包集体土地，从事种植业、养殖业，以农业劳动和农业收入为主的劳动者构成的群体；（2）第二产业劳动者，该阶层成员常年或是大部分时间从事第二产业劳动，户籍仍在农村，但主要收入不是来自农业，而是务工；（3）第三产业劳动者，主要在城镇的商场、宾馆、娱乐场所或乡村第三产业部门务工；（4）农村知识分子，他们往往具有较高的文化程度和一定的专业技能，被人们称为'农村专业技术人员'或'智力型职业者'，如民办教师、乡村医生、农业技术员和文化艺术工作者等；（5）农村管理者，该阶层包括两类：一是乡镇（村）企业的管理者，即企业的经理、厂长以及主要科室领导，还有一类就是农村基层干部；（6）私营企业主，是由兴办和经营私营企业的农村社会成员；（7）个体劳动者，主要是指拥有一定生产资料，以个体劳动和个体经营为基础，从事某项专业劳动或经营小型工、商、服务行业，劳动成果归个人占有和支配的社会群体；（8）兼业劳动者，该阶层从事两种及两种以上的职业，收入来源多元化，从某种意义上说，它是农村社会成员逐渐脱离农业生产向其他非农行业转移的过渡阶层；（9）无业人员，主要指无业可就或者不愿就业的人员"。[①]

2. 农村发展的地区非均衡性明显

中国地域辽阔、气候差异明显，在广大农村地区受区域地理、自然环境、矿产资源、人文条件等不同因素的影响和制约，中国农村的发展呈现出明显的区域性、多样化、非均衡性的发展特点。处于不同区域位置、自然环境、资源条件以及人文景观的众多乡村，其发展的进程、方式和可持续性也是不同的。就农村的区域位置而言，"东南沿海的农村与中西部的农村，山区的农村与城郊的农村、集体经济强

---

① 刘成斌、卢福营：《非农化视角下的浙江农村社会分层》，《中国人口科学》2005年第5期。

大的'明星村'与集体经济衰微的'凋弊村'之间形成了巨大的差异"①。就农村社会整体发展的进程而言,不仅包括以传统农业区为主的农民集聚区,也包括以现代工厂企业为主的工业村庄;不仅包括"农味"已淡的城中村和"亦城亦村"的城郊村,还包括处于过渡时期的"村改居"后的"都市村庄"。因此,总体来看,处在现代化发展进程中的中国不同农村,其地域、环境、资源和文化传统的迥异不同,使得中国农村俨然具有明显的非均衡发展的特点。新时代,党和国家高度重视农村发展问题,提出推进全面乡村振兴的任务要求,在中央政府的统筹安排一体推进的战略部署下,特别是新型城镇化道路和城乡一体化发展政策体系的支持下,因农村社会分化和非均衡性发展所带来的农村基层社会治理困境势必得到有效纾解。

3. 农村社会治理事务复杂化

随着农村城镇化、工业化和现代化进程的推进,农村基层社会事务治理逐渐由过去简单粗略变得越来越复杂精细。改革开放之前,中国农村社会整体处于高度封闭的结构,包裹在"政社一体化"的政府管理体系中,农村社会事务基本以行政性事务为主,乡村基层组织职能也主要以公共管理职能为主。改革开放以后,原有的高度一体化的社会结构逐渐瓦解,农村社会的流动性和开放性增强,农村社会事务从行政性事务为主向行政性事务与服务性事务并重转变,特别是农村税改以后,农村基层与国家之间的行政性关系进一步减弱,农村基层的公共服务性事务显著增多,农村基层事务的治理趋向复杂和精细。一项研究表明,现阶段中国农村基层社会治理事务主要包括以下四个方面,"一是,行政事务治理,主要包括国家下达给村庄的各种行政任务,如组建村民委员会、农业税的收缴、计划生育、征兵、义务教育等工作;二是,经济事务治理,主要指的是村庄经济发展有关的治理,如村发展规划的设计、村集体经济的发展、村公共财政的管理、土地征用、土地及其他经济承包等;三是,村公益事业治理,主要指与公共设施、公益事业等有关的治理,如道路、桥梁、灌溉、水利建

---

① 陈晓莉:《新时期乡村治理主体及其行为关系研究》,中国社会科学出版社2012年版,第218页。

设、造林、学校、公共娱乐设施建设等；四是，日常村务管理，主要指与农民日常生活有关的治理，如宅基地审批、村庄社会治安、环境保护、邻里矛盾的调解、扶贫济困、红白喜事操持等"①。除上述这些农村治理事务之外，随着城乡发展差距拉大，农村经济社会发展产生出许多新的问题，例如农村社会治安、生态环境保护、土地征用、医疗卫生保障、公共服务均等化等问题，这些新问题同传统乡村治理事务的叠加，使得农村基层社会治理面临更为复杂的局面。

### 4. 农村精英流失较为严重

乡村振兴的关键是人才振兴。农村社会精英人才的流失则直接影响乡村发展的重要因素。农村精英主要指生活在农村基层场域并在农村社会事务治理中形成相应权威空间或有重大影响的优秀人物。他们主要通过个人拥有的财富、权力、知识、声望等资源优势来实现其影响力。农村精英一般分为政治精英、经济精英、社会精英以及文化精英等类型。农村精英是农村社会事务治理、推动农村政治发展的主体，在推动村庄治理、组织建设、政治参与、公民意识等发展方面发挥着积极的影响和作用。近年来，随着城乡一体化步伐的加快，农村人口的流动性增强，大量的农村精英流失，农村治理型精英人才更是出现过度流失甚至是断层的情况，突出表现在两个方面：一方面，农村精英向外流失严重。主要是因为村庄本身的环境条件落后，使得村庄的中青年人群向城市地区转移，他们中有的依靠能力和技术在城市安家；有的通过读书求学、参军等方式选择留在城市；有的通过恋爱婚姻而留在城市；有的发家致富后选择城市居住等。这些农村精英外流后，"因其生活、工作、社会联系更多以居住地为核心，与本村的联系便逐步减弱，他（她）们影响或推进本村事务的意愿与行动也相应变弱"②；另一方面，农村精英主体内部结构失衡，突出体现在很多农村地区的村两委班子的年龄结构、知识结构、性别结构等普遍失调，村两委班子成员老龄化问题严重，知识文化水平不高，青年干部

---

① 周红云：《社会资本与中国农村治理改革》，中央编译出版社2007年版，第91页。
② 蔺雪春、季丽新：《改革开放以来农村精英对农村政治发展的影响》，《中国特色社会主义研究》2010年第4期。

后备力量贮备不足。甚至在我国很多地区的村庄，都不同程度地出现了村庄"空心化"问题，大量的农村主要劳动力向外流失，村庄留守下来的都是一些农村孤寡老人、农村妇女和农村留守儿童等，农村精英人才的流失致使村庄日常性事务将陷入管理无人的境地，长此下去，农村基层治理精英的流失将会给农村基层社会各项事业的发展和进步带来不利影响。

5. 农村自治组织建设较为薄弱

进入新时代，我国的社会主要矛盾发生了重要转变，尤其在农村地区发展的不充分不平衡问题比较明显，农民不仅对物质文化有了更高的要求，而且在民主、法治、公平、正义、安全、环境等方面的要求也日益增长。随着国家治理体系的不断健全和完善，基层国家治权逐渐向村级治理组织延伸成为了实现基层治理现代化的一个重要途径。在农村基层社会的互动治理中，基层政府行使治权的过程更倾向于与基层自治组织建立合作共治的关系，而这个过程更需要夯实农村基层自治组织的基础和能力。中华人民共和国成立以来，我国在农村治理实践中，国家建立起村民自治组织—村委会及一系列相匹配的制度，实际上为农村自治提供了很好的平台和组织机构，但是飞速变化的乡村社会使村民自治组织的作用并未达到预期。特别是新世纪以来，合并乡镇、村组合并让行政村的扩大成为普遍的现实。农村治理空间的扩大对自治组织以及其他整合乡村资源的力量提出了更高的要求。村民自治组织是农民开展自治活动，进行自我管理、决策和服务的主要平台，但是村庄村级自治力量的有限性，而满足农民需求的农村事务治理工作要求日益复杂精细，这就需要各个方面的社会组织积极发挥作用，专业化的整合农村社会资源，实现更广泛的农民参与。例如，专业化的社会组织可以将无力的、闲散的个体农户组织起来，以应对时刻波动的市场行情和残酷的市场竞争，使得农民在市场中能占据一定的主动权，在利益表达上，有组织，有渠道。另外，农村的留守老人、妇女和儿童的问题，也需要建设更多的公益组织介入，为他们提供帮助。这些领域是市场不愿介入，行政力量又不适合处理的，只能寄托于自治组织，然而目前以村民委员会为代表的农村自治组织普遍存在能力不足的问题，不足以填补国家权力退出留下的基层社会治理空间。在广大的农村社会，除了村委会这个最大最基本的自治组织和平台外，缺乏多样化的社会组织为乡村贡献力量，若自治组织长期因发展欠成熟而缺位，将会给基层互动治理模式的构建带来严重的不利影响。

## （二）农村基层互动治理的主要实践形式

上文所谈到的农村基层社会发生的深刻变化，既给处于现代化进程中的农村基层治理带来了诸多挑战，也带来了农村基层互动治理发展转变的机遇。随着农村基层经济社会的开放和发展，农村基层社会治理的物质基础和社会条件进一步得到夯实，农民群众的价值观念、政治意识和民主素质等较明显提升，从而为农村基层治理模式由行政主导管控型向多主体参与互动合作型转变提供了有利条件。现阶段，我国一些地方的农村基层治理也逐步呈现出协调互动、合作治理的趋势。当然，由于我国农村地域广阔，不同地域的乡村状况存在很大差异，因而农村基层所形成并发展着的互动治理实践形成了各具特色的治理模式，具有代表性的实践模式主要有：

### 1. "三会村治"模式

推进实施村务公开以来，江苏省连云港市海州区从村干部权力制衡入手，开始了"三会村治"模式的探索试点工作，形成了"党支部领导、议事会决策、村委会办事、监事会监督"的村治新格局。"三会村治"模式主要是将村级事务的治理权力具体划分为决策权、管理权、监督权，分别由设立的村民议事会、村民委员会、村民监事会共同组成"三会"村级治理机构承担和行使，并且三者相互制衡，统一于党的领导。村民议事会是村民会议的常设机构，成员原则上为15人左右，由村党支部委员和村民代表大会从村民代表中选举产生的成员合并构成。村民监事会成员原则上为3人或5人，由村党支部推举的党支部副书记（委员）1人和村民代表大会从村民中推举的2人或4人组成。监事会经乡镇党委批准，增挂村纪检监察工作室牌子，对党务、村务、财务公开进行监督。"三会村治"模式具体运行机制是

"五事三公开"。"五事",即"村民提事、两委会理事、议事会定事、村委会干事、监事会监事"。"三公开"即事前公开、事中公开和事后公开。在"三会村治"新模式下,"村民议事会主要采取听证、票决等议事方式对村级各项日常事务进行决策;采取质询、启动罢免程序等方式对村干部能力、作风进行民主评议,评议结果直接与村干部报酬及任职挂钩;村民监事会监督议事会会议程序、村委会的办事过程及财务开支"①。"三会村治"核心是党的领导,关键是治权的相互制衡和协作,本质是实行民主治理。这种模式对于加强和改善农村基层党风廉政建设,提升农村基层民主政治建设水平具有积极意义。

2. "支部领导、群众主导"模式

四川省南充市嘉陵区,是一个地理、资源优势均不突出的国家级贫困区,但最近几年却呈现蓬勃发展的强劲势头,其核心驱动力就是在科学发展观指导下,嘉陵人探索出了一条"支部领导、群众主导"的乡村治理模式。具体来说,支部领导,即党支部由"当家"变"领路",合理转变党支部职能,变"为民做主"为"让民做主",重点管政策、管规划、管队伍,把握发展方向;群众主导,即由"客体"变"主体",还权于民,由群众进行民主决策,民主管理,民主监督,变"冷眼旁观"为"主动参与"。"支部领导、群众主导"治理模式的工作流程分为七步:"第一步是政策宣传:宣传上级有关方针政策和工作部署。第二步是议题收集:采取支部提、村民提、会议提等方式,广泛收集党员群众对拟实施的重大村级事务的意见建议。第三步是党员首议:党员对收集到的意见建议进行讨论,形成群众大会讨论议题。第四步是支部审查:村党支部组织'两委'商议,对议题是否符合国家产业政策、上级精神、村情实际进行把关。第五步是群众决议:召开村民大会对经过村党支部审查的议题进行讨论,形成决议。第六步是细化方案:村党支部引导群众制定具体实施方案,召开村民大会表决通过。第七步是自主实施:群众民主选举产生方案实施工作

---

① 《连云港海州区:建立"三会村治"模式》,《新华日报》2011年1月31日。

机构和监督机构，全程自主负责方案实施，村党支部做好协调服务等工作"①。这一模式的实质是把普通党员、农民群众和村支部在农村事务中担当的角色合理界定。"支部领导、群众主导"模式的推行实施，有利于强化党对村民自治工作的领导，有利于规范村级组织的运行程序，也有利于调动农民群众参与新农村建设的热情和潜能，促进农村经济社会科学发展、和谐发展。

3. "基层组织和社会组织协同治理"模式

搭建基层组织与社会组织协同治理平台是农村基层推进互动治理的重要举措。浙江省慈溪市的坎墩街道五塘新村通过创设"和谐促进会"等村级互动治理平台和载体，在深化发展"和谐促进会"的基础上，进一步完善基层社会治理机制，逐步形成了以村（社区）党支部为核心，村（居）民委员会为主体，村（社区）经济合作社为支撑，"和谐促进会"为依托，企事业单位和社会各界群众广泛参与，基层组织和社会组织协同治理的基层社会管理模式。这一模式丰富了基层自治的载体，实现了社会管理主体的多元化，"创新了多元主体参与的基层社会管理服务体制，激发了全社会参与社会管理的活力，最大限度地把广大群众追求平安和谐的强烈愿望转化为具体实践，这不仅促进了基层社会管理能力的提高，也有利于基层组织和社会组织相结合的基层社会管理新格局的形成"。② 据统计，"近五年来，和谐促进员共走访群众 24 万余人次，排查化解各类矛盾纠纷 5 万余件，收集上报涉稳信息 4800 余条、群众意见建议 11500 余条，'和谐促进会'为 25 万名流动人口解决了就医、就学、租房等实际困难，组织各类文体活动 1.5 万场次，参加者达 350 余万人次，开展各类志愿活动 7 万人次，服务群众 25 万余人次，开展各类宣讲和教育培训活动 6900 场次，参加人数 70 余万人次"。③ 党的十八大以来，浙江省大力推进基层治理实践创新，并且以慈溪市的"和谐促进会"为样板，获得了

---

① 何兰生：《产业得发展　村民得实惠　乡村得和谐——探析南充市嘉陵区"支部领导、群众主导"乡村治理模式》，《农民日报》2010 年 7 月 29 日。

② 蔡长春：《基层组织和社会组织协同治理》，《人民日报》2012 年 2 月 22 日。

③ 《社会治理"民"力量 平安慈溪正能量——我市建立和谐促进会创新社会治理纪实》，慈溪新闻网，http://cxnews.cnnb.com.cn/system/2013/12/23/010836247.shtml。

"第六届中国地方政府创新奖"优胜奖的殊荣。

4."互联·互补·互动"模式

镇坪县位于陕西省安康市东南部,大巴山北侧腹地,与湖北、重庆交界,素有"九山半水半分田"之称,曾是国家级扶贫开发重点县。面对恶劣自然环境和复杂的村治情况,镇坪县基层领导班子积极落实国家脱贫攻坚各项要求,通过县乡联动、驻村包保等形式,持续开展"领导联乡、机关支部联农村支部,部门帮村、干部帮户"的"两联两帮"工作,创新农村基层治理模式,在国家深入推进脱贫攻坚接续向乡村振兴转变过程中打破行政层级壁垒,建立起县乡村三级联动互助机制,形成了乡村互动治理的"互联互助互动"治理模式。在推进县乡互联互补互动工作中,"全县 20 名县级领导联系 10 个乡镇,指导乡镇、村落实县委各项决定;60 个机关支部联系 35 个农村支部,互联互动,相互提高;70 个县直部门帮扶 35 个重点村,建立产业示范点、扶持产业示范户、建设和谐家园、帮建公共设施;1000 名县乡党政干部帮扶 1000 名农村党员和产业大户,一对一开展技术服务,扶持生产资料,提供市场信息,提供生活救助"。在"两联两帮"的基础上,形成了"城乡互动"模式(建立城乡支部结对共建制度),建立了机关党员在新农村建设中服务群众的长效机制,从而更好地为群众服务。①

5."3Z+1"治理模式

四川省成都市青羊区是一个"亦城亦乡"的城区,所辖区域内存在许多涉农产业和群体,因此在社区管理上不同于一般性的城市社区管理,为此青羊区在不断推进工作创新中建立了针对涉农产业、涉农社区和群体治理的"3Z+1"多元参与、协同共治的治理模式,为其它涉农问题的基层社区治理提供了有益的经验启示。"3Z+1"社区治理模式,概括起来就是有社区党组织、村民自治组织、公共服务组织(3Z)和新型集体经济组织共同参与组成的议事协商机制,其目的是对所辖区域内涉农产业和群体的经济利益问题进行组织协调和议事决

---

① 人民论坛专题调研组:《和谐镇坪的治理模式("返乡潮"之后的基层治理之五)》,《人民论坛》2009 年第 6 期。

策。这些年，青羊区就涉农产业和社区内普遍存在的区域公共区卫生环境整治、区域居民庭院环境卫生、区域绿化美化等突出问题，在这些涉农社区建立以社区党组织、自治组织、公共服务组织和新型集体经济组织为主体的议事协调组织，并逐步完善社区村居民议事会和民主监事会，形成"村居民（代表）会议为最高决策机构、居民议事会为常设议事决策机构、居委会为执行机构、民主监事会为监督机构"的治理格局，明确社区自治组织主要承担公共服务和社会管理工作，把经济职能从社区管理中剥离出来，这样促进了社区自治事务决策权与执行权分离、社会职能与经济职能分离、政府职能与居民自治职能分离，从而推进了城乡社区服务一体化。据统计，"青羊区75个社区议事会组建率达100%，吸纳了340多名辖区单位代表、200多名院委会代表、1200多名党员群众骨干成为社区议事委员，协调解决清波社区农贸市场建设、小关庙社区文化场所建设等民生问题1470多个，群众满意度达96%"。①

6. "民主恳谈"模式

发源于浙江台州温岭市农村地区的民主恳谈会，在充分吸纳基层政府部门、村民自治组织、农村公共服务组织以及一些农村专业合作组织等多元主体参与基础上，广泛采取民主恳谈、民主协商、民主议事、民主决策等民主形式，开展乡村公共性治理和决策。因其具有参与主体多元、公共参与度高、恳谈效果好、共识达成度强等特点受到基层群众的广泛关注和积极认可，这种新型治理模式已经逐步从最初的村庄公共事业建设问题的恳谈扩展到所有村级重大事项决策和重要公共事务治理，成为农村基层具有代表性的民主互动治理模式。民主恳谈会的主要做法是村委会在对村内的公共事务做出决定之前，必须召开民主恳谈会，让村民代表进行讨论，发表意见或提出建议，最后由村民会议或者村民代表会议作出决定，形成符合大多数意愿的决策。同时为了确保政策的有效执行，在下次的民主恳谈会上要对以前的政策进行反馈，监督政策的执行情况，对于没有得到执行的政策，

---

① 《群众参与 造福群众》，《成都日报》2011年7月1日。

要求相关人员作出解释。这种萌生于温岭农村的民主互动治理形式，为农民群众和政府官员之间进行面对面的交流，协调双方的利益关系提供了一个有效的平台，并逐步在温岭市和其他市县广泛传播，成为政府官员与基层群众协商对话的一种新机制，一种新的治理形式。目前，温岭地区的民主恳谈会主要形成了四种恳谈形式：农村民主恳谈会、社区恳谈会、企事业单位恳谈会和其他政府部门恳谈会。展望其未来发展，随着民主恳谈的范围和主题的拓展，基层协商民主制度的不断优化完善，民主恳谈模式势必成为基层民众参与基层公共治理一种重要的互动治理形式。

7. 青县模式

位于河北沧州地界的青县，同我国地方很多县级单位农村基层治理的问题一样，面临产业发展缓慢、公共设施不全、生活环境落后、社会保障不足等诸多挑战，由此带来的乡村关系紧张、矛盾冲突的情况较多。曾经担任青县县委书记的赵超英在坚持贯彻国家支农惠农政策，创造性地破除乡村体制机制障碍，在村民自治基础上，构建新农合、新城合、专业合作组织等农村新型治理模式，经过多年来的改革试点、创新推广，逐渐发展形成了一种乡村互动治理创新的新模式，这种治理模式被学者们称之为"青县模式"。所谓"青县模式"可以表述为在借鉴各地村民代表会议实践经验的基础上，所提出的一种完善农村村级治理结构的理念和实践，其核心内容包括以下四个方面：（1）加强基层党组织的领导；（2）调整和优化村级治理结构；（3）发扬民主，拓展村庄公众参与；（4）三治合一，依法规范村务管理。在具体运行中，全面落实"党支部领导、村代会做主、村委会办事"的工作机制，通过做实村民代表会议制度，把村代会塑造成行政村的决议机关，而原来的权力机关——村委会则成为具体的执行机关，将村代会的决策付诸实施，并接受村民和村代会的监督。这样，青县通过明确组织机构、明晰职责权限以及理顺组织权力关系三个方面的举措并行实施，形成了新型的农村基层治理模式。

8. 麻柳模式

重庆市麻柳乡在治理农村事务过程中经过实践探索形成了"麻柳

模式"。"麻柳"模式的核心内容是乡村治理工作中的"八步工作法",即凡涉及村级经济发展规划、村级财务预决算、村内兴办公益事业、重点项目和村民切身利益的大事,都通过八个程序,广泛听取群众意见,由全体村民或村民代表讨论决策,并由村民代表进行管理和监督。其具体步骤为:第一步,深入调查收集民意,弄清楚大多数群众希望办什么;第二步,召开党员干部和村民代表会议,讨论形成初步方案;第三步,宣传发动统一思想,征求群众对初步方案的意见,争取最大多数人的理解和支持;第四步,民主讨论确定方案。方案确定后,推选工程建设领导小组人选,人选中普通群众必须达到50%以上;所有钱物均由群众代表管理,干部管事不管钱;第五步,户户签字进行公决,赞成率达到85%以上,才予以实施;第六步,分解工程落实到户;第七步,村民小组组织实施;第八步,竣工结算张榜公布。由群众财务管理委员会清算财务,多退少补,并张榜公布,每个群众均可随时查账。"麻柳模式"将民主决策、民主管理、民主监督全部融入到这八个办事的步骤中,深化了农村基层的民主治理实践,被中共中央组织部推选为全国基层组织建设工作的先进典型,面向全国基层治理单位推广学习。

9. 邓州"4+2"治理模式

河南邓州的"4+2"治理模式,是在原有村务管理基础上进行的工作流程和工作方式的创新,主要是将所有村级重大事项和重要事务必须在村党组织领导下,按照"四议"、"两公开"的程序作出决策和实施。其中"四议"是指对村级重大事务和事项,实行村党支部提议、"两委会"商议、党员大会审议、村民代表会议或村民会议决议的程序进行决策;"两公开"是指对决议内容和实施结果公开。"四议两公开"工作法是党领导的村级民主自治机制的创造性实践,把党的领导与村民自治有机结合起来,将党员干部、普通群众作为主体纳入村级治理体系之中、共同参与村级公共事务的管理和决策。邓州"4+2"工作模式很好地在坚持党对基层治理的领导核心地位,同时充分尊重村民参与村级事务治理的权利和意愿,通过制定严格的程序保证村庄事务决策和监督的公开和民主,从而有利于调动农村党员和群众的积极性,改进了党的领导方式并改善党群干群关系，推动了农村各项事业的发展。邓州"4+2"治理模式的成功得益于乡村两级组织的有效互动和合作，得益于基层党组织发挥统领协调的核心作用和影响。

上述这些农村基层互动治理的典型案例只是我国全面推进乡村振兴历史进程中的一些基层治理实践的缩影，尤其是党的十八大以来，国家优先支持农业农村发展的政策推动下，地方政府积极推进农村基层治理实践创新，这些农村基层治理发展中所形成的实践形式都是各地基层政府、村民自治组织以及广大村民共同参与创造，引起社会广泛关注的具有代表性的互动治理的制度创新案例，对整个农村基层治理产生了积极的示范效应。由于产生背景、地方经济发展程度、乡村社会关系状况以及地方主政官员意志等因素的不同，各地的基层民主治理模式具有明显差异、各具特色，而且在制度设计、具体运作和制度绩效方面都有各自的特点和优势。但它们都体现了农村基层多主体共同参与、民主合作、协同治理的共同性特征，并形成了对中国农村民主治理的一些规律性认识，对于解决当前农村基层治理的瓶颈问题具有重要的现实意义。

### （三）农村基层互动治理实践的功能导向

农村基层的任何治理实践创新形式一定是以承担特定基层治理功能为基础的。通过分析上述这些农村基层互动治理实践形式的典型案例，可以发现农村基层这些形式多样的治理实践具体指向了决策、听证、咨询、协调和评议等农村基层治理的各个关键性环节，具有特定的功能导向，也就是说，农村基层互动治理实践创新是基于农村基层治理的功能性需求而产生出来的，有的基层治理实践创新可能兼具多种治理性功能。农村基层这些具有特定功能导向的农村基层互动治理实践，不仅进一步拓展了农村基层民主选举、民主决策、民主管理、民主监督的广度和深度，而且推动了农村基层治理（治理体系和治理能力）的现代化进程。

1. 具有决策功能的互动治理

决策功能导向的互动治理，主要是关注村级治理中的决策环节，将村级重大事项的决策问题纳入乡村治理的结构之中，力图在国家颁布实施的相关农村治理法律法规的框架下依托于乡村治理的民主制度平台来开展实施的一种互动治理实践形式。具有决策功能导向的互动治理一般依托乡村多元治理主体和制度，主要是以村民自治中的权力组织（村民会议、村委会等）为基本载体或平台，由农村基层党组织、村民委员会、村民代表以及利益相关方共同参与，就本村内部的公共事务和公益事业所进行的协商合作和民主决策。根据《村民委员会组织法》的规定，所涉及村级事务的内容具体包括："本村享受误工补贴的人员及补贴标准；从村集体经济所得收益的使用；本村公益事业的兴办和筹资筹劳方案及建设承包方案；土地承包经营方案；村集体经济项目的立项、承包方案；宅基地的使用方案；征地补偿费的使用、分配方案；以借贷、租赁或者其他方式处分村集体财产；村民会议认为应当由村民会议讨论决定的涉及村民利益的其他事项"[①]。农村基层决策功能导向的互动治理实践是处理农村基层自治事务的核心机制，具有代表性的实践形式有村民（代表）大会、村两委会议等。

2. 具有听证功能的互动治理

听证功能导向的互动治理，主要关注村级治理中的民主公开环节，将涉及乡村社会发展和村民重大利益的事项事务面向基层群众公开，并公开接受群众监督和质询的一种民主治理形式。这种互动治理形式一般是由基层党委、政府、社会组织以及村民围绕农村社会和农民利益密切相关的公共政策制定所进行的一种互动合作、协同参与的治理活动和机制。具有听证功能的互动治理实践不仅仅存在于城市基层治理之中，而且也广泛存在于乡村治理之中。上述，农村基层互动治理的典型案例中就有体现听证功能的治理形式。农村基层听证功能导向的互动治理体现了政府政务公开、公民参与和多方协商的民主原则，是促进民众利益表达、改善基层政府决策的重要民主机制和渠道，主要形式包括一些村级民主听证会、基层相关政府部门决策听证会等。

---

① 参见《中华人民共和国村民委员会组织法》，中国法制出版社2019年版，第10页。

3. 具有咨询功能的互动治理

咨询功能导向的互动治理，主要关注村级治理中的民主管理环节，一般是基层党政权力机关与村民、村民自治组织与村民以及村民之间就本地区内的经济发展问题、公共财政预算问题、社会治安问题、社区文化建设问题以及医疗卫生保健等社区服务问题进行意见沟通与交流咨询的民主治理机制。依托咨询功能导向的互动治理实践，其主要目的是在村级管理民主化过程中，听取民众意见、汇集民众智慧并赢得民众支持，以发展乡村公共事务，增进乡村公共利益。农村基层民主恳谈会就是具有咨询功能导向互动治理的典型表现形式，根据统计，发源于浙江温岭地区的民主恳谈会"从1996年到2000年，在乡村进行的恳谈会有1190次，镇级有190次，政府部门、学校和企业部门有150次之多"，[①] 这种民主治理形式就村民关注的重大事项和利益关切展开决策前的民主协商和咨询讨论，在促进不同利益主体的相互沟通协调、群策群力方面发挥了重要作用。

4. 具有协调功能的互动治理

协调功能导向的互动治理，主要关注村级治理中出现的利益矛盾冲突进行民主协商的环节，着力在村民自治体内部的村民之间、村民与自组织之间以及村民与基层政府之间的一些利益矛盾和冲突所进行的相互沟通协商的民主治理机制。协调功能导向的互动治理应用范围十分广泛，凡是涉及村级治理的重大利益问题、重要事项协作问题等都可以适用于这种民主治理机制。协调功能导向的民主治理，"可以由基层党委或政府组织，也可以由基层自治组织、有关社会组织或公民自身来组织，其组织形式和运行方式是自由的、非制度性的，往往是一事一议"[②]。目前，农村基层协调功能导向的互动治理机制广泛用于乡村治理中的利益矛盾协调、利益冲突调解等实践领域，它不同于政府公共决策，也不同于民意表达，常见形式有利益协调会、矛盾调解委员会、协商议事会等。

---

① 何包钢、陈承新：《中国协商民主制度》，《浙江大学学报》（人文社会科学版）2005年第3期。

② 林尚立：《公民协商与中国基层民主发展》，《学术月刊》2007年第9期。

5. 具有评议功能的互动治理

评议功能导向的互动治理，主要关注村级治理中的民主监督环节，是村民与村干部、村民与基层干部之间就本地方公共事务或社会问题的治理绩效进行的评价和质询的一种互动治理的民主机制。评议性功能导向的互动治理，既为普通村民评价和考核村委会成员、基层干部的业绩和能力提供了机会，也为基层干部面对面回应村民质询提供了沟通渠道。一般而言，评议功能导向的互动治理机制分三个基本环节，即被评议对象作业绩报告；村民评议报告、进行质询和被评议对象回应质询；村民填写评价表（也被称为信任投票）。农村基层评议性的互动治理实践体现了广大村民对村委会成员和基层干部职权的监督和约束，主要形式有民主评议会、村民监督委员会等。

综上所言，我国农村社会所广泛开展实施的这些具有特定功能导向的民主互动治理的实践模式，实际上是村级治理实践中，着眼于乡村治理中的民主决策、民主管理、民主监督、民主公开和民主协商等不同治理环节，村民主体基于一定的政治组织和平台，经由一定的组织程序，就农村基层公共事务和公益事业与政府管理部门进行民主平等的对话和协商来达成共识或协调分歧，从而实现农村治理的善治目标的一系列机制和形式。这些具有不同功能导向的民主治理依托于乡村社会形式多样的具体的民主治理实践形式，以这些民主实践形式为载体，承担并发挥具体的民主治理功能，而且这些民主实践形式有可能承载着多重复合性的治理功能。因此，总结起来这些具有不同功能导向的民主治理实践"不仅广泛存在和运行于政府管理与社会自治的各自领域，提升国家和社会的治理绩效，也广泛存在和运行于政府管理与社会自治之间，以协商对话的方式和机制，沟通政府权威机制与社会自治机制，协调公共权力与公民权利之间的关系，协同基层各类组织，承担政府公共管理和服务与公民自我管理和服务双边结合的功能"[①]。

---

① 王浦劬：《中国协商治理的基本特点》，《求是》2013年第10期。

## 二 全面推进乡村振兴背景下农村基层互动治理面临的实践困境

改革开放以来，随着我国农村"乡政村治"基层社会治理体制格局的逐步建立，在"实际生活中，'乡政'与'村治'容易发生脱节"①的治理难题逐步得到改善和缓解，乡村联系日益紧密，乡村治理制度化、规范化和有效性得到显著提升。但是随着国家治理现代化进程的深入推进，特别是全面推进乡村振兴目标任务落实执行过程中，乡村社会治理发生着深层次结构性的变化，乡村治理的复杂性、精细化和长期性等问题日渐突显，使得乡村治理关系成为国家治理的核心议题，推进农村基层"乡政"与"村治"的互动治理亟需破解发展中面临着许多问题和挑战。

### （一）农村基层互动治理的乡村关系有待进一步理顺

理顺乡村关系是农村基层实现互动治理的基本前提。根据一项调查显示，现阶段我国农村基层的乡村关系正处于转型变革期，乡村治理主体的关系正趋于从从传统的行政支配型关系向民主合作型关系转型，这项调查显示"有近70%的乡村处在由传统的行政支配型关系向民主合作型关系转变之中，10%以上的乡村建立起新型的民主合作关系，大约20%的乡村仍然维持着传统的支配型关系。总体而言，乡村之间已经基本建立了一种比较平等的民主合作关系"②。当然，由于我国农村地区地域十分广阔，乡村结构比较复杂，不同地区的乡村关系具有很大的差异性，其实际状况呈现出明显的多样性、变动性和非均衡性的发展特点。因此，理顺乡村关系是推进农村基层互动治理的首要前提。从乡镇党委、乡镇政府与村委会的相互关系（包括人事、财

---

① 徐勇：《论现阶段农村管理体制中乡政与村治的冲突与调适》，《求索》1992年第2期。

② 吴理财：《乡、村关系与基层民主》，《村民自治进程中的乡村关系学术研讨会论文集》，2001年。

务、事务的实际干预和控制能力及干预程度）来看，中国农村基层互动治理关系有待进一步理顺，"乡政"与"村治"关系，总体上依然保持着明显而又强烈的上下级间的行政支配关系，或者是一种行政化的乡村关系。具体来看，首先，乡镇组织直接影响村党支部和村委会的人事安排，主要方式是通过组织选派和行政干预的方式控制村级组织的人员配备。根据村组法、党的基层组织工作条例和组织原则，村委会、村党支部领导班子分别由农民群众和支部党员民主选举直接产生，但实际上，一些地方的乡镇党委和政府对村民选举和党员民主选举工作顾虑重重，担心村级党组织、村委会执行工作不力，打着"有效的领导村级组织"和选出所谓的"有能力的"、"听话的"的村干部等旗号，竭力控制村级组织的人事尤其是主要领导职位的选配权。有的地方对村支部和村委会干部候选人的提名、竞选和投票等民主环节施加间接影响，甚至直接操纵选举，想方设法使自己"钦定"的候选人选当选，一旦不能达到目的，就以各种理由否定选举结果，甚至取消选举，对已经当选的村干部百般阻挠，甚至随意撤换村干部。其次，乡镇组织对村级组织的财政监控。为了保持对村委会和村干部的有效控制，乡镇组织常常利用一切可能的机会和条件加强对村级组织的财务控制，其方式是主要通过审计村级收支及决定村干部工资等"村财乡管"方式，控制村级财务。具体手段包括：一是乡镇对村干部的报酬和奖励标准提出指导性意见，进行间接监控；二是由乡镇统一收取乡村税费后，向村干部发放工资或奖金，进行直接监控；三是乡镇借助于"村财乡管"制度，对村委会财务收支进行全面监控。最后，乡镇组织通过制定各种经济、社会发展目标，以各种指令性计划、指标和任务的形式下派给村级组织，决定村委会的工作内容和方向，并以这些指标和任务的完成情况作为村级干部评价和考核的主要依据。根据相关调查研究，"大凡工业生产、产业发展、税费征收、计划生育、社会治安、精神文明、组织生活等等一切事项，都通过层层签订责任书的方式下达到相关责任人，并强力推行，限期完成"[①]。

---

[①] 项继权：《乡村关系行政化的根源与调解对策》，《北京行政学院学报》2002年第4期。

正是"乡政"与"村治"之间在人事安排、财务监督和工作事务上的直接或间接的干预和控制影响了农村基层"乡政"与"村治"之间的有效衔接和良性互动，致使农村基层实现互动治理的良性局面未能形成，乡村关系甚至变得复杂和混乱。

**（二）农村基层互动治理的主体职能有待进一步明确**

明确职能是农村基层实现互动治理的核心关键。农村基层治理主体职能界定不清、行使混乱等问题是直接影响基层互动治理的主要因素。职能混乱，主要是指行为主体在其所属职能要求和范围内未能履行职能或者偏离自身职能情况的概括，行为主体职能混乱将会造成不同主体的职能出现错位、失效甚至是冲突的后果，致使主体履职效能低下，进而影响政治体系的正常运行。对于农村基层互动治理而言，不同治理主体的职能角色出现混乱，不仅直接影响农村基层多主体民主参与、互动合作治理机制的正常运行，而且直接降低农村基层社会治理的绩效。农村基层互动治理的主体职能不清主要体现在以下方面：一是，基层党组织存在党建引领基层治理职能错位和角色混乱的情况。农村党组织是党在农村基层的一切工作和事务治理的领导核心，为了更好地在农村基层互动治理中实现党的领导，一些党组织、一些党员干部忽视了党组织在切实落实党的路线、方针和政策，通过发挥党员的先锋模范作用，引导并监督乡镇政府和村级自治组织工作等方式发挥领导职能，而是错误地将党的领导理解为对农村基层一切社会事务进行干预、决定甚至包办，导致出现"以党代政""党建包办"等党组织职能错位和混乱情况，这不仅扰乱了基层政府行政体系自身的有效运行，而且造成了政权系统行政功能的紊乱。二是，乡镇政府的管理职能存在越位、错位和缺位的现象，行政管制的倾向较为明显，公共服务能力意识不足。根据《村民委员会组织法》相关规定，乡镇政府指导、支持和帮助村委会的工作，但不得干预依法属于村民自治范围的事项。然而，在实际的政治活动中，乡镇政府仍然存在一些不作为、乱作为的现象，如一些乡镇政府直接向村委会发号施令，通过行政手段强制村委会完成上级部门下达的任务指标，有的甚至无视法律规定，随意变更任务指标，搞摊派截留；有的乡镇政府插手依法属于村民自治范围内的事务，任意改变村委会、村民代表大会的决定，随意指定、改派、撤换村委会成员；有一些乡镇政府对基层的管理和服务工作采取完全放任的态度，奉行"不出事"的逻辑，致使一些村庄治理处于无政府状态；还有的乡镇政府对农村社会事务采取"选择性治理"①的方式，导致乡镇政府行政管理职能作用发挥不够细致全面，权责不清、推诿扯皮等情况时有发生。三是，村级治理组织的自治职能运行不畅。村民自治职能运行问题主要表现为村民自治组织的行政化和无序化两种情况。就前者而言，根据《村民委员会组织法》的规定，村民委员会是村民自我管理、自我教育、自我服务的基层群众性自治组织，实行民主选举、民主决策、民主管理和民主监督，但是现实村治活动中，有的村委会在工作中充当乡镇政府管理任务下沉的"一条腿"，成为上级行政机关落实村级治理任务的实际"代理人"，从而丢掉村民自治组织的职责，简单地成为上级政府的附属组织，这种村级治理"行政化"的倾向，不仅使得村委会、村民会议通过的决定被上级政府随意更改，而且村委会、党支部领导班子成员也时常被随意撤换、调整，从而使得村民自治的自主性、能动性大大折损。就后者而言，一些村民自治组织的治理无序化现象也较为突出。主要是一些地方村民将"民主自治理解为想干什么就干什么，过分强调自身利益，不愿意接受上面的管理或不希望上面管的太多，以致于村民自治在实施过程中扭曲变形"②，例如一些村庄的选举受到宗族势力的严重干扰，这些宗族利用其势力影响、操纵、控制村委会选举，让本宗族的族长、老人当选，从而掌握村庄治理权；一些村庄选举中贿选情况严重，贿选者为取得村官权力及与此相关联的经济利益，采取请客、送礼、给好处等方式拉取选票，争得选举；还有一些村庄黑社会、地痞流氓当道，在选举中使用恐吓、欺诈、甚至使用暴力，使一些社会黑恶势力把持村级治理权。这些"老人治村""金主

---

① 吴理财：《应注意农村基层的选择性治理》，《学习时报》2009年1月12日。
② 徐勇：《论现阶段农村管理体制中乡政与村治的冲突与调适》，《求索》1992年第2期。

治村""恶人治村"的直接结果,是村民自治趋于封闭和落后,只注重本宗族、本圈子的狭隘利益,不仅与体现国家行政权的"乡政"相脱节和冲突,而且完全背离农民群众的根本利益。

**(三) 农村基层互动治理的社会基础有待进一步夯实**

社会基础是农村基层实现互动治理的内生基础。一般而言,农村基层互动治理需要参与治理的各个主体能够在具备地位平等、权力对等、组织机构健全、功能完善以及职能有效发挥等基本条件和要求下发挥相互制衡和共同促进的作用。换言之,农村基层互动治理的有效运行需要具备相应的社会基础和条件,包括一定的经济物质基础、发达的农村社会组织、较高素质的农民群体、公开透明的机制程序以及参与型的文化氛围等。然而现实中,由于农村基层公民社会发展的内生动力不足,社会基础相对薄弱,致使农村基层互动治理模式的运行和发展受到双重制约。一方面,随着中国农村基层经济社会的治理转型,传统基层社会治理结构——精英治理——不断地受到主体多元化、大众化治理的挑战,但是受到传统制度和文化惯性的消极影响,精英治理排斥大众的参与,有限甚至拒绝向社会放权,不仅使农村基层各类服务性、公益性、互助性的村民组织发展缓慢,其所应具备的职能作用未能有效发挥出来,而且使农村基层的精英与大众之间缺乏有效的互动和联系,彼此缺乏足够的信任;另一方面,农村基层社会组织的不断分化,流动性增强,使得农民群众的观念意识发生了深刻的变化。农民不仅提高了物质生活水平的要求,而且精神需求和民主参与意识也显著增强。然而受既有体制因素的制约(主要是管理理念和方式未能及时转变),农民政治参与的渠道和途径尚未健全完善,使得快速增长的农民参政议事的诉求和热情无法通过合理有序、制度化的渠道有效吸纳和整合,直接造成农民被动消极的政治参与和暴力非理性的政治参与两种极端化的互动情形不时发生,外在行为表现为:在农村基层的互动治理中出现无人互动、无力互动的情况,以及上访、自残、集体抗争等非理性的互动情况。这些极端化的互动情形的出现,不仅与农村基层社会僵化封闭的管理模式有关,还与农村基层互动治理的社会基础薄弱紧密相连。由于中国农村社会还未建立起组织体系完整、信息沟通便捷的公共治理网络，公众参与基层社会治理的渠道和途径还不尽完善，以及民众自身的文化素质和民主素养的相对不足，造成了农村基层治理的社会基础比较薄弱，直接影响农村基层互动治理机制的有效运行。

### （四）农村基层互动治理仍然面临着路径依赖的问题

制度规范是农村基层实现互动治理的支撑条件。从制度演进的角度来看，制度变迁（不论是强制性制度变迁还是诱致性制度变迁）都需要考虑路径（制度）依赖问题。任何制度变迁或制度变革都无法避开路径依赖的困扰，也就是说，制度变革都面临着路径依赖的困境。作为我国国家制度重要构成部分的农村基层治理体制与制度的变革，同样受到路径依赖的制约。这不仅是由于受整个国家治理制度变革所存在的路径依赖问题的影响，也是由于农村基层社会的治理涉及多方面、多领域、多部门的利益，更涉及农民群众的根本利益。因而建立起一个有基层党组织领导的多主体参与治理的规范有序的城乡一体化的制度体系和治理格局，必然面临在实现路径和策略上的复杂问题。首先，整个农村基层治理体制模式的运行存在集权与分权的困扰。农村社会的多元分化，使得原有单一中心行政主导式的治理体制模式受到挑战，农村基层治理模式趋向于多中心分权治理的模式。在寻求向社会主体分权，实现农村基层多主体民主互动治理的过程中，受到行政主导运行体制以及思维意识的阻碍，存在制度供给与机制合理安排的问题，其核心是如何在保障党的统一领导下，体现基层多主体互动治理的活力。其次，农村基层互动治理存在资源依赖的困境。国家进行税费改革后，农村基层治理面临的突出问题就是无钱办事的问题，由于农业税以及其它管理费的取消，乡村两级组织的财政收入大幅减少，加之上级财政拨款实行"村财乡管"、"乡财县管"等财权上收措施，使得农村基层各项事务和事业的发展直接面临着资金使用受限、无钱办事的问题。虽然农村各项事权得到下放，但财政权力的上收，引发农村治理的财权与事权失衡与冲突。因此从制度上探索科学合理的村级财权与事权平衡协调机制，对于推进农村基层互动治理发展意义重大。最后，农村基层的互动治理缺乏有效的制度保障。当前很多农村基层互动治理实践形式都是农民群众在民主实践过程中探索创新的有益成果，推进了基层政府管理与村民自治的衔接与互动，但因制度供给不足、体制吸纳不够等原因，未能使这些创新成果上升为有效的制度规范，导致这些民主实践逐渐失去效用或流为形式。这表明农村基层互动治理的有效运行需要及时的进行制度转化、制度更新和制度供给，从而使之获得相应的制度保障。因此，如果说整个国家制度的变迁需要有效的制度供给来弥补制度依赖所带来的危机，那么农村基层互动治理所面临的制度依赖困境也必须通过国家的有效制度供给来消解。

此外，中国是一个拥有两千多年的封建专制历史的国家，专制主义的文化和传统在人们的思想意识中根深蒂固，尤其是生活在广大农村地区的农民群众受其影响更为深刻。专制主义的文化传统宣扬君权神授、皇权至上思想，压制并束缚民众的人身及思想自由，使得民主观念、民主意识和民主习惯等民主传统在农村地区很难形成。因而，在现实政治生活中，虽然农民获得了充分的人身自由和民主权利，但是由于农民的民主观念、民主意识以及民主素质不足或者缺失而直接影响着中国农村基层互动治理的运行。当前，很多农村地区的治理活动中出现干扰办事人员执法、阻挠政府机关工作等恶劣行为都或多或少与农民缺乏良好的民主素质和习惯有关。

## 三　全面推进乡村振兴背景下农村基层互动治理的困境归因

农村基层社会治理关系不畅，特别是基层政府管理体系与村民自治体系之间良性互动治理陷入困境的成因是非常错综复杂的，这些受困成因有直接的，也有间接的；有内部的，也有外部的；有的问题与原因相互交错，既是问题也是原因的。概括起来，中国农村基层互动治理的受困成因主要有以下几个方面。

## （一）法治不畅：相关法律制度供给不足

制度是稳定的、周期性发生的行为模式，是一种均衡、一种规范、一种规则。在现代社会，制度的作用十分重要。道格拉斯·C.诺思认为，制度是"一个社会的游戏规则，更规范地说，它们是为决定人们的相互关系而人为设定的一些制约。制度构造了人们在政治、社会或经济方面发生交换的激励结构"①。邓小平同志则更明确的指出"领导制度、组织制度问题更带有根本性、全局性、稳定性和长期性"②。对于农村基层互动治理而言，法律制度的供给不足或者运行过程中的失范是造成农村基层互动治理实践陷入困境的重要原因。现阶段我国农村基层法治不畅主要表现为：一是，现行的成文法律的原则化规范与实际具体执行的灵活性之间存在张力。《村民委员会组织法》作为保障村民自治制度落实，规范乡村治理关系最重要的一部法律，其中的一些条款规定存在过于粗略和原则化的问题。如该法第五条规定"乡、民族乡、镇的人民政府对村民委员会的工作给予指导、支持和帮助，但是不得干预依法属于村民自治范围内的事项。村民委员会协助乡、民族乡、镇的人民政府开展工作。"③但是"既没有明确规定'指导、支持、帮助'的内容、方式与方法，也没有明确规定'协助'的范围和方式"④。这就为乡镇政府与村委会在权利义务方面各取所需提供了较大的制度空隙，由此很容易在乡村治理活动中衍生出种种矛盾和冲突问题。二是，农村基层治理的基本制度和程序还需进一步健全和完善。尽管现阶段中国农村经济社会发展变化迅速，地区和区域发展的非均衡性和特殊性明显，直接决定了国家很难提供一个整齐划一的具有可操作性的成文法律，但是在现行法律制度框架下，很多成文法律规定的灵活性并不强，其中一些基本的制度和程序规定

---

① ［美］道格拉斯·C.诺思：《制度、制度变迁与经济绩效》，杭行译，格致出版社、上海三联书店、上海人民出版社2018年版，第3页。
② 《邓小平文选》（第2卷），人民出版社1994年版，第333页。
③ 《中华人民共和国村民委员会组织法》，中国法制出版社2019年版，第4页。
④ 金太军、董磊明：《村民自治背景下乡村关系的冲突及其对策》，《中国行政管理》2000年第10期。

缺失严重。如法律并没有规定乡镇政府的具体职责范围和内容，也没有对没有尽职尽责或者过度使用职权对村民利益造成侵犯的相关惩戒性制度安排。三是，现行法律制度的吸纳更新能力有待进一步加强。在农村基层治理中，很多经过实践取得良好治理效果的模式经验必须被体制和制度吸纳认可才能成为稳定性和长期性的制度。这个过程用学术话语称之为"制度化"，即一种组织生活"从特殊的、不固定的方式向被普遍认可的固定化模式的转化过程"①。而现实中，由于体制制度僵化运行，其自身的吸纳革新能力有待加强，直接导致农村基层互动治理的很多有益成果流为形式，村民探索多元主体互动治理的民主实践得不到体制制度方面的支持和驱动。总而言之，法律制度发挥规范化的作用是其本质，但是对法律制度本身的"规范化"是保证其发挥本质作用的基础。从这个角度看，农村基层相关法律制度本身存在的上述运行失范、供给不足情况，无疑直接影响着中国农村基层互动治理的发展。

### （二）德治阙如：传统治理体制惯性制约

马克思主义唯物史观认为经济基础决定上层建筑。农村基层经济利益关系的深刻变革调整直接决定和影响着基层社会治理的具体机制制度的运行。改革开放以来，中国农村基层基本经济制度和生产经营方式逐渐由土地集体所有、公社统一经营的计划经济体制向土地公有、家庭承包、统分结合双层经营的市场经济体制转变，直接带来农村治理体制格局由"政社合一"的人民公社体制向乡镇行政管理、村级组织自治的"乡政村治"体制转变。尽管农村基本生产经营方式发生根本性的变化，直接带来农村社会治理体制格局的相应转变，但受到传统制度惯性的制约，原有的权力高度集中、封闭统一的计划经济体制及行政一元化的政治管理体制仍然深刻影响着现有的"乡政村治"有机衔接与互动的农村治理体制。改革开放之前，我国学习苏联计划经济的社会管理模式，建立权力高度集中的计划经济体制，受这

---

① [美] 塞缪尔·亨廷顿：《变化社会中的政治秩序》，王冠华等译，上海人民出版社2008年版，第12页。

种管理体制的影响，农村基层社会建立起"政社合一"的人民公社体制，权力高度集中在公社，最后集中于几个公社书记手中，这种治理权威高度一元化的权力结构造成农村基层的议事决策过程中"家长制"、"一言堂"、"个人崇拜"等官僚主义、宗派主义作风盛行。改革开放之后，随着党和国家工作重心转向以经济建设为中心，农村基层"政社合一"人民公社体制逐步解体，"乡政村治"治理格局逐渐形成，农村基层治理体制趋向于多元开放和民主治理，但在一些经济社会发展落后的农村地区传统治理体制和治理思维仍在作祟，治理农村事务的方式方法简单粗暴，议事决策缺乏民主，传统治理的"家长制"、"一言堂"、"行政命令"等工作作风仍然存在，依托村民进行自治和德治的社会治理方式和作风尚未形成。另外，现有的权力自上而下式的压力型体制结构也束缚了农村基层互动治理的向前发展。所谓压力型体制是"指一级政治组织（县、乡）为了实现经济赶超、完成上级下达的各项指标，而采取的数量化任务分解成的管理方式和物质化的评价体系"。[①] 为了完成经济赶超任务和各项指标，该级政治组织（以党委和政府为核心）把这些任务和指标，层层量化分解，下派给下级组织和个人，责令其在规定的时间内完成，然后根据完成的情况进行政治和经济方面的奖惩。由于这些任务和指标中一些主要部分采取的评价方式是"一票否决"制（即一旦某项任务没达标，就视全年工作成绩为零，不得给予各种先进称号和奖励），使得乡村两级组织长期在这种压力下运行。上级政府下达的计划任务往往没有提供相应的手段和条件，而乡镇一级未完成这些指标任务，出于追求政绩以及满足自身利益膨胀的需要，倾向于采取行政命令的方式而不是协商沟通的方式，用尽一切手段甚至不惜侵占农民权利来实现目标任务，这在客观上导致乡镇行政管理与村民自治之间巨大的张力，难以实现二者的衔接与互动。此外，乡村两级干部大多是从传统体制走过来的，基本没有正式的接受现代民主理念和民主风气的培育和陶冶，仍停留于传统治理体制的思维和方式上，在具体工作中方法简单、方式

---

① 参见荣敬本等《县乡两级的政治体制改革 如何建立民主的合作新体制》，《经济社会体制比较》1997年第4期。

单一,这实际上严重制约并阻碍新型农村基层治理体制格局的发展。

### (三) 自治失序:乡村治理资源配置失衡

资源配置主要指人们为了满足自身和社会持续发展的需要,对劳动力、生产资料、技术、信息等资源要素的使用作出合理安排的过程。就农村基层治理而言,农村治理资源配置主要是针对目前乡村资源在不同主体之间分配的不平衡现状,为了满足乡村各主体和农村社会有序持续的发展需要,对农村治理资源进行重新配置的过程。一般而言,农村社会的治理资源主要包括经济资源、政治资源、组织资源、文化资源、信息资源等。但是受既有体制格局等因素的制约,这些治理资源在农村各主体之间的分布并不合理,因而直接影响了农村基层的多主体互动合作治理的正常运行。我国社会治理的结构体系是一个行政权力自上而下主导的治理结构体系,权力的大小与组织级别的高低成正比,而权力与资源紧密相连,也就是说组织所拥有的权力越大,其所支配的资源也相应的越多。就乡村两级组织而言,乡镇一级政府是国家基层一级的政权组织,直接代表国家行使行政管理权和其他各项社会治理权力。村民自治组织是代表全体村民在村级单位内进行民主自治的组织,行使民主自治权。依照国家相关法律的规定,乡村两级组织在各自职能权限内活动,彼此独立运行,相互协调合作。但是在压力型体制下,乡村两级组织在完成上级政府下达的任务指标时,乡镇政府因比村民及其自治组织拥有多得多的政治资源、经济资源、组织资源、文化资源以及信息资源,而能够"较为便利、有效地利用制度空隙,成功地对村民实现制度侵权"[①]。村民及自治组织由于缺乏政治、组织、信息等资源的支持而处于弱势地位,其自治职能逐渐弱化,成为乡镇政府的"附庸"。另外,乡村资源的非均衡配置,使得政府控制着大量治理资源,因而占据主导地位,因政府自身的自利性倾向,农村治理资源由政府向其他治理组织的分离流动显然不能自动顺利实现,这就造成目前农村基层治理"政府主导"的局

---

[①] 贺雪峰:《村级组织制度安排:理想与现实的差距及其原因》,《社会科学研究》1998年第4期。

面，如果政府固守自身利益，始终不肯向社会组织、向农民赋权进行治理，那么农村基层多元主体之间的民主合作、良性互动治理就难以实现。

**（四）精英祛魅：农村既得利益集者的阻挠**

在农村社会的治理主体构成中，农村精英群体是重要的治理主体之一。在农村社会改革进程中，一些农村精英逐渐发展成为当前农村社会的既得利益者。所谓的既得利益者，即是指那些凭借不合理的制度或社会整合错位而形成的比较稳定的合法的或不合法的特殊利益群体。在农村基层治理和决策中，这些农村既得利益者通常从自身利益出发，利用其所拥有的权势影响政策的制定和执行，使其向着对自己有利的方向发展。在农村基层社会，这些既得利益者通常是一些国家公职人员和与公权力紧密联系的一些乡绅、富户以及背后的宗族或家族群体。他们利用乡村现有的权力结构、社会资源优势等，为了维护自身既得利益，不愿意放弃权力，阻挠农村基层互动治理向前推进。作为公共治理的主要履职者，其直接代表着公共利益，因而不能有自己的特殊利益，否则就是渎职，但是这些公职人员又是活生生的人，有着自己的特殊利益并使其利益最大化的倾向，因而，在公共治理过程中，公然违背公益原则和要求，以政府部门机构为载体结成了"部门利益群体"或"私人利益群体"。特别是在放权让利的改革时期，伴随着中央向地方、国家向社会放权的过程，很多地方利益既得者利用制度和政策的漏洞，截留国家下放给农村社会的权利，阻隔国家与农民群众的利益联系，出现"放权过程中的截留现象"[①]，不仅加剧利益地方化、部门化以及单位法团主义的趋势，而且造成农村地区的两极分化，加剧国家与农民之间的对立。还有的乡镇干部与村级干部、家族势力或者其他权势群体共同结为"利益共谋者"集团，利用制度和政策间隙谋取本集团利益，阻挠农村治理向着多元主体民主互动、共同治理的方向发展。这些由部分"乡镇干部、村干部、乡村先

---

① 孙立平：《向市场经济过渡过程中的国家自主性问题》，《战略与管理》1996 年第 4 期。

富起来的'大款'构成的农村权势阶层,他们不但与中央利益发生矛盾,更与当地农民利益发生冲突"①。当然,农村精英人才的流失也是造成乡村治理陷入困境的重要原因,随着城乡社会流动的加快,农村社会的大量劳动力尤其一些精英人士流向城市地区,这使得农村社会治理缺乏可靠有力的治理人才,使得国家推进乡村振兴的各项惠农政策无法得到有效执行落实。农村社会精英的"祛魅"逐渐成为当前推进农村基层互动治理的一大梗阻。

### (五) 治理悬浮:基层形式主义问题突出

基层政权体系是国家政权体系链条的末端,是党和国家各项政策自上而下贯彻和落实的直接参与者和执行者,同时也是基层民众诉求得以实现和保障的责任主体。随着党和国家治理和服务重心向基层下移,在不断推进和完善基层政权体系建设,提升基层治理效能的同时,"穷于应付形形色色的文山会海,忙于迎接各种各样的考核检查"等为突出表现的形式主义、官僚主义在基层大量衍生和出现,使得基层近一段时间里处于负担过重的工作状态。基层因形式主义带来的"治理悬浮"问题,突出表现为基层负担过重,主动或被动地"唯上不唯下"而脱离人民群众;没有充分的时间精力直面社会治理中的难点、痛点、重点问题;难以有效贯彻党和国家的各项政策落实到基层等,这些问题不能得到根治,将会极大降低行政效率,影响社会治理水平提升,乃至损害和侵蚀党的执政基础。

习近平总书记多次强调"形式主义、官僚主义同我们党的性质宗旨和优良作风格格不入,是我们党的大敌,人民的大敌"②。针对党内存在的形式主义问题多次作出重要批示,特别是对发生在基层的形式主义突出问题,强调指出"'上面千条线,下面一根针',很多形式主义问题,占用基层干部大量时间、耗费大量精力,这种状况必须改

---

① 金太军、董磊明:《村民自治背景下乡村关系的冲突及其对策》,《中国行政管理》2000年第10期。

② 中共中央党史和文献研究院编:《习近平关于力戒形式主义官僚主义重要论述摘编》,中央文献出版社2020年版,第28页。

变！要把干部从一些无谓的事务中解脱出来，从提供材料的忙乱中解放出来"①，要解决一些困扰基层的形式主义问题，切实为基层减负。2018年9月，中纪委印发了《关于贯彻落实习近平总书记重要指示精神 集中整治形式主义、官僚主义的工作意见》，明确提出了重点整治的四个方面12类突出问题，即"在贯彻落实党的路线方针政策、中央重大决策部署方面，重点整治严重影响党中央权威和集中统一领导、影响中央政令畅通的形式主义、官僚主义的突出问题；在联系群众、服务群众方面，重点整治群众身边特别是群众反映强烈的形式主义、官僚主义突出问题；在履职尽责、服务经济社会发展方面，重点整治不担当、不作为、慢作为、乱作为、假作为等严重影响改革发展高质量的突出问题；在学风会风文风及检查调研方面，重点整治频次过多过滥、浮于表面等突出问题"。②2019年初，《半月谈》刊发了《2019：施治基层十大痛点》，总结分析了基层社会治理中存在的"督查检查频繁、问责滥用、压力'甩锅'、处处留痕、材料论英雄、庸懒干部、典型速成、政策打架、上升'天花板'、幸福感缺失"③等十大形式主义突出问题，以期反映基层减负最新动向，发现基层减负成功经验，探寻基层治理改革良策，助推中央政策精神切实落地基层。2019年3月12日，中共中央办公厅印发了《关于解决形式主义突出问题为基层减负的通知》，并专门将2019年确定为"基层减负年"，围绕为基层减负，党和国家明确提出要聚焦"四个着力"，即从"以党的政治建设为统领加强思想教育，着力解决党性不纯、政绩观错位的问题；严格控制层层发文、层层开会，着力解决文山会海反弹回潮的问题；加强计划管理和监督实施，着力解决督查检查考核过多过频、过度留痕的问题；完善问责制度和激励关怀机制，着力解决干部不敢担当作为的问题"④等方面，提出了一些务实管用的举措，

---

① 《"基层减负年"如何才能落实到位？》，《党的生活》2019年第3期。
② 《中纪委办公厅印发意见 集中整治形式主义官僚主义》，《中国纪检监察报》2018年9月25日。
③ 《2019：施治基层十大痛点》，《半月谈》2019年第7期。
④ 《中共中央办公厅印发关于解决形式主义突出问题为基层减负的通知》，《人民日报》2019年3月12日。

指明了为基层减负的工作方向与具体路径。解决形式主义突出问题为基层减负，不仅是党中央"倾听基层干部心声"，回应基层党政干部关切，为基层减负松绑的有力举措，也是面对日益复杂艰巨的社会发展和公共治理任务，为激励广大基层干部的积极性、主动性和创造性，树立了新时代基层干部担当作为的实干导向。

# 第五章

# 域外经验：国外地方互动治理的经验借鉴

世界上的众多民主国家，在处理国家（政府）管理与民众（社区）自治关系上几乎都面临着一个同样的难题，即如何在维护国家（政府）权力对地方社会的政治管理和控制的同时，保障地方或者基层民众自由且合理的民主自治权利，实现国家（政府）管理与基层社区自治的有效衔接和良性互动。这既是一个理论难题，也是一个实践难题。理论上，需要厘清政府管理权力与基层民众自治权利的来源和基础，还需要合理界分政府管理权限与基层社区自治权限的边界；实践上，需要协调和处理政府管理与基层社区自治之间种种的现实关系，不断改进和完善地方公共治理体系。在此意义上，增强地方政府管理与基层自治的协调和互动，实现基层社会治理的民主化和现代化正成为新时代全球公共管理改革的趋势和潮流。目前，欧美等发达国家作为世界上地方治理体系最为发达的国家，有着悠久的基层社区民众自治的历史和实践传统，尽管不同国家的文化和历史不同，国家间的国情也存在很大差异，但是在处理国家（政府）管理与基层民主自治关系问题上面临着一些共同性的问题，譬如如何提高地方政府的公共管理和公共服务能力、如何完善公众参与地方治理的机制渠道以及如何使地方治理更富于活力和效率等等。而在这些方面，国外发达国家的地方和基层社区互动治理中许多切实有效的举措和成功经验值得借鉴。当然，借鉴不等于不顾国情差异的完全照搬，借鉴是要在深刻认识本国国情基础上，找寻适合中国国情的发展道路，扎实推进中国基层政府管理与群众自治的有效衔接和良性互动。基于上述，本部分内容主要分析了国外地方和基层互动治理的历史与现实基础，考察和梳理了国外地方基层互动治理的过程和方式，总结并阐明国外地方互动治理的成功经验及对中国的启示。

## 一 国外地方互动治理的历史与现实基础

进入新时代，面对世界未有之大变局，随着中国经济的快速发展和国家体制改革的深入推进，中国基层社会正在经历历史上从未有过的重大转型，即由自给、半自给的产品经济社会向社会主义市场经济社会转型，正在从封闭、半封闭的农业社会向开放、自主的工业社会转型，正在从单一同质性社会向异质多样化社会转型，正在从伦理型社会向法理型社会转型。中国社会所发生的种种结构性变化，不仅考验着作为公共权力行使者的政府的社会管理能力，也直接为基层民主广泛参与社会管理奠定了日趋坚实的社会基础。与此同时，由于地方治理直接关系到邻里或社区内部的相互关系而影响着人们的日常生活，因而国家十分注重基层社区的互动治理，即地方政府管理与基层群众自治的协调和互动。实现基层互动治理不仅需要夯实基层治理的社会合法性基础，而且需要充分借鉴国外地方互动治理的经验启示，以此奠定中国式现代化的民主基础。欧美发达国家的地方互动治理历史较为悠久，地方治理体系发展较为成熟，他们悠久的地方自治历史传统、地方政府渐进的治理革新以及基层社会广泛参与地方治理活动等为其实现地方和基层有效的互动治理奠定了坚实的基础。

### （一）悠久的地方自治传统

国外发达国家的地方自治传统悠久。以美国地方自治为例，美国是一个联邦制国家，其政府的层级结构分为三个层级：联邦政府、州政府和地方政府，其中州政府以下，不论大小，都是地方政府。回顾美国地方自治的历史，地方政府构成了整个联邦制度体系的基础部分，其自治历史也最为长久。借用法国思想家托克维尔的论述，美国地方政府先于联邦政府而成立，即"乡镇成立于县之前，县又成立于州之前，而州又成立于联邦之前"①。美国地方和基层自治的政府类型存在多种多样的形式，被称为"百衲被（crazy-quilt）"②。根据相关统计，"美国有87849个地方政府，其中县政府为16506个，市政府为13522个，镇政府为3034个，学校特别区政府为19431个，特别区政府为35356个"③。就人口和地域面积而言，"大多数地方政府都很小，全国2/3的市镇不足5000人，有一半地域面积不足1平方英里，地域面积达25平方英里以上的地方政府不到200个"④。而随着人口、社会以及环境的不断变化，国外地方和基层治理单位的数量也是在不断变动，但不论是地方政府合并还是改革，都基本保持着地方和基层自治的传统。

从基层互动治理角度看，美国地方和基层进行互动治理的历史传统十分悠久。早在美利坚合众国成立之前，北美的新英格兰地区的乡镇社区就普遍实行自治。此后，随着美国联邦政体的确立，这种自治传统逐步推广到全美地区。至今，美国州以下的地方政府普遍实行自治，而且人口、面积和经济规模越小的地方单位，自治程度越高。美国地方的社区自治不仅是相对于州政府乃至联邦政府拥有独立的自主权，联邦以及州政府无权干涉属于地方的一切自治事务，而且各个地方政府之间也是相互独立、互不干涉的。历史上，从美国地方政府诞生一开始就是多中心的，不同地方政府之间不存在等级关系，各个乡镇、县、市之间彼此平等、相互独立，并且与其自身相关的一切事务上各自拥有独立自主的决定权，"新英格兰的居民没有一个人会承认

---

① ［法］托克维尔：《论美国的民主》（上卷），董果良译，商务印书馆2009年版，第45页。
② "百衲被（crazy-quilt）"是美国地方政府研究者对美国地方政府治理体系的概括，所谓"百衲被"，原义是指在美国一些地方的婚俗中，年轻人在结婚时，家人要取下家庭里每个人衣服上的一小块布，然后用这些五颜六色的小碎布所缝制的一床被面，以此表达全家人对新人的祝福；而这里的意思则是指，就像一块块杂乱无章的小碎布所组成的"百衲被"，实际上却包含着一个用心设计、自有规律的精美图案一样，美国地方政府治理中也存在一个杂而不乱、和而不同的有序体系。
③ 参见US Census Bureau, 2003, 转引自［美］文森特·奥斯特罗姆等《美国地方政府》，北京大学出版社2004年版，第2页。
④ 王旭：《〈论美国的民主〉与当代美国地方自治》，《社会科学战线》2011年第2期。

州有权干预纯属于乡镇的利益","县的官员无权指挥乡镇官员的行动,前者只能在与全县有关的事务上领导后者"①。总体来说,美国地方自治是在宪法(联邦宪法和州宪法)的范围内,其辖区内的一切事务都由当地选民自己说了算,他们不受任何上级行政机关的监护,拥有自主处理本地区事务的决定权。"这里的选民不仅可以直接选举领导人,不仅可以决定地方政府的组织形式,不仅可以决定什么时候需要对管理体制进行改革,决定预算如何使用,而且可以对在一个州范围内经过全民公决已通过的议案,由于本地区多数选民不同意,而向州政府提出给予特殊照顾和区别对待,不然就要与州政府对簿公堂,等等。"②长时间实行地方自治,不仅使所有公民直接参与到本地区公共事务的决策和执行之中,锻炼了民众的民主参与和决策的能力,而且培养了民众通过直接民主或者间接民主的方式管理国家公共事务的素质和兴趣。同时,正是美国地方长期以来形成的自治传统为美国地方政府与基层民众之间建立协调互动、民主合作的治理关系奠定了坚实基础。一方面,民众通过非国家形态的自治实现联合和统一,保障其有效参与到国家形态的治理之中;另一方面,民众通过非国家形态的自治,捍卫了自治形态下所拥有的各项民主权利,并有力地抵制国家权力对民众自治组织以及公民自由的侵犯③。

## (二) 渐进的地方治理革新

上述国外地方所具有的悠久自治传统,这种自治传统的延续和传承除了得到国家根本制度和基本制度安排的有力保障之外,还得益于国外地方政府和基层社会治理决策者持续渐进的治理革新。以美国地方政府的基层治理革新为例,美国早期地方政府的治理革新源于州政府与地方政府的权力纷争。虽然美国的联邦主权源于地方乡镇自治早

---

① [法]托克维尔:《论美国的民主》(上卷),董果良译,商务印书馆2009年版,第72—82页。
② 高新军:《美国地方政府治理案例调查与制度研究》,西北大学出版社2005年版,第2页。
③ 参见陈晓原《国外地方自治对我国地方政府改革的借鉴价值》,《晋阳学刊》2012年第6期。

已成为共识，但在美国的联邦宪法中，地方政府的内在自治权力并没有被提及，而只是被简单规定为"未授予合众国或未禁止各州行使的权力，由各州和人民保留之"的条款表述，因此，因其涵盖范围的模糊不清造成了州政府与地方政府之间长期的权力纷争，也就是到底什么权力应该保留给州政府，什么权力应该为地方政府所有。随着"迪龙法则"①颁布实施，直接强化了州立法机关对地方自治机构的主权控制，使得州政府对地方政府的干预逐渐增多。在此情形之下，美国基层民众为了捍卫自己的自治权利，积极推进较为彻底的地方治理改革。他们不仅提出了限制州立法机关以及州政府权力的"库雷法则"②，而且通过立法权的改革，使国家一半以上的地方政府获得制定自治章程的权力，充分保障了当地居民制定自治民约的创制权和复决权。此外，各地居民还通过不断发起被称为"本地治理"的改革运动，来反对州政府对地方政府的控制，争取地方自治的独立性。总体上，整个19世纪，美国基层民众在"反对机器政治和老板统治的斗争中带来了在州宪法中限制州立法机构权力和扩展地方社区权力的基本宪法变革"③，从而使地方政府能够获得独立行使自治权力的法律保障，并承担起民主自治的责任。

进入20世纪，西方国家政府基本延续着传统的公共行政模式，即以官僚制为基础的政治与行政分开的运行体系。但是随着全球化、信息化、国际竞争等外部环境日趋复杂，尤其在面对全球性的经济危机的冲击影响，国外一些地方政府面临日益紧缩的财政支出而无法满足社会公共需求的挑战，使得基层民众对地方政府的行政日益不满，冲突对立情绪不断加剧。在此背景下，20世纪70年代末80年代初，

---

① "迪龙法则"是爱阿华州大法官迪龙在1868年的一起案件中提出的，认为地方政府只是州的创造物，仅拥有州所赋予它们的权力，任何由州给予的权力，州可以随时剥夺、修改和收回这些权力。

② "库雷法则"是1871年密歇根州最高法院的法官库雷对联邦宪法第十修正案"本宪法所未授予合众国或未禁止各州行使之权力，均由各州或人民保留之"的解释中提出，认为虽然联邦宪法关于那些没有列入联邦政府的权利保留给州和人民的陈述不明确，但是却明确表明地方自治的权利应保留给人民，因而地方政府拥有与生俱来的自治权利，而不是由州政府通过州宪法或州立法法案来决定地方政府的设置、权力和权利。

③ [美]文森特·奥斯特罗姆等：《美国地方政府》，井敏译，北京大学出版社2004年版，第37页。

一场公共管理改革浪潮席卷整个西方社会,促使各个部门进行了大刀阔斧的政府机构改革,核心是采用企业工商管理的理论、方法及技术,引入市场竞争机制,把公民当成顾客,注重提高公共管理水平和公共服务质量。这场改革运动使得在20世纪支配西方国家大部分时光的传统的公共行政模式向"管理主义"或"新公共管理"模式转变。在此过程中,欧美国家的地方政府治理改革也随之发生了转变。具体来说,地方政府治理革新的主要举措包括:一方面,改革并重组了地方政府的内部组织结构,强市长制、委员会制以及议会——经理制等组织模式取代了原来的"弱市长制",同时建立了大小地方政府同时并存的地方治理体系,并"针对一些专门性的、地区性的问题建立足够小的政府机构,以便政府官员更充分地了解不同公民群体的不同偏好,使官员更贴近公民和更快地回应公民的要求"[①];另一方面,推行地方政府管理理念革新,开始从传统的"管理"向"治理"转变,更加注重与公民组织的互动和合作,地方政府由原来的公共服务的惟一或主要的提供者,变成地方上各种准政府机构、私人公司和民间自愿组织等复杂网络的协调者和组织者。通过转变地方政府职能,将政府管理公共事务的权力部分赋予自治组织、非政府组织及私人等部门,地方政府的角色"更多的是助推者和协调者而不是指挥者和控制者,是掌舵者而不是划桨者,是服务的供应者而不必是生产者"[②]。实践表明,国外地方政府的治理革新转变了政府的职能角色,更多地把地方公共事务管理看成是一种治理的过程,这个过程超出了政府管理的范围,而是倾向于形成一个多元化的对话的空间,在这个空间里,地方政府能够与其他志愿性组织、利益群体、政党、媒体等组织建立起一种在开放的公共领域进行对话和互动的关系。

进入21世纪,国外欧美地方政府的治理革新目标更为明确,就是以建设服务型政府为目标,面向公众提供更为多元化、高效的公

---

① [美]文森特·奥斯特罗姆等:《美国地方政府》,井敏译,北京大学出版社2004年版,第14页。
② [德]赫尔穆特·沃尔曼:《德国地方政府》,陈伟、段德敏译,北京大学出版社2005年版,第4页。

共服务。因此，地方政府的治理革新远远没有停止，而是转向满足公众需要，提供多元高效服务的治理改革。力图在面向公众不断增长和日益多元化的需求时，不断进行着自身的组织变革、职能变革以及治理变革，不断增强地方政府的适应性和灵活性，努力促进地方政府与其他非政府组织、社会团体、私人部门的合作和互动。正是西方国家坚持不懈不断推进地方和基层的治理革新，才使得其地方治理历久弥新，始终充满着生机活力，从而为地方政府管理与基层民众自治的有效互动奠定了坚实的治理基础。

### （三）多元的公民参与文化

国外发达国家地方悠久的自治传统，不仅体现为地方和基层拥有独立自主的自治权力，还体现为基层民众能够广泛参与地方社会治理实践的公共文化。形式广泛、内容丰富的公众参与地方治理实践是国外发达国家地方治理的特色之一。"这种特色不在于在起点上表现为官员由选民直接选举产生，也不在于在终点上表现为选民有罢免不称职官员的权利，而主要表现为，在政府治理的过程中，民众时刻在参与、关注、监督。"[1] 就美国地方治理的而言，公众参与地方政府治理有着深远的历史渊源，早在美国成立之初，那些受到自由主义思想陶冶的先贤们就坚定的认为，天赋人权，人生而平等，无贵贱之分。因此由他们制定的《美国独立宣言》（1776 年）开篇就明确宣告，"人人生而平等，造物者赋予他们若干不可剥夺的权利，其中包括生命权、自由权和追求幸福的权利，"从而奠定了美国基层民众坚实的自治权利基础。由此，美国民众拥有神圣不可剥夺的权利，自然成为自己土地的主人，拥有自己所居住地区的自治权利，他们采用类似于古希腊城邦的直接民主制，地方所有公共事务都由全体公民自主决定，监督并控制地方政府权力的行使。具体包括：拥有对本地区官员的选举权、罢免权以及申诉权，拥有对本地区自治宪章的制定权、复决权，还拥有对本地区一切事务的决策权，等等。

---

[1] 高新军：《美国地方政府治理中的公众参与》，《中国改革》2006 年第 9 期。

随着经济社会的深入发展，欧美国家的地方治理体系相应的发生着深刻变化，最为突出的变化就是地方治理体系开始从以精英为中心的治理向以公民为中心的治理转变。在过去的地方治理过程中，社区的一切公共事务都是交由全体选民选举产生的专业的行政官员或治理精英来经营管理，基层民主仅仅是社区公共服务的消费者而不参与具体的公共事务决策和管理，因而这种地方治理体系带有浓厚的精英治理的色彩。然而随着公众需求的多元化、个性化以及精细化的发展，地方精英治理的模式越来越受到批评，因而逐渐产生了一种新的公众参与地方治理的实践模式——公民治理模式。"公民治理模式并不是对原来行政官员治理模式的取代，而是寻求公民与行政官员的合作，由公民和行政官员一起参与，共同决定要做什么，并且一起采取行动来提供社区的公共产品。以公民为中心的治理模式，重新界定了公民、代议者、公共服务职业者，三者之间的角色及角色关系。公民不仅仅是公共服务的消费者，更是公共事务管理的直接参与者，具有积极、能动的公民资格，代议者和行政管理职业者并非独裁专制的控制者和操控者，而应当是公民参与政治、社会公共事务的支持者、帮助者、引导者、促进者、辅助者和协调者。公民主导公共决策，代议者为公民提供良好的制度环境、公共服务职业者则为公民提供咨询服务和帮助"。[①]

国外基层民众参与地方治理的实践形式十分多样，常见的形式有居民受托代理委员会（理事会）和居民委员会（理事会）等，这些委员会通常是与地方政府各个部门相对应、由社区居民自愿参加组织建立的。例如居民受托代理委员会（理事会）是社区法律或宪章（即地方"宪法"）中拥有法定地位和实质性裁量权的居民自治组织，这类自治组织具体包括计划委员会、协调委员会、人权与社区关系委员会、环境保护委员会、以及医院、图书馆、公园、机场等民用设施管理委员会，还有住房和城市重建委员会等。居民委员会（理事会）在功能上与居民受托代理委员会（理事会）有不少相似之处，其角色和

---

① ［美］理查德·博克斯：《公民治理：引领21世纪的美国社区》，孙柏瑛等译，中国人民大学出版社2013年版，第91页。

作用一般不由法律或宪章来决定，而是由委员会成员自己决定或者由创建它们的权威机构决定。居民委员会组建通常基于以下四种形式："其一，个人或团体围绕着有关社区共同利益的议题联合起来，这些议题包括健康、犯罪、住房等；其二，一个有着一般性目的的地方政府当局或者一个有着特殊目的的功能区创建公民委员会，以此开发或者管理一个项目，或者为该项目提供咨询；其三，现有的社区权力架构创建一个公民委员会，目的是研究一项议题或者实施一个项目，如社区经济发展；其四，一个公民利益团体组织起来解决一个特定问题或实现一个特定目标，如倡议或者反对一项提议的公共或私人开发项目，提出并拥护一项城市商业区美化计划等"①。

总体而言，国外基层民众参与地方社会的治理，不仅参与范围十分广阔，而且参与程度十分深远，他们不仅直接参与地方行政官员的选举，而且直接参与地方公共事务的决策和管理；不仅在公共事务方面，组建与地方政府部门相对应的居民事务委员会等社会组织机构参与政府的决策和提供咨询，而且在其他事务方面，基层民众也会自发组织临时性的委员会参与社会管理和协调，提供最为快速和直接的自我服务。随着基层社会的快速发展，基层民众参与地方治理的作用愈加重要，并且未来地方治理的发展方向将更加趋向政府与公众之间的良性互动和合作治理。

## 二 国外地方互动治理的过程与主要方式

从内在逻辑关系上看，国外地方互动治理的内在关系，反映的是地方政府与基层自治组织之间的协作与互动，外在表现直接体现为地方政府与基层自治组织之间互动治理的运行过程，以及所采取的主要互动治理方式。换言之，地方政府与基层自治组织之间进行互动治理的运行过程和实现方式从根本上体现了国外地方互动治理的本质属

---

① Rodgers, Joseph Lee, *Citizen committees: A guide to their use in local government*, Cambridge, Mass: Ballinger, 1977, pp. 10–22. 参见［美］理查德·博克斯，《公民治理：引领21世纪的美国社区》，孙柏瑛等译，中国人民大学出版社2013年版，第53页。

性。因此，考察和分析国外地方政府与基层自治组织之间互动治理的具体运行过程和主要实现方式，对于完善中国农村基层互动治理体系，实现农村基层政府与村民自治组织的有效衔接和良性互动有着重要的启示意义。

### （一）国外地方互动治理的运行过程

从运行过程角度来看国外地方的互动治理，主要考察地方治理中政府管理体系与基层自治体系如何进行协作和互动的。根据欧美一些国家的政治体制安排，在地方尤其是基层社会较多地实行自治，中央政府以及地方政府无权干涉属于基层地方的一切事务，包括任免自治地方的行政官员。尽管基层保留着高度的自治权，但并不表明地方不存在公共管理组织，不需要行使政府管理权，相反，很多自治地方建立了十分发达的公共管理组织体系，它们在地方日常性的社会事务治理中发挥着重要职能和作用。除了地方政府在地方治理中发挥直接的管理作用外，各个地方所保存的基层社区自治传统也发挥着至关重要的作用。因此，在欧美一些发达国家的地方治理中，地方政府管理体系与基层自治组织体系之间建立起十分密切的联系，形成了较为良性的互动治理关系，从而使得国外地方基层社会的治理充满了生机和活力。

以美国地方互动治理的运行为例，美国地方治理的变革历程清晰体现出美国国家调节地方互动治理关系的逻辑脉络，这一逻辑脉络即以提升基层地方政府公共服务能力和社区治理的公共参与为旨归，以促进和协调地方不同治理主体之间的互动协同关系为内容。美国地方治理在历经新公共管理和新公共服务交替进行的双重变革之后，逐渐促使地方政府与公民组织之间的互动关系实现了由单一的"需求—服务"关系向更为复杂的"协调—互动"关系转变，其最终目的是趋向于地方政府管理与公民自治的有效衔接和良性互动，换句话说，其目的是为了使地方政府能够更高效地、更好地为民众服务，使民众能够广泛、直接的参与地方公共事务的治理，在提升地方政府组织的公共服务能力的同时，不断壮大地方公共事务治理的公众参与。因此，综合上述分析，国外地方互动治理关系的变革逻辑可以如下图所示：

(见图 5-1、图 5-2)

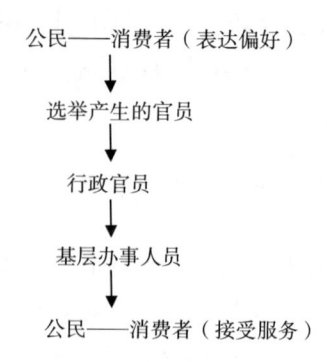

```
公民——消费者（表达偏好）
        ↓
   选举产生的官员
        ↓
     行政官员
        ↓
   基层办事人员
        ↓
公民——消费者（接受服务）
```

图 5-1　地方互动治理的单向关系①

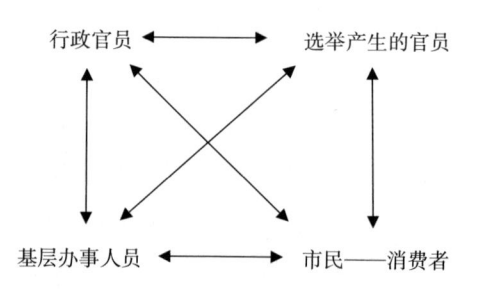

```
行政官员 ←——→ 选举产生的官员
   ↕  ╲    ╱   ↕
      ╲  ╱
      ╱  ╲
   ↕  ╱    ╲   ↕
基层办事人员 ←——→ 市民——消费者
```

图 5-2　地方互动治理的双向关系②

从美国地方治理的具体实践来看，体现出政府管理与基层社会组织相互支撑、彼此联系的运行逻辑。根据中国学者高新军对美国地方政府及其治理实践的考察，他分析并总结认为美国地方政府治理结构中最有特色的地方之一是存在"两套政府班子"③：一套是以市政经理（有的包括市长）为首的行政机构，他们受雇佣市政府（市议会或理事会），是全日制的政府雇员，是政府决策的执行者和政府日常事务的管理者；另一套是由不拿报酬（或只有少量补贴）的市民志愿者组成的各种理事会和委员会等自治性的社会组织，他们对政府决策起

---

① 参见［美］文森特·奥斯特罗姆等《美国地方政府》，北京大学出版社 2004 年版，第 107—108 页，有改动。
② 参见［美］文森特·奥斯特罗姆等《美国地方政府》，北京大学出版社 2004 年版，第 107—108 页，有改动。
③ 高新军：《美国地方政府治理案例调查与制度研究》，西北大学出版社 2005 年版，第 7 页。

着参谋和咨询的作用,是美国地方政府组织与基层自治组织之间进行互动治理过程的直接体现,也就是说,美国地方政府治理中"两套班子"之间的实际运作过程及其关系,实际上鲜明体现出美国地方政府管理与公众自治之间的互动治理关系。这些复杂多样化的地方政府与基层民众自治组织的互动治理关系构成了美国地方多元化的治理模式。从纵向的历史发展来看,美国地方政府与地方民众自治组织的互动治理关系的历史沿革,大致经历了这样一条发展脉络:"从'开放的市镇会议+镇行政委员会'到'代表制的市镇会议+镇经理+镇行政委员会'再到'市政理事会+市政经理+市长'"。① 从横向的现实情况来看,美国地方政府与民众自治组织的互动治理关系模式又是多元的,即同一时期的不同地方存在着多种形态的地方互动治理模式,这些不同形态的地方治理模式体现了地方政府组织与地方民众自治组织之间的复杂博弈过程,反映了地方多样化的互动治理过程,如在同一时期美国地方治理中同时存在着城市经理制、市长暨议会制、委员会制、镇民会议、代表制镇民会议等政府治理模式。(见表5-3)

表5-3　美国地方政府治理模式的多元发展情况(1984—2004)②

| 政府形式 | 1984年 | 1988年 | 1992年 | 1996年 | 2000年 | 2004年 |
| --- | --- | --- | --- | --- | --- | --- |
| 城市经理制 | 2290(35%) | 2356 | 2441 | 2760 | 3302 | 3453(49%) |
| 市长暨议会制 | 3686(56%) | 3686 | 3635 | 3319 | 2988 | 3089(44%) |
| 委员会制 | 176(3%) | 173 | 168 | 154 | 143 | 145(2%) |
| 镇民会议 | 370(6%) | 369 | 363 | 365 | 334 | 338(5%) |
| 代表制镇民会议 | 81(1%) | 82 | 79 | 70 | 65 | 63(1%) |
| 不详 | | | | | | 3 |
| 总计 | 6603(100%) | 6666 | 6686 | 6668 | 6832 | 7091(100%) |

资料来源:"Cumulative Distribution of U S. Municipalities" in the International City/ County Management Association ed., *The Municipal Year Books*, 1984-2004.

---

① 高新军:《美国地方政府治理案例调查与制度研究》,西北大学出版社2005年版,第23页。
② 参见王旭、罗思东《美国新城市化时期的地方政府:区域统筹与地方自治的博弈》,厦门大学出版社2010年版,第121页。

总结起来，当今欧美等发达国家的地方互动治理模式，大致可以分为两种主要的形式："第一种，镇民代表会议或镇民大会+镇经理+镇理事会（Town Meeting）；第二种，市政议会+市经理+市长（City Council）"①。前一种形式是古老的大民主形式，主要集中分布在北美新英格兰地区，一般是人口在5至6万人以下的规模较小的市镇采用这种组织形式；后一种形式是目前以美国地方治理为代表的国家所普遍采用的一种治理模式，常见于人口规模较大的城市地区，如美国的西雅图市，英国的爱丁堡市等，还有一些规模较小的城市也会采用这种治理模式，但是并不多见。在这两种不同的地方治理模式中，虽然两者的组织形式存在一定差异，但地方治理的具体运行过程基本上是一样的，即政府的议案通常是由市政府及下属的各个职能部门针对民众的需求（偏好）提出，由市镇议会（理事会）或市长共同制定政策和作出决策，交由市镇经理具体负责执行，而且在政府的整个决策和执行的过程中，由市民（镇民）志愿者组成的各种委员会、理事会以及普通民众都将参与进来，从而形成市镇居民参与地方治理的多元互动网络，体现了地方政府管理与地方民众自治的有效衔接和良性互动。例如，在"市政议会（理事会）+市经理"的地方治理模式中，由选民直接选举产生的市政议会（理事会）和市长，他们共同拥有决策权，由他们提出政策再交由市政经理及其下属的行政部门来执行，市政经理拥有执行权，并有权任命如公用事业部门（水、电、气）、防火部门、警察部门、财税部门、公共工程部门、园艺部门等主管官员，这些主管官员对城市经理负责，城市经理同时对市长与市政议会（理事会）负责。在市政议会下边，则设有由市民作为志愿者组织的专门的理事会和委员会，参与地方公共事务的管理活动。例如美国的库帕斯克里斯蒂市，"在市政议会下面，设有51个专门的理事会和委员会，共有500多名市民作为志愿者在这些专门的理事会和委员会里为城市的立法机构的决策提供咨询服务。这些理事会和委员会的成员有市民

---

① 高新军：《美国地方政府治理案例调查与制度研究》，西北大学出版社2005年版，第4页。

自我申请,任期 2 至 3 年不等,领导由市政议会任命。在西雅图市,除了专职的政府行政官员之外,还有 41 个由专家、政府官员、市民志愿者组成的各种理事会和委员会,由 470 多名市民为市政议会、市长和市政府各个机构提供咨询服务和帮助。在杜姆市,活跃着 25 个主要由普通市民参加、与市民生活质量有关系的委员会和理事会,共 290 多人,其中 80% 的人员是普通市民,由这些公民自治性组织参加城市的管理,而且大部分是没有任何报酬的"。① 这些由普通市民自愿参加组成的理事会或委员会,完全属于基层民众的自治性组织,它们参与地方政府工作的方方面面,向地方政府的相关部门提供指定政策的意见和建议、反映普通民众的诉求、监督政府的日常运行。虽然这些由普通民众组成的自治性组织不从政府那里取得任何收入,但它们是美国地方政府运作的重要组成部分,体现了美国地方自治基础上的普通民众对地方治理进程的充分参与。

综上所述,可以看出国外发达国家的地方互动治理过程充分体现了地方政府组织与地方公民自治组织之间的良性互动关系。一方面,在整个地方政府的日常管理和决策中都有普通民众组成的志愿性的自治组织参与其中,他们不仅从开始的选举环节和最后的结果对地方政府进行监督,而且在地方政府的日常运作中的每时每刻、每一个环节都充分体现出地方和社区民众参与的身影;另一方面,通过地方和基层民众广泛的参与地方治理逐渐增强了地方政府的回应能力和公共责任感。

### (二) 国外地方互动治理的主要方式

随着国外地方政府组织自身的改革不断深入和基层民众自我组织进行自治的能力不断提升,国外地方政府管理与基层民众自治趋向于互助合作、共同治理的意愿和方式日益增多,并且依托于二者之间互动性活动方式建立起十分紧密的关系。这种紧密关系的确立是通过多种的互动形式和互动载体来共同实现的,其中主要包括选举方式、法

---

① 参见高新军《美国地方政府治理案例调查与制度研究》,西北大学出版社 2005 年版,第 7—8 页。

律方式、民主听证、咨询或顾问委员会、公民问卷调查、公民论坛或会议、公民陪审团、新闻媒介等。正是这些多元化的互动治理形式和载体所起到的桥梁和纽带作用，才促使国外地方政府管理与基层民众自治实现了有效衔接和良性互动。

1. 选举方式

选举是国外地方和基层民众最常见的参政议政方式，也是地方政府管理与基层民众自治之间互动协作治理的基本形式。国外一些发达国家的地方和基层政府是由民众经过投票选举产生的，这主要是基于"政府的执政来自人民的认可"，因为地方政府的运作主要依靠公共财政，行使的公共权力也来自人民的授权，因而政府组织的人事安排完全由人民决定。例如在英国的地方政府治理中，基层民众不仅直接选举产生市镇长和市镇议会（理事会）成员，而且政府的一些重要部门的领导人也必须由公众直接选举产生，如财政部门、土地管理部门等。这些选举产生的政府首脑以及重要部门的领导人直接对公众负责。此外，其他一些依靠公共财政运作的部门及组织成员也会由民众选举产生，包括教育委员会成员、法官、审计官、财产税基评估官、律师、警察局长、财政局长等，有时候地方政府的一些咨询和顾问机构的成员也会由民众选举产生。以上这些由民众选举产生的政府成员和负责人，他们须直接对地方民众负责，因而他们在行使政府公共管理时会充分考虑人民的诉求，人民的各项诉求也能得到政府的快速回应。

2. 法律方式

法律方式是广泛应用国外地方政府管理与基层民众自治进行互动协作治理的重要方式，通过树立法律的权威性来调节和约束地方不同治理主体间的行为边界和职责边界。国外的地方法律或者部门法律都对地方政府的行政权力和基层民主的自治权利进行严格而又明确的规定，其目的就是通过法律的约束和调节作用促使地方政府管理与基层自治建立良性的互动协作关系。法律方式用于地方治理的调节和规范作用主要体现在以下两个方面：一方面，法律通过规定基层民众个体性的民主权利可以限制政府的权威，从而建立有限政府，这些民主权利包括："言论、出版和通信的自由，它们有助于保持一个独立于政府控制的开放的舆论空间；结社自由，这使人民保有治理自己个人事务的基本权利；诉诸法律程序的权利，这为政府设定了必须通过合乎宪法的正当途径来履行其特权的义务"①；另一方面，以成文法的方式对地方政府的权力进行分配和限制，根据法律的相关规定，地方政府的权力一般由立法机构、行政机构和司法机构来承担，不同机构所获得决策权力都是部分权力，比较有限，而且通过权力的运行能够互相制衡，从而尽量减少地方干预，防止地方权力滥用而侵害基层群众民主自治的权益。此外，地方法律体系中还规定了民众直接或者间接参与地方治理的一系列基本权利的内容，如地方公众可以通过创制和复决、公债的批准、罢免选任官员等立法程序直接参与立法，并且他们还能通过参加小陪审团和大陪审团来直接参与司法活动，还可以列席地方政府行政决策进行听证、质询等，另外，民众还可以依照法律规定通过选举有资格从事上述服务的官员来间接地参与地方的立法和行政事务②。总体而言，法律方式在国外地方治理中的应用范围和发挥作用十分广泛，通过有效运用这些法律方式，既有效限制了政府权力又充分保障了人民民主自治权利，从而使地方政府管理与基层民主自治之间保持着良好的互动协作关系。

3. 民主听证

就其内涵而言，民主听证是指"政府组织在作出直接涉及公众或公民利益的公共决策时，应当听取利害关系人、社会各方即有关专家的意见以实现良好治理的一种必要的规范性程序设计"③。在治理实践中，民主听证既是一种参与政府决策的民主制度，也是一种地方治理方式。民主听证制度和方式是国外很多地方治理中所采用的一种比较常见的治理形式。作为一种制度程序性的安排，民主听证一般是地方政府在作出决策前，通过召开听证会的方式来面向社会广泛征集听取

---

① [美]希尔斯曼：《美国是如何治理的》，曹大鹏译，商务印书馆1986年版，第301页。
② 谭英俊：《国外地方政府公共事务合作治理能力建设经验及其借鉴》，《石河子大学学报》2012年第3期。
③ 彭宗超等：《听证制度：透明决策与公共治理》，清华大学出版社2004年版，第2页。

公众意见，从而让公众尽可能地参与进政府公共决策和社会管理活动之中，提升政府决策的民意基础。在政府决策前进行民主听证的方式，也在一定程度上起到政府与公众沟通联系的纽带作用，通过民主听证这种治理方式为基层民众与政府直接面对面的沟通协商提供了有效途径，增进政府与基层社会的互动和协作。

4. 咨询顾问委员会

在国外地方治理中，除了承担政府日常运作的行政组织之外，还存在着大量的咨询顾问委员会或者理事会，由他们向政府提供决策咨询服务甚至共同参与政府公共决策方案的制定，与地方政府部门建立起良好的合作关系，成为地方互动治理的一种重要实践形式。这些咨询顾问委员会一般是由政府任命或者公民自愿参加的志愿性组织，通常由具有专业背景知识或特殊兴趣的专家和民众组成。他们会在一些具体的问题和范围有限的领域内将公众关切和意见引入政策过程，由他们开会讨论一些具体的问题并将意见推荐给政府。① 虽然这些咨询顾问委员会受雇于政府或某个政府部门，但始终代表着公共利益，与政府建立的是一种合作关系，因此他们在提供专业的政策咨询过程中往往不受政府部门的干涉，站在中立或者公共利益的立场提供客观理性的意见建议。咨询顾问委员会因其独立性、专业性和合作性的组织行为特点，为政府和工众所普遍认可，逐渐成为国外地方政府、基层民众和第三方组织进行互动协商、民主合作的重要治理形式。

5. 公民民意调查

民意调查是政府问计于民、吸纳民众参与政府决策的一种有效治理形式。早期的公民民意调查被用于民主选举等领域，试图通过填写问卷、电话访问、邮件咨询等方式获取公众的心理态度。后来用于调查的事项和范围逐渐涵盖到社会各个方面，从而成为政府获取公众态度倾向并运用治理决策之中的一种重要治理形式。公民民意调查主要是指运用现代社会科学的研究方法和技术，通过事先设计好的调查问卷，以随机抽样的方式将调查问卷发放给本地居民来收集和获取居民

---

① William Simonsen and Mark D, *Robbins. Citizen participation in resource allocation*, Westview Press, 2000, pp. 13-14.

对政府公共服务的态度、公民最关心的社区事务以及地方政府领导人选等信息,从而方便政府作出符合民众满意的公共决策。在国外的地方治理中,地方政府会就本地方的公共事项、公共服务委托相关机构面向公众发放问卷,一般问卷如果设计合理、抽样科学、发放有效,就能获取具有代表性的本地民众意见,在这个过程中,地方政府虽然不直接参与调查,这种方式也很少有官员与民众直接面对面的交流和协商,但仍然不失为一种政府管理服务与基层自治之间进行合作与互动的有效治理方式。

6. 公民陪审团

公民陪审团是一种现代社会地方和基层民众参政议政、合作治理的形式。作为一种治理形式陪审团最早源于英国历史上所建立的陪审制度,后来逐渐扩展到欧美等等地,现在已经发展成为欧美发达国家一些地方治理中的一项重要制度安排。公民陪审团一般是由政府组织或下属的专门委员会创设,其成员是从普通民众中随机选择产生,陪审团的人员规模大小不等,例如在地方治理中常见的由社区成员共同组成的陪审团人数一般在10人以内。陪审团的具体运作过程包括:地方政府选定公共议题,委托给独立的委员会等机构来执行,这些独立的委员会通过创设的相对独立的公民陪审团,针对选定的公共议题集中一段时间进行分析和讨论,主要是针对未来的政策方向,提出他们认为比较合理可行的决定或建议,供政府部门进行决策参考。在英国的地方治理中,陪审团制度并不仅仅是一种司法制度,而是其地方自治过程经常使用的一种治理方式,作为一种"广泛应用于司法、行政各方面进行调查、裁决的制度,其管辖内容很多,包括调查土地、财产状况、治安情况、犯罪事实,以及证明、裁决等,这些都由郡、百户区到各村的系统进行"①,在村庄的"陪审员以商品交易见证人、村庄共同体代表、起诉者、调查者、裁决者等身份参与各项事务"②。总体而言,"这种模式选择了一小批代表性的公民并提供了相对充足

---

① 马克垚:《英国封建社会研究》,北京大学出版社2016年版,第198页。
② 侯兴隆:《论英国陪审制度的盎格鲁-撒克逊起源》,《山东社会科学》2022年第6期。

的时间,使得这些选择出来的公民可以深入地讨论和考虑各种信息",① 从而促使地方民众更直接与政府参与地方治理,更有力地影响地方政府的公共决策。

7. 公民会议（共识会议）

公民会议又称共识会议,是一种由地方政府或专门的委员会负责召集并发起,一般就政府需要解决的某个问题或者获取民众对某一问题的态度所进行的一种临时性的、小范围的会议或论坛。公民会议同公民民意调查、公民陪审团等协商民主形式共同成为国外地方进行互动治理的实践形式,甚至在欧盟等区域性治理中开始将这些制度设计用于解决日益加深的"民主赤字"问题。公民会议的最早实践源自于丹麦国家为鼓励公民参与科技决策而成立的科技委员会,后来随着地方协商治理的兴起而逐渐被广泛使用并成为地方治理的一种典型形式。公民会议既可以由官方机构组织,也可以由政府委托的民间机构组织,公民会议一般分为三个基本阶段:筹备阶段、会议阶段和整理阶段,经过召开公民会议,可以"将公民会议的结论报告纳入到公共政策制定的考量中,公民会议的结论也许不能立即转换为公共政策,但是为政府提供了了解民意的一种渠道,从而有助于政府部门在制定公共政策时能充分回应民意的要求"②。地方治理中的公民会议不需要事先进行抽样来选取具体参与的公民,而且也不需要公民事先花费一定时间为话题讨论进行准备；公民参与方式不需要严格程序和特殊要求,具有灵活性、草根性的特点,因而普遍适用于社区、乡镇事务的治理活动,在促进和维护地方政府与基层民众之间的互动合作治理发挥着重要的作用。

8. 新闻媒介

以广播、电视、报纸以及网络为载体的现代新闻媒介,被称为"第四种权力",它在促进地方政府管理与基层民众自治之间的互动合

---

① 马俊、罗万平:《公民参与预算:美国地方政府的经验及其借鉴》,《华中师范大学学报》(人文社会科学版) 2006 年第 4 期。

② 马奔:《公民会议:协商民主的一种制度设计》,《山东社会科学》2009 年第 10 期。

作治理方面发挥着日趋重要的作用。一方面，地方政府所做出的任何决策、公文、会议记录以及财政预算等涉及公共利益的信息都会通过新闻媒介向公众公开，在保障每一位普通民众知情权的同时，方便公众更好的监督政府的日常活动。另一方面，基层民众也可以通过各种新闻媒介反映自己的利益诉求，提出自己对政府决策的看法，表达自己的意见建议，使政府在作出决策时能够充分考虑社区居民的利益，满足公众的多元需求。由此可见，新闻媒介在政府与公众之间起着桥梁和纽带的作用，能够很好的促进政府与公民之间的互动与合作。

综上分析，国外地方政府与基层民众之间进行互动合作治理的形式和方式，在促进地方政府管理与地方民主自治的有效衔接和良性互动上发挥着至关重要的作用。可以说，国外地方治理之所以充满生机活力，其奥秘就在于政府与基层民众之间建立起良性的互动关系，它将政府的管理职能与基层自治传统很好的糅合和融汇在一起。新时期新阶段，随着公共治理理念的深入人心和基层社会自治的持续发展壮大，未来的地方公共治理将更趋向于以公民为中心的新的治理形态——公民是政府的伙伴，是公共事务的实际控制者，是一切地方事务的直接参与者，而不是被动的参与者，不是被动的服务对象，更不是客户。①

## 三 国外地方互动治理的基本经验及对中国的启示

通过对国外地方互动治理的过程和实现方式的考察和分析，尽管凭借现有的有限资料对国外地方互动治理的考察梳理比较粗造，不够全面和细致，但仍可以从中总结出一些可资借鉴的治理经验。这些具有建设性价值的治理经验成果对于完善中国农村基层治理体系，尤其是推进农村基层政府管理与村民自治的互动治理具有一定的启示意义。

---

① 参见王巍《西方公共行政中的公民参与：经验审思与理论进展》，《公共行政评论》2010年第2期。

## （一）国外地方互动治理的基本经验

随着国外地方公共治理体系改革的不断发展完善，地方公共治理体系渐趋于成熟，在实现地方政府管理与基层群众自治二者互动治理方面累积了许多有益的经验成果，总结起来，主要包括以下几个方面。

### 1. 十分重视地方治理的法律体系建设

西方国家十分重视地方治理的法律体系建设，不仅自上而下的建立了完整的法律制度体系，而且十分重视地方治理改革的法律基础建设，实际上也为地方政府管理与基层民众自治的有效衔接和良性互动奠定了坚实的基础。首先，国外从联邦政府、各州政府以及基层地方政府基本形成了一套上下一体的完备的宪法法律治理体系。这个宪法法律治理体系不仅清楚界定了各个层级政府的职能权限，划分了不同层级政府之间的关系，而且对政府权力进行限制制约，充分保障了人民参与地方公共事务治理的权利。如在法律上明确界定了地方性事务由地方自治体管理，全州性问题（例如公共安全、打击犯罪、公共卫生、交通管理、一般性的公民福利等），由州政府管理。对全州性问题，州法律优先；对于纯粹的地方性问题，地方拥有完全的自治权利。其次，在地方政府治理改革的过程中不断加强宪法法律建设。国外推进地方政府的改革非常注重法律制度的建设，因为这些成熟的法律制度不仅能为地方政府的每一次治理改革提供有效的保障，而且每一次地方政府的治理改革成果也将很快以法律的形式加以制度化、规范化，从而使地方政府不论大小都能严格依法办事，地方性的一切事务都能找到法律依据和法定程序，这样才不会使政府的改革违背法律和人民的意志，从而使地方自治得以持久。最后，不断加强保障地方基层民众自治权利的宪法法律建设。保障人民的自治权利是地方宪法法律体系建设的一项重要内容，其中包括保障人民所拥有的地方创制、复决、选任、罢免地方官员以及批准地方公债等宪法权利，此外，还包括民主参与立法、司法以及行政活动的权利，如法律明确规定普通民众可以通过陪审团、听证会等形式和程序参与地方的立法、司法和行政等治理活动，充分行使法律赋予的基本权利。

2. 积极构建丰富多元的地方合作治理关系

在处理地方公共问题，推进地方公共事务治理过程中，国外各地方政府与基层自治组织、私人部门以及普通民众之间建立了多样化的合作关系，形成了一个多元互助合作的治理体系。首先，由民众推选或自愿参加组成的专门事务委员会或理事会，广泛参与到地方政府的治理活动中。他们通常由政府部门委任组建，就某一领域的公共问题向政府部门提供咨询和建议，甚至与政府部门共同制定决策，直接参与地方公共事务的治理。其次，大量准政府组织参与地方公共事务的治理，承接部分政府管理职能，并在其中发挥积极的协调作用。如由房地产开发商创建的房产主促进会，其目的是使居住于同一个开发区内的居民能够共同处理一些公共问题。房产主促进会代表全体住户的利益向当地居民提供某种范围的公共设施和服务，可以对违反公约的行为进行处理，因而承接了政府的某些管理职能，同时以协调者的角色身份参与地方公共事务治理，促进地方政府与基层民众的互动和合作。最后，就地方公共产品和服务的供给，各地方政府不再是单一的公共物品的供给者，而是通过多种形式与私人部门建立了合作性的契约关系，交由私人性的、公共志愿组织承担。这些形式包括签约外包、特许经营、代用券、凭单制等，"在美国大约有一半的美国城市把他们的公共服务的职责的15%签约外包，另一半则签约更多。特许经营、用者付费、凭单制等方法大量运用于诸如幼儿日托所、老人项目、戒毒项目、社区文化建设等公共事务治理中"[①]。

3. 努力拓展公众参与地方治理的途径和方式

国外地方进行自治的历史传统，使得地方民众长期以来养成自我管理的习惯和文化，民众在进行自我治理或者参与地方公共事务治理过程中逐渐形成了多种有效的公众参与治理的途径和方式。一方面，政府从国家战略上高度重视公众参与地方治理。美国地方政府从罗斯福总统推行"国民保障合作组织"到约翰逊总统时期的"社区志愿服务组织"，再到老布什时代的"国家服务办公室"和"阳光基金"，

---

① 谭英俊：《国外地方政府公共事务合作治理能力建设经验及其借鉴》，《石河子大学学报》2012年第3期。

又到克林顿时代的"国家社区服务计划"等地方改革实践历程表明，联邦政府一直致力于推进地方公众更好地参与地方的治理和发展，不仅倡导地方广泛建立自治性的社会组织，而且积极鼓励公众通过多种方式参与社区自治活动。另一方面，在具体的制度建设和政策环境方面，地方政府不仅以身作则积极主动的开辟多种途径和方式，如采用信息公开、决策听证、执行监督等方式让公众参与到地方公共事务的决策和执行活动中，而且更将一些地方性的社会事务通过授权、委托、租赁等方式转移给非政府部门和基层志愿性组织，交由这些由普通民众自愿参与的组织来完成，同时政府给予相应的财政、税收减免或优惠的政策支持。正是通过这些多元化的公众参与地方治理的途径、方式以及平台，建立起了公众有效参与地方治理的互动网络，从而使得基层民众"在力所能及的范围内，试着去管理社会，使自己习惯于自由（权利）赖于实现的组织形式，……他们体会到这种组织形式的好处，产生了遵守秩序的志趣，理解权力和谐的优点"[①]。

4. 大力培育公众参与地方治理的公民资格

公民资格是指公众在国家中的正式成员地位和参与国家公共生活的身份条件。相对于传统的消极公共参与、倡导政府管理与消费者至上的地方治理模式，"积极公民资格"和"公民所有者"的地方治理模式代表了欧美地方治理改革的新方向。积极公民资格摆脱了原有代议制下的民众通过选举代表组成政府委托其管理公共事务的被动参与困境，形成以创造性共识为基础，通过协商、对话和合作的方式参与地方公共事务的新的治理模式。国外各地方的治理改革，一直将致力于公众积极公民资格的培养为改革指向。在具有积极公民资格的社区里，普通民众的参与意识强烈，参与能力较强，居民个体角色正在由被动的、消极的参与逐渐转变为积极的主导的公共参与角色，这一过程被称为"重新发现的公民"[②]。主要的经验做法：一方面，努力拓

---

① [法] 托克维尔：《论美国的民主》（上卷），董果良译，商务印书馆2009年版，第76页。

② 参见 Klijin E., J. Koppenjan. Rediscovering The Citizen: New Roles for Politicians In-teractive Policy Making, *Public Participation And Innovations In Community Governance*, 2001, (1).

展基层民众参与地方治理的多种途径和方式,让人民能够广泛地参与到地方公共事务的治理之中,投身于公共政策的思考、设计,并影响公共部门的决策制定,从而重新塑造政府议程,提升公众参与治理的意识和能力;另一方面,通过开设或新办各种国民素质教育的论坛和学校,来培养公众积极的公民资格。如美国杜姆市政府开办的"杜姆邻里学院",让广大民众广泛了解和参与地方政府公共事务的管理,既体现了政府行政公开、信息透明的改革宗旨,又培养和提升了普通民众的参与意识和能力。

### (二) 对中国农村基层互动治理的启示

尽管中西方国家在政治制度、文化传统、社会环境等基本国情上存在很大差异,但是在推进地方治理趋于善治的目标是一致的,即趋向于地方政府管理与基层社会自治的有效衔接和良性互动,因而,国外地方政府推进互动治理方面取得的一些成功经验和成果,对于推进我国农村基层的互动治理具有一定的借鉴价值和启示意义。

其一,国外地方治理的理论与实践表明,要逐渐打破政治国家与公民社会的二元对立,把社会管理看成是二者的合作过程,实现二者的衔接与互动成为公共管理改革的方向。过去那种单纯依靠国家单一控制型的管理模式已经逐渐失效,基层社会更多地趋向于多元性和民主化,因而,需要国家转变社会管理模式,国家不能再是社会管理和服务的唯一承担者,而趋向于与社会自治组织的协调与合作,让社会承担更多的管理任务,这一切势必将促使地方政府管理与基层社会从对立走向统一,实现二者在共同性的社会事务上的有效衔接和良性互动。

其二,从国外地方治理的发展进程来看,地方政府管理与基层民众自治之间的互动治理关系实质是反映地方政府职能的转变和地方基层自治体系之间的职能承接和合作互动。地方政府管理职能的转变不仅取决于政府间纵向和横向的关系状态,还取决于政府与基层自治组织、非营利性组织、企业以及公民个人之间的关系。换句话说,地方政府与基层民众自治的互动治理过程不是简单的地方政府放权治理的过程，而是通过政府所拥有的治理资源来引导和培育基层民众的自治精神以及自治体的自治能力的过程。这一过程，不仅需要政府转变观念和职能，即从原来的管制型政府向服务型政府转变，树立"新公共管理"和"社区自治"的理念，政府是掌舵而不是划桨，是授权而不是服务，是满足公众需要而不是官僚政治需要，是分权性的参与与合作而不是集权性的指挥与命令，此外，还需要基层民众不断提升民主参与的意识和能力，形成积极的公民参与网络。

其三，国外地方政府与基层自治组织的互动治理方式是多样的，每一个地方的互动治理模式，采取的互动治理形式都不尽相同，这一点启示我们在推进中国农村基层互动治理过程中，不能忽视地方利益和偏好的多样性，对不同地方的自然、社会以及历史环境的多样性应充分考虑，因而在实施具体的地方社会管理的模式和政策时，不能将整齐划一的治理模式推向全国或全省，而应该将自上而下的改革策略与自下而上的改革需要相结合起来，在充分保证政治管理的统一性和人民当家作主地位的同时，适当允许地方社会自主发展的多样性和分权治理的灵活性。这样基层群众在面对复杂政治局面时不会慌张失措，而应从群众熟悉的地方事务开始，在广泛参与地方公共事务的决策与治理中，逐渐培养基层群众的民主素养和民主能力，塑造人民积极参与的公共事务治理的空间，进而推进民主政治的发展。

其四，国外地方政府在寻求实现社会治理和善治的过程中，地方政府组织和基层自治组织、私人部门以公民个人之间建立了多元协调的互动治理关系体系，形成了自主自治性的网络体系。这个网络体系是基于共同的公共利益而自觉联合起来的联合体。"这种联合体的特征不再是单向的监督或控制，而是自主合作，不再是高度集权，而是权力在纵向和横向上的同时分散，不再简单地追求一致性和普遍性，而是在最大限度满足不同社会主体共同利益的前提下实现社会公共利益最大化"[①]。这无疑将会更有利于消除社会矛盾冲突，维护社会的和谐稳定。在探寻地方社会稳定和谐的治理之道过程中，应注重建构社

---

① 范铁中：《西方国家治理理论对我国构建和谐社会的启示》，《理论前沿》2007 年第 13 期。

会不同利益主体之间的互助合作关系网络，寻求地方政府、市场组织、社会组织以及普通民众之间的协调与平衡，这样才能实现社会资源的优化配置，使社会治理结构趋于良性发展，各个治理主体之间的关系趋于和谐均衡。

此外，近年来，国外地方治理的发展趋势更多地趋向地方的纵向与横向的不断权力分散治理，让基层民众自治体和其他公民组织拥有更多的自主权，但是至今仍未能彻底解决争取地方自下而上的自治与谋求政府自上而下的支配这对矛盾，因而，国外地方自治地位仍然存在许多变数。这一点启示我们一定要处理好国家自上而下的管理与基层社会自下而上的治理这对关系，合理划分地方政府管理与基层群众自治各自的职能权限，协调好二者的职能衔接和合作互动关系。

# 第六章

# 体系建设：全面推进乡村振兴背景下农村基层互动治理的运行机制

经过长期的探索和实践，中国农村基层社会治理及其民主政治建设基本形成了"乡政村治"的治理格局，对中国农村基层社会乃至国家的政治、经济和社会的全面发展都产生了积极而深远的影响。然而，随着农村基层体制改革的深入和社会转型速度的加快，农村基层治理出现了结构性的矛盾，即国家权力与乡村社会权利之间制度供给失衡，突出表现为"乡镇政府与村民委员会冲突引发的'乡村关系'问题，以及由村党支部与村民委员会矛盾而引发的'两委关系'问题"。① 这些问题的出现已经严重影响并制约了农村基层社会民主政治的发展。从根本上看，这些矛盾冲突都是由体制转轨期间利益关系调整和乡村社会各权力主体间的非均衡博弈机制造成的，如何将"自上而下的国家制度安排与自下而上的利益诉求纳入到制度化轨道"② 中，寻求国家自上而下的行政管理权与村民自下而上的自治权间的衔接与互动成为关键。为此，党的十八大以来，国家通过实施乡村振兴战略，全面推进乡村两级组织振兴和治理体系建设，为构建农村基层政府管理与基层社会自治有机协调互动治理的机制体系提供根本遵循。本部分内容着重分析全面推进乡村振兴背景下农村基地互动治理机制体系的建设原则、运行要素和体系构成。实现农村基层互动治理，既

---

① 殷焕举等：《民主合作制：中国农村基层民主建设的制度创新》，《马克思主义研究》2010年第2期。
② 景跃进：《村民自治与中国特色的民主政治之路》，《天津社会科学》2002年第1期。

顺应了现代农村基层社会发展的实际需要，又符合农村基层民主政治发展的时代要求，成为农村基层社会治理和民主政治建设的一种现实选择。

## 一 全面推进乡村振兴背景下农村基层互动治理机制的建设原则

原则，是事物本质的反映，事物的原生规则，"主要指人说话、行事所依据的法则或标准"，① 正确反映事物的客观规律。现实政治运行中，任何一种制度创新，或者机制创新都需要遵循相应的原则。遵循合理的原则，不仅有利于这种制度机制能够遵循正确的价值导向，而且有利于其职能作用真正得到有效发挥。据此，作为一种制度创新，中国农村基层互动治理机制体系的构建应该主要遵循以下几个重要原则。

### （一）以坚持党的统一领导为重要基础

"党政军民学，东西南北中，党是领导一切的"②。中国革命、建设和改革的各个时期的历史实践充分表明"中国共产党领导是中国特色社会主义最本质的特征，是中国特色社会主义制度的最大优势"③，党的二十大又进一步强调"党的领导是全面的、系统的、整体的，必须全面、系统、整体加以落实。健全总揽全局、协调各方的党的领导制度体系，完善党中央重大决策部署落实机制"④，把党的领导落实到国家治理各领域各方面各环节。农村基层社会治理是国家治理体系的重要组成部分，健全和完善党对基层群众自治组织、社会组织等各种

---

① 中国社会科学院语言研究所词典编辑室：《现代汉语词典·修订本》，商务印书馆2000年版，第1549页。
② 习近平：《决胜全面建成小康社会 夺取新时代中国特色社会主义伟大胜利——在中国共产党第十九次全国代表大会上的报告》，《人民日报》2017年10月28日第1版。
③ 《中共中央关于坚持和完善中国特色社会主义制度、推进国家治理体系和治理能力现代化若干重大问题的决定》，《人民日报》2019年11月6日第1版。
④ 本书编写组：《党的二十大报告辅导百问》，学习出版社、党建读物出版社2022年版，第48页。

组织的领导制度，提升基层党建工作标准化和规范化，发挥党在基层各种组织中的领导作用，既是把党的领导落实到国家治理各领域各方面各环节的内在要求，也是健全充满活力的基层群众自治制度和构建基层社会治理新格局的重要政治保障。

中国社会主义国家的性质和中国共产党的性质直接决定了中国共产党是中国特色社会主义事业的领导核心。坚持党的领导就是要坚持立党为公、执政为民，坚持党总揽全局、协调各方的领导核心作用。党的领导核心作用，不仅体现在党的政治领导、思想领导和组织领导上，还应体现在同级各种组织中协调和平衡不同利益群体的利益诉求，统领和团结一切社会力量，推进社会发展进步上。"中国共产党因其广泛代表性、权威领导性而成为基层自治的引导者"①。农村基层党组织是党的农村各项事业和工作的领导核心，发挥着战斗堡垒的作用。在农村基层治理中，党的领导核心作用发挥主要是以农村基层党组织为载体，要加强党组织的政治功能和组织功能，抓党建促乡村振兴。当前，构建农村基层政府管理与村民自治互动治理机制离不开农村基层党组织在其中发挥领导核心作用和提供政治保障。农村基层党组织不仅在农村基层治理中起着协调平衡各方利益的作用，而且肩负着党的路线、方针和政策向下贯彻和落实的重任。因此，只有坚持党的领导，才能为基层政府管理权与村民自治权的有效衔接和良性互动搭建桥梁和纽带；只有坚持党的领导，才能使农村基层政府管理与村民自治互动治理机制保持正确的发展方向，保障农民当家作主的政治地位；只有坚持党的领导，才能为农村的现代化建设创造稳定的社会环境，才能调动一切积极因素，搞好社会主义新农村建设。

### （二）以建设服务型政府为改革目标

服务型政府是处于转型期的中国政府管理改革和职能转变的基本目标之一。服务型政府的基本特征主要包括以人为本、法治、责任、有限和效率等。建设服务型政府要求政府在管理的理念、方式和职能

---

① 陈科霖、谢靖阳：《基层群众自治制度的实践逻辑、理论趋向及其展望》，《中共天津市委党校学报》2019 年第 6 期。

方面实现根本转变，即从官本位向民本位，从统治向治理，从侧重行政管理向行政管理与公共服务并重方向转变。建设服务型政府是中国进入新世纪以来包括基层政府在内的所有政府组织改革建设的核心目标。现实中，中国政府治理模式总体处于由管控型政府向服务型政府转变的阶段，一些地方政府的公共服务的理念和角色职能转变较为缓慢，特别是在基层政府和工作人员中官本位思想浓厚，工作方式方法仍旧习惯于命令指挥，公共决策过程仍沿袭一言堂、家长制的习惯和作风。基层政府的这些不良作风和习惯不仅阻碍基层服务型政府的建设，而且不利于农村基层政府管理与村民自治的互动治理，生成新型的农村基层治理模式。因此，构建农村基层政府管理与村民自治互动治理机制应该以建设服务型政府为目标，转变基层政府的职能角色，树立以人为本和公共服务导向的改革方向，摒除政府不良的行政作风和习惯，营造文明和谐依法行政的政府风气。只有始终以建设服务型政府为改革目标，才能使农村基层政府管理与村民自治的互动治理关系更为牢固和紧密，反过来，农村基层政府管理与村民自治互动治理机制的有效运行，也要求政府不断进行自我改革和创新，创造出更好的运行环境。

### （三）以完善村民自治制度为发展方向

村民自治制度是广大人民群众依法通过合法组织和程序直接行使民主权利，实行自我管理、自我教育、自我服务的一项基本政治制度，其主要内容包括民主选举制度、民主决策制度、民主管理制度和民主监督制度。作为我国一项基本的政治制度，基层群众自治制度伴随着改革开放进程的深入推进，在理论和实践中不断深化、拓展和创新，已经成为人民当家作主最直接、最有效、最广泛的民主实践形式，成为城乡基层群众实现美好生活和治理现代化的有效路径。在现实生活中，村民自治制度的运行时常受到外部因素的干扰和影响，特别是受到国家政权体系的非法干涉和不良影响，有时甚至出现肆意破坏和阻挠村民行使民主自治权利的情况，致使村民自治权沦为政府的行政附庸或者成为政治"花瓶"，空有其外表而无实质内容。这些都无疑制约了村民自治制度的深入发展，阻碍了农村基层治理的良性运转。究其根本原因在于没有完全界分乡镇基层政府管理权和村民自治权的权限边界，基层政府管理权与村民自治权之间缺乏有效的衔接和互动的机制。因此，构建基层政府管理与村民自治互动治理机制必须要明确村民自治制度运行的制度空间，规范基层政府的行政行为和职责权能，始终以完善村民自治制度为发展方向。当前，完善村民自治制度的主要措施应主要通过国家（政府）的政治赋权，引导和协调村民进行自治的各种互动行为关系，完善和拓展村民参与农村公共事务治理的方式和渠道，保障村民充分有效的行使民主选举、民主决策、民主管理和民主监督等自治权利。

### （四）以保障农民根本利益为出发点

习近平总书记指出，农村要发展，根本要依靠亿万农民。要坚持不懈推进农村改革和制度创新，充分发挥亿万农民主体作用和首创精神，不断解放和发展农村社会生产力，激发农村发展活力。农民群众是人民大众的一份子，是中国农村基层社会公共事务和公益事业治理的直接参与者和受益人。保障农民根本利益是全心全意为人民服务的内在要求，也是中国农村基层治理改革和民主政治建设的出发点，因此，应成为当前构建农村基层互动治理机制的根本出发点。这主要是由于转型期农村基层各个权力主体之间形成了一种非均衡的博弈关系，农民群众总体上处于这种权力博弈关系中的弱势位置，农民群众的根本利益受到强势集团的非法侵犯和损害。构建农村基层互动治理机制的目的是要理顺农村基层不同主体之间的权利关系，协调不同主体之间的利益矛盾，使农村基层不同主体之间的关系趋于平衡。这就需要作为农村基层治理的主导性力量的基层政权组织来积极引导和协调不同权力主体之间的利益关系，建立基层政府管理与村民自治互动治理机制，以此保障农民群众的根本利益。当前，农民的根本利益主要包括以土地权益为核心的物质利益、民主权益和社会权益三个方面。农村基层治理改革亟需要在这三个方面加以推进，只有加快完善和拓展基层政府与农民群众的政治协商和利益沟通的渠道，建立有效的合作互动机制，使政府在决策制定和执行等相关环节充分尊重并吸取民意，才能从根本上使农民的根本利益得到保障，从而能够真正体现农村基层政府管理与村民自治互动治理机制的建设意义。

### （五）以维护农村社会和谐稳定为根本导向

社会和谐是中国特色社会主义的本质属性，是保持改革和发展良好环境的内在要求。当前，中国农村社会整体进入由传统向现代转型的时期，转型期的农村社会在推进现代化建设的进程中面临着双重压力：一方面，农村的现代化建设亟需要一个稳定和谐的社会环境；另一方面，农村的现代化过程中传统因素与现代因素同时并存并且相互交织和碰撞，使得农村基层各种社会矛盾冲突不断显现，直接危及农村社会的大局稳定。诚如萨缪尔·亨廷顿所指出的"现代性孕育着稳定，而现代化过程却滋生着动乱"①。这就要求在推进农村社会现代化建设的同时，处理好改革、发展与稳定的关系，要以维护农村社会的和谐稳定为根本导向。因此，建设新型农村基层治理模式，构建基层政府管理与村民自治互动治理机制的目的不仅是为了更好地推进农村基层社会的现代化建设，也是为了通过基层政府与村民自治组织的互动和合作机制来实现对农村公共事务和公益事业的共同治理，进而协调和平衡各个利益主体之间的利益关系，最终服务于整个农村基层社会的和谐与稳定。

## 二 全面推进乡村振兴背景下农村基层互动治理机制的运行要素

农村基层政府管理与村民自治互动治理机制的运行要素主要是指支撑和维系农村基层政府管理与村民自治体系机制正常运行，促其形成有效衔接和良性互动关系的一些关键性因素，主要包括农村基层互动治理机制运行的主体条件、组织机构、制度基础、社会环境和文化

---

① ［美］萨缪尔·亨廷顿：《变化社会中的政治秩序》，王冠华等译，上海人民出版社2008年版，第38页。

氛围等。正是通过这些核心要素之间的相互协调和密切配合，才使得农村基层政府管理与村民自治的互动治理机制运行顺利通畅、协调互动治理的成效明显。

## （一）农村基层互动治理机制运行的主体条件

主体是农村基层政府管理与村民自治互动治理机制运行的首要因素。农村基层政府管理与村民自治互动治理机制运行的主体一般主要由乡村两级干部和普通村民构成，他们是这一制度机制运行的具体实施者。现实中，乡村干部和普通村民作为实施主体的状况，直接影响着农村基层政府管理与村民自治互动治理机制的运行效果。换言之，农村基层政府管理与村民自治互动治理机制的有效运行，需要作为治理主体的乡村干部和普通村民具备相应的主体条件。一是，乡村干部和普通村民应具备基本较高的文化知识水平。当前，由于乡村干部和普通村民普遍存在文化水平偏低、受教育程度不高的问题，直接制约并影响一些乡村干部和村民及时获取各种信息，有效参与民主治理的实践活动，因而难以培育和提升乡村干部和普通村民的民主参与水平和能力。二是，乡村干部和普通村民应具备较强的民主参与意识。受文化知识水平的影响，一些乡村干部和普通村民普遍存在民主参与意识不高的问题，主要表现在：乡村干部仍固守传统"官本位"的思想观念，以"官老爷"自居，民主观念和意识薄弱；普通村民仍普遍存在"唯官"、"唯上"的权力情节和臣民意识，封建传统思想根深蒂固，不懂得也不会运用民主的方式行使公民权利，参与乡村治理。三是，乡村干部和普通村民应具备较好的民主议事和决策的能力。传统的乡村议事决策主要是由少数人参加，在一个封闭甚至秘密的环境下进行，因而常被诟病为"家长制"、"一言堂"，现代农村基层民主议事决策注重在公开公正的环境下让广大村民普遍参与到乡村事务的商谈和决策中，这就需要乡村干部和村民养成较好的民主议事和决策的习惯。除此之外，乡村干部和普通村民还应具备一定的反思精神和创新精神。只有乡村干部和普通村民的主体意识和民主能力得到提升，才能使农村基层政府管理与村民自治之间互动治理机制的运行趋于良性化。

### (二) 农村基层互动治理机制运行的组织机构

组织机构是农村基层政府管理与村民自治互动治理的载体和平台，是构建农村基层互动治理机制的重要因素，主要包括：基层党组织、乡镇政府、村民委员会、乡镇人民代表大会和农村民间社会组织等。这些组织机构各自承担着不同的社会职能，扮演着不同的社会角色，它们通过一定的组织程序和机制衔接起来，相互协调合作、共同作用，才使农村基层政府管理与村民自治的互动治理机制得以有效运转。农村基层党组织是党在农村的基层组织，主要包括乡镇党委和村党支部，它们承担着党的基本路线方针政策的宣传和落实，是党的全部工作和战斗力的基础，在农村基层发挥着领导核心的作用。乡镇政府是农村基层社会的行政管理机关，是国家权力在农村基层的代表，承担着主要的社会管理职能，发挥着主导性作用。村民委员会是由全体村民选举产生，代表广大村民行使自治权力，是农村基层日常性社会事务和公共活动的决策执行机关，是农村村民自治的制度载体。乡镇人民代表大会是是由所在辖区的全部民众选举产生的国家权力机关，同时对选民和上级人大负责，对同级政府机关行使监督权，同级政府机关对其负责。农村民间社会组织是由村民根据特殊的兴趣爱好和需求自发组织的非营利性组织，通常承担着部分政府转移的公共服务职能，并且协同村民委员会完成相应的工作任务，它是村民自我管理、自我教育和自我服务的一种有效治理形式。

### (三) 农村基层互动治理机制运行的制度基础

农村基层政府管理与村民自治互动治理机制的运行需要完备的组织程序和制度体系来支撑，这些规范化、制度化的制度、程序和形式构成了农村基层政府管理与村民自治互动治理机制运行的制度基础。首先，《宪法》对地方政府管理权和村民自治权的相关规定构成了农村基层政府管理与村民自治互动治理机制运行的宪政基础。如《宪法》第三章第五节对地方各级人民代表大会和地方各级政府的职责权限以及相互关系作出了明确规定,其中包括乡镇人大和乡镇政府的职责和关系,另外,《宪法》第一百一十一条,对基层群众自治组织的选举产生、机构设置、人员安排以及主要职责也进行了明确规定。这些都构成了农村基层政府管理与村民自治互动治理机制运行的宪法基础。其次,《中华人民共和国地方各级人民代表大会和地方各级政府组织法》、《村民委员会组织法》以及各省、市、自治区人大制定的相关法律法规共同构成了农村基层政府管理与村民自治互动治理机制运行的法律基础。这些法律中不仅包含了国家对农村基层政府管理与村民自治互动治理的统一性规范,还包含了各个地方根据本辖区内乡村治理的情况的差异所制定的具有多元性的法律制度规范。最后,各级地方政府及部门或者村民组织根据自身治理实践的需要所制定和采取的各种地方性、部门性的规章制度和组织规范构成了农村基层政府管理与村民自治互动治理机制运行的具体制度环境。这些制度规范内容涉及基层民主选举、民主管理、民主决策和民主监督等领域和环节。此外,中国共产党历次代表大会和中央全会通过的报告、决议和决定,以及中国共产党制定的党内专门性条例等纲领性文献构成了农村基层政府管理与村民自治互动治理机制运行的文本基础。如党的十七大、十八大报告都明确提出要实现政府管理与基层群众自治的有效衔接和良性互动,党的十九大报告更是把形成"治理有效"的乡村治理体系置于"实施乡村振兴战略"下,并作为一项重要支撑和关键环节加以推进。党的二十大报告突出强调,全面建设社会主义现代化国家,最艰巨繁重的任务仍然在农村,全面推进乡村振兴必须扎实推进农村"组织振兴",健全基层党组织领导的基层群众自治机制。这些中央精神为构建农村基层政府管理与村民自治的互动治理机制并使其良性化运行指明了发展方向。

### (四) 农村基层互动治理机制运行的社会环境

社会环境是指人类生存及活动范围内的物质的、精神的及社会的众多条件因素的总和,包括政治因素、经济因素、文化因素和信息技术因素等内容。良好的社会环境不仅对人的健康成长有着重要的影响，而且对客观事物的良性发展也起着重要作用。当前，在党和国家的大力支持和推动下，中国农村基层的政治、经济、文化以及信息技术等各个领域建设和发展速度迅速，并且取得了丰硕的成果，这些都为农村基层政府管理与村民自治互动治理机制的运行奠定了良好的社会环境。在政治上，以村民自治为核心制度的基层群众自治体系和全过程人民民主体系逐步得到完善，村民依法行使民主选举、民主协商、民主决策、民主管理以及民主监督的各项民主权利受到重视，并逐步得到有效保障。通过国家不断的向下赋权，农村基层社会的民间组织逐渐发展壮大起来，它们逐步承接基层政府下放和转移的部分社会管理和公共服务职能，并且积极协调和配合村民自治组织共同参与农村公共事务的治理活动。在经济上，近年来随着国家对农业农村的优先投入和扶持力度的不断加大，农民的经济收入逐年增长，物质生活水平逐年提升，已经完全摆脱了温饱的困扰，基本过上了小康生活。在文化上，随着农村多种形式的教育实践活动的开展，以及农村社会的开放性、流动性的不断增强，农民学习和接受文化知识的渠道更为多元化，村民的文化面貌得到极大改善，农村的文化氛围渐趋浓厚。在信息技术上，随着广播电视电话等现代信息传播媒介和互联网的普及和应用，广大村民不但能及时、全面地掌握信息，了解村情民事，而且打破了时空限制，增加了村民之间、村民与基层政府之间的直接的、全面的参与和沟通的可能性。[1] 上述这些因素相互协调和共同作用，逐步形成了一个多元主体参与、民主协商、合作共治的友好和谐的社会环境，为农村基层政府管理与村民自治之间互动治理提供了良好的社会环境和条件。

### （五）农村基层互动治理机制运行的文化因素

文化是指人类创造的一切精神财富，其中包括文学、艺术、教育及科学等。它既体现为人们运用智慧所创造形成的各种文明成果，也体现为人们所追求的一种文明的生活方式或者状态。在这种生活方式

---

[1] 胡永保、杨弘：《中国农村基层协商治理的现实困境与优化策略》，《理论探讨》2013年第6期。

或者状态下，人们养成了民主、平等、互助、开明的生活习惯和行为方式，形成了和谐包容的文化氛围，因而更有利于人与人之间的沟通和协作，更有利于不同组织和团体之间进行合作和互动，进而促其形成良性运行的社会治理机制。从这个意义上看，构建良好的农村基层社会文化氛围是农村基层政府管理与村民自治互动治理机制运行的重要基础。这主要是因为文明和谐的乡村文化氛围，不仅能够促进不同利益主体通过民主、平等、协商的方式进行互动，使彼此包容和妥协，从而达成利益共识，而且能够为不同治理主体参与基层社会公共事务和公共事业治理提供民主、平等、融洽的环境和氛围，使新型农村基层治理机制能够根植于乡村社会土壤之中，并且运行通畅。这就要求：一方面，要努力构建完备的农村基层治理法律体系，使农村基层的一切社会事务的治理能够有法可依、有章可循，使农村基层不同治理主体能够在法律所规定的范围内行使权利，发挥各自的职能和作用；另一方面，要积极培育乡村社会资本，使村民之间、村民与基层干部之间能够建立相互信任、民主合作的桥梁和纽带，形成互利、互惠、互助的治理网络体系。

## 三　全面推进乡村振兴背景下农村基层互动治理机制的体系构成

中国农村基层互动治理机制的运行不仅是基层行政组织与村民自治委员会之间的协调互动，而且是更大范畴的农村基层政权组织体系与村民自治组织体系之间的协调互动。也就是说，中国农村基层互动治理机制是一个涵盖农村多元治理主体的治理体系。多元治理主体具体包括农村基层党组织、农村基层人民代表大会（基层人大）、农村基层政府、农村基层村民自治组织、农村基层民间社会组织以及农村基层社会精英等，它们在农村基层治理特别是农村基层互动治理运行机制中各自居于特殊的位置并发挥着独特的作用。依托于农村多元主体所建构起来的农村基层互动治理机制体系成为农村基层各类社会事务和社会需要的综合治理平台，构成了农村基层社会治理体系的基础。

## （一） 以农村基层党组织为依托的领导协调机制

无论是从法律上还是具体实践来看，农村基层党组织在农村基层治理中都处于极为重要的地位。农村基层党组织所处的重要地位是由《宪法》和《村民委员会组织法》所规定的。譬如《宪法》明确规定了中国共产党在国家中的领导地位，自然包括党的基层组织的在基层中的领导核心地位。《村民委员会组织法》第四条也明确规定：中国共产党在农村的基层组织，按照中国共产党章程进行工作，发挥领导核心作用，领导和支持村民委员会行政职权；依照宪法和法律，支持和保障村民开展自治活动、直接行使民主权利。一般而言，党在农村基层的党组织主要包括设在乡镇一级的乡镇党委或党总支和设在村一级的村党支部。在农村基层治理中，农村基层党组织的领导核心地位和领导核心作用主要体现为党对农村基层两级组织在政治上、组织上和思想上的整体全面领导。通过党的基层组织的整体全面领导将"乡政"与"村治"有机整合为一体，使国家和农民之间建立更为直接的联系，从而形成一个有机的互动治理体系。以基层党组织为依托的领导协调机制的作用机理主要体现为：一方面，通过发挥党组织及党员密切联系群众的工作传统，将广大人民群众的诉求和要求及时地吸纳进正式的组织系统中，并将这些人民的诉求整合并反映给上级组织或同级政府机关，同时基层党组织还肩负着贯彻落实上级党组织和政府的意志，并通过各种渠道将其转换为农村群众的自觉行动；另一方面，基层党组织利用其领导核心地位的作用，能够很好地协调处理"乡政"与"村治"的治理关系，使乡村社会的不同利益关系趋于平衡，进而团结并领导农村多元社会力量，共同维护农村社会的和谐稳定。根据一项早期调查显示，占全国20—25%的先进村与该村有一个先进的党支部有关；约占50—55%处于中间状态的村，大都同村党支部领导不得力有关；约占15—20%工作较后进的村，则与村党支部软弱涣散、脱离群众相关。[①] 这充分表明一个领导坚强的基层党组织对

---

① 中共中央组织部组织局：《加强以党支部为核心的村级组织配套建设》，改革出版社1990年版，第3页。

于农村基层良性治理的重要价值。当前，由于对村党支部与村委会的"领导与被领导"关系的不同理解，在一些地方出现了村党组织包办一切，党建引领治理角色和功能混乱的情况，致使"村两委"之间的矛盾冲突不断加剧。这需要基层党组织转变其领导、组织及工作的角色和方式，坚持依法执政、民主执政、科学执政，妥善处理好基层党组织与乡镇政府以及村委会的关系，发挥其协调各方、统领全局的领导核心作用。

**（二）以农村基层人大为依托的权力制衡机制**

自20世纪80年代以来，随着农村基层政权体系的逐步恢复和农村基层"村民自治"制度的推行，农村社会逐渐形成了"乡政村治"的治理格局，与之相配套的农村基层人民代表大会制度也逐步建立起来。根据《中华人民共和国地方各级人民代表大会和地方各级人民政府组织法》的规定，乡、民族乡和镇的人民代表大会代表由选民直接选举。乡镇基层人民代表大会是乡镇一级的国家权力机关，是本行政区域内的人民群众行使当家作主权利的主要载体，承担着重要的职能和作用。以乡镇基层人大为组织依托所形成的基层权力制衡机制在处理"乡政"与"村治"关系方面发挥了协调统一的作用，在整个乡村治理中发挥着上下互动、沟通衔接的重要作用，具体表现在：一是乡镇基层人大对基层政府的监督制约。乡镇基层人大是乡镇一级的最高权力机关，除了对本行政区域内的选民和对上一级人大负责之外，肩负着对乡镇政府等行政机关的监督职责，主要包括选举乡长、副乡长，镇长、副镇长；听取和审查乡、民族乡、镇的人民政府的工作报告；撤销乡、民族乡、镇的人民政府的不适当的决定和命令以及涉及征地、拆迁等与民众利益直接相关的事务和重大决策，都需要由乡镇基层人大会议来审定。同时，"基层人大通过履行对财政预算及收支的监督、重大事项决策的监督、重要人事变更的监督和重大事件处理情况的监督等职能，保证了基层政府行政权力的合法性"[①]。二是乡镇

---

[①] 徐勇、王元成：《政府管理与群众自治的衔接机制研究——从强化基层人大代表的功能着力》，《河南大学学报》2011年第5期。

基层人大对村民自治的规制作用。由选民选举产生的乡镇基层人大代表，他们作为地方政治精英对法律和政策的认识有较多的了解和认知，因而能够将直接联系的人民群众的利益诉求和要求通过制度化的渠道纳入决策系统，这样一方面将村民杂乱无章的利益诉求进行整合并加以规范化，从而规制了村民的一些无理甚至非法的诉求；另一方面，通过人大代表直接负责将代表村民意志的政策和决定落实执行，从而有效规避了村民自治组织的不作为。三是乡镇人大对基层政府与村民自治的协同作用。在很多乡村公共事务的治理上，乡镇人大通过发挥自身的职能角色，协调并实现村民与乡镇人大、乡镇政府之间的良性互动。例如浙江温岭地区的乡镇人大的"参与式预算"改革，将公众参与引入到基层政府的财政预算审计之中，通过基层人大的治理平台，村民直接参与审查和监督基层政府的财政分配、使用情况，人大代表根据村民要求投票决定政府财政预算方案，这样既促进了基层政府的财政预算公开，又满足了民众参与人大预算监督的要求，从而实现基层政府与村民自治之间的良性互动。

### （三）以农村基层政府为依托的公共服务机制

农村基层政府即乡镇政府，是国家设在乡镇一级的行政管理机关，是国家权力体系末梢的政权组织。乡镇一级主要领导由本行政区域的人民代表大会选举产生，对本级人大和上级政府负责，并接受它们的监督。乡镇基层政府作为国家行政管理机关，直接行使行政管理和公共服务等社会职能，因而在农村基层治理中居于主导性地位。以农村基层政府为组织依托的互动治理机制，主要是通过发挥乡镇基层政府在农村基层治理中的主导性作用，积极引导和支持村民自治组织提升自我治理的能力，并不断调适自身职能角色与村民自治组织建立互动合作、协同治理的良性关系。在实际中，尽管《村民委员会组织法》相关规定乡镇政府与村民委员会的关系是"指导关系"，但实质却上是一种上下隶属的"领导关系"，致使一些地方的村委会实际上成为乡镇政府的"一条腿"，完全被行政化。乡镇政府与村委会之间的这种上下级的"领导关系"直接阻碍了村民自治制度的正常运行，使农村基层政府与村民自治组织之间的良性互动治理关系流为形式,成为"一种悬浮化的治理形式"。因此,构建以乡镇政府为组织依托的公共服务机制,应首先要切实转变基层政府的职能角色,使其由过去的"重管理轻服务"的管理形态向"管理与服务并重"转变,树立以人为本的公共服务理念,建设公共服务型政府,努力推进基层公共服务均等化。其次,应加快转变农村基层政府的工作方式方法,变硬性命令指挥的管理方式为柔性的民主协调方式,强化政府公务人员全心全意为人民服务的宗旨意识、公仆意识,培育良好的工作作风和习惯。最后,应积极推进政府公共治理改革,努力拓展多种的公众参与政府治理决策的途径和形式,实现基层政府与村民的互动合作治理。如民主听证会、公民协商论坛、公民测验等民主治理形式的推广实施,使公民广泛参与到基层政府的治理决策之中,基层政府与村民之间形成了良性互动的关系。只有通过转变基层政府的职能角色,发挥其在基层治理中的主导性作用,才能带动村民自治的发展,进而协调好政府关系与村民自治的关系,实现农村基层政府管理与村民自治的有效衔接和良性互动。

**(四)以农村基层村民自治组织为依托的民主管理机制**

改革开放以来,由于"政社合一"的人民公社体制被废除,农村基层开始实行村民自治,即由村民通过民主选举产生的村民(代表)大会、村民委员会和村民小组等村民自治组织进行自我治理。其中村民委员会是村民自我管理、自我教育、自我服务的基层群众性自治组织,主要由它负责办理本村的公共事务和公益事业,调解民间纠纷,协助维护社会治安,并向乡镇政府反映村民的意见、要求和提出建议。同时《村民委员会组织法》规定村民委员会向村民(代表)大会负责并报告工作。以农村基层村民自治组织为依托的民主管理机制主要是通过发挥村民(代表)大会、村民委员会及村民小组等村民自治组织的民主治理职能,特别是村民委员会在农村社会治理中的民主管理职能,一方面,对内协调村民利益关系,团结和带领村民进行自我管理和服务,另一方面,对外协助乡镇政府工作,共同治理乡村共同性的公共事务和公益事业,从而成为联系乡镇政府与村民的纽带和桥梁,推进并实现基层政府与村民之间的互动和合作。当前,随着农村基层社会管理体制改革的深入推进,在农村基层治理中,村民自治组织的民主管理的职能作用日趋重要,但是受多种因素的制约,村民自治组织的体系建设和管理职能发挥仍然较为缓慢,并且出现了乡镇政府管理与村民自治关系不协调、冲突甚至是脱节的问题[①]。对此,亟需构建以农村基层村民自治组织为组织依托的民主管理机制,充分发挥村民自治组织在农村治理中的基础性作用。为此应该:一是要创造有利的发展环境,高度重视农村的治理改革问题,逐步扭转农业在市场经济发展中的弱势地位,保障农民权益。二是合理划分乡镇政府与村民自治的治理权限,规范"乡政"与"村治"的治理行为。从制度上合理划分乡政府和村委会各自的权限是促使乡政管理与村民自治良性互动的重要环节,针对目前《村民委员会组织法》对乡政管理与村民自治的指导和协助内容的规定过于抽象笼统,应考虑增加相应条文,对指导以及协助事项和方式作出具体规定,以明确乡镇政府究竟应指导村委会哪些工作,村委会又应如何协助乡镇政府实施职能,从而使两者之间的权利和义务关系具体化[②]。三是改进村民自治工作方式,提升村民自治能力。以思想教育、利益驱动等方式积极引导村民和村民自治组织的活动;积极指导村民和村民自治组织在实践中学习民主,运用民主;对村民自治的运作进行必要的督导。[③]

### (五) 以农村基层民间社会组织为依托的协同治理机制

随着农村社会转型趋势的增强,农村社会的组织基础逐渐扩大,村民自治性力量逐步成长起来,其突出表现在农村各类服务型、公益性和互助性的民间社会组织的发展壮大。对农村基层民间社会组织的

---

① 赵树凯:《乡村关系:在控制中脱节——10 省(区)20 乡镇调查》,《华中师范大学学报》(人文社会科学版) 2005 年第 5 期。

② 张丽琴:《试论乡镇行政管理与村民自治的良性互动》,《江南大学学报》(人文社会科学版) 2011 年第 1 期。

③ 徐勇:《论村民自治与乡镇管理的良性互动》,《华中师范大学学报》(人文社会科学版) 1997 年第 1 期。

定义和类型划分，学术界并没有达成共识性意见。大多数学者认为，农村民间社会组织主要是"由农民自发组织，或是农民在政府的推动和支持下组织的，参与主体主要由农民构成，目标在于更好地实现农民的政治、经济利益或完成某种社会保障功能而组建成的民间社团"。① 这些农村民间组织"通过对小农某个生产经营环节或整个生产经营过程的组织，能够有效地的提高小农经济在市场经济中的谈判地位和规避市场风险的能力。同时可以承接来自城市和国家的资源输入，及时反馈市场信息，使农民顺应市场，调整结构，避免利益损失"②。根据统计，目前中国农村基层各类民间组织数量众多，一般主要包括经济合作组织、公益性组织和互助性组织等，如各类专业经济合作社、老年协会、庙会、灯会、公益服务协会以及环境保护协会等。一般农村民间组织具有组织性、民间性、非营利性、自治性以及志愿性等特征，并以完善并提升社会自治功能为发展取向，以协同推进农村村民自我组织、自我管理和自我教育为根本目标，构成了农村基层社会治理的一支重要力量。构建以农村民间社会组织为主体依托的协同治理机制的主要目的有两个：一是以农村各类民间组织为组织载体将分散化的、"原子化"的农民组织起来，利用乡村社会内部的逻辑和规则推动社会自律，构造社会共识。③ 一方面，农民通过组织化的载体，将各种利益群体的意愿向上传达，实现了与政府的对话、协商和沟通，防止和减少了村民非理性行为的发生；另一方面，通过各类民间社会组织实现了对农民社区公共生活的组织化，从而将农民从自私自利和封闭的血缘或亲缘圈子中解放出来，促进社会成员之间建立互信，增强村民的社区认同感，进而夯实农村社会的自治基础。二是通过农村各类民间社会组织可以承担一些原来由政府或者村民自治组织承担的公共服务或公益物品的供给，从而减轻政府和村民自治组织的工作负担，有效节省了农村社会的治理成本。由于农村社会组

---

① 程同顺：《中国农民组织化研究初探》，天津人民出版社 2003 年版，第 25 页。
② 仝志辉：《农村民间组织与中国农村发展——来自个案的经验》，社会科学文献出版社 2005 年版，第 6 页。
③ 刘义强：《构建以社会自治功能为导向的农村社会组织机制》，《东南学术》2009 年第 1 期。

织产生于农村社区内部，因而能更深刻地了解农民的实际需要，从而能够提供更符合农民需求的公共产品和服务，这一点农村民间社会组织具有政府和市场两种组织形式所不可比拟的优势更，另外，农村民间社会组织因其采取灵活多样的服务方式和非营利性的组织性质，而更能兼顾公平与效率。当前，我国农村民间社会组织发展仍较为滞后，其社会协调治理的功能比较薄弱。因此，需要国家和政府在农村民间社会组织发展中发挥积极的推动作用。其一，要完善农村民间社会组织法律和政策体系，确立农村民间社会组织的法律地位和活动方式，为农村民间组织的发展提供良好的制度环境；其二，要强化农村民间社会组织的自身能力建设①，加快形成政社分开、权责明确、依法自治的现代社会组织体制。其三，在完善农村民间社会组织制度基础上，建立农村民间社会组织与基层政府、村民自治组织以及农民之间的有效联系，形成一个良性互动的治理机制。

### （六）以农村基层社会精英为依托的协商参与机制

随着农村社会分层结构的变迁和农民群体的不断分化，农村基层社会涌现出大批的精英。精英，意为"最强有力、最生气勃勃和最精明能干的人"。② 农村社会精英主要是由拥有一定的社会人际关系网络，致力于农村社会建设和发展的精英分子组成，一般分为经济精英（市场经济中发家致富的经济能人）、政治精英（老党员、老干部、老模范以及农村家族中有影响和声望的长者）和文化精英（知识分子）。受儒家传统文化思想的影响，中国的农村社会是一个关系社会。在社会各个层面、各个领域大量存在着人们之间通过交往形成的各种正式关系和非正式关系，这些不同关系交互融合构成了整个农村社会的社会资本网络。农村社会资本网络之所以能够链接起来依靠的是网络中心的各个关节点，而处于这些关节点位置的人

---

① 张云英：《农村社会组织：农村社会管理创新的基础》，《湖南农业大学学报》（社会科学版）2011年第6期。

② [意] 威尔弗雷多·帕累托：《精英的兴衰》，上海人民出版社2003年版，第17页。

物就是农村社会精英。农村社会精英有着比普通人更多的社会资源和人脉关系,而且本身所处的特殊地位决定其在农村基层社会治理中具有重要作用。传统社会是一个以亲情血缘关系为基础建立起来的社会,具有十分明显而有强烈的秩序,即被费孝通先生称之为"差序格局"。差序格局下人与人之间交往的对象、范围相对有限,掌握和运用的社会资源也比较匮乏,因而很难结成统一的社会网络。现如今随着农村社会的不断开放和农民的流动性不断增强,各类农村社会精英逐渐成长起来,他们一般接受过良好的教育,具有很强的社会交往能力,其进行活动的"同心圆"半径要比普通人大得多,因此,所能调动的社会资源也丰富的多。① 以农村基层社会精英为依托的协商参与机制,其主要的运行机理是通过推动农村多元化的社会精英协商参与治理农村基层事务,发挥其在不同社会关系网络的衔接作用,从而将这些不同类型的社会精英的个体性的关系网络连接起来,形成多元化的农村社会治理资本体系。在这个资本网络体系结构中,不仅能够促进不同主体之间的利益沟通和关系协调,而且使农村基层形成一个以农村基层社会精英多元参与、互动合作的治理体系。此外,农村社会精英一般还与体制内精英有着良好的个人关系,使得精英具有更大的政治活动空间,并且农村社会精英一般也是农村政治生活的主体成员和骨干力量,因而在村庄治理中具有很大的影响力和号召力。凭借他们的协商沟通和理性对话能够协调农村村民之间的利益矛盾,调和不同主体的利益诉求,进而维护农村基层社会的秩序与稳定。农村社会中活跃着的大量民间组织,如传统社会的育婴堂、养济院等社会慈善类民间组织,看青会、养路会等乡村公共事务管理组织以及现代社会的老年协会、文化活动中心、民主议事会等公益性组织,基本上都是由农村社会精英人物或宗族长老们组织建立,他们参与农村社会公共活动具有很大的影响力。正是凭借农村社会精英的多元参与以及所发挥的桥梁纽带作用,拓展并推动着农村基层互动治理中非正式制度的柔性治理的发展。

---

① 罗大蒙:《农村民间组织的发展:困境、动力与前景》,《四川行政学院学报》2012年第2期。

## 第六章 体系建设：全面推进乡村振兴背景下农村基层互动治理的运行机制

基于上述，由农村基层党组织为依托的领导协调机制、农村基层政府为依托的公共服务机制、农村基层人大为依托的权力制衡机制、农村村民自治组织为依托的民主管理机制、农村民间社会组织为依托的协同治理机制和农村社会精英为依托的协商参与机制共同构成了农村基层互动治理机制体系，这一机制体系的运行过程是将农民的要求和支持输入农村基层互动治理系统，经过治理系统内部的机制作用（单个机制发挥作用或所有机制共同作用），产生相应的政策和行动等产品对外输出，满足公众的需求获得支持，同时对输出的效果及时反馈给输入端，从而产生新的要求和支持。这个过程可以简化为："输入→治理系统→输出→反馈"，这样一个反复循环的过程。在这里笔者所构建的农村基层互动治理系统主要是受美国政治学家、政治行为主义的倡导者戴维·伊斯顿所提出的政治系统论的思想和政治生活系统分析方法的启示——"为了使一个政治系统具有最大的效用，可以把它看作一些互动，一个政治系统通过这些互动为一个社会权威性地分配价值"。① 受此思想启发，本书尝试对中国农村基层互动治理机制体系进行构建并阐述其具体的运行过程（如图6-1所示），这一机制体系的运行过程，正如伊斯顿所言，"它表达了这样一种思想，即政治系统看起来犹如一个巨大而永恒的转换过程，当要求和支持在环境

农村基层互动治理系统

| 输入 | 需求 → 支持 → | 基层党组织　　领导协调机制<br>基层政府　　　公共服务机制<br>基层人大　　　权力制衡机制<br>基层村民自治组织　民主管理机制<br>基层民间社会组织　协同治理机制<br>基层社会精英　　协商参与机制 | 政策 → 行动 → | 输出 |

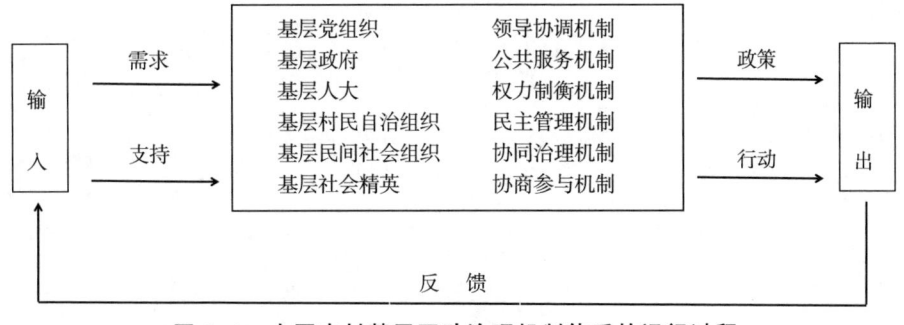

反　馈

**图6-1　中国农村基层互动治理机制体系的运行过程**

---

① ［美］戴维·伊斯顿：《政治生活的系统分析》，王浦劬译，人民出版社2012年版，第25—26页。

中得以形成，而且又由这些要求和支持之中产生了所谓的输出时，这个过程就包含了这些要求和支持。然而，它并不让我们对输出的兴趣终结于这一点，而是提醒我们注意输出会影响成员向系统表达的支持性观点及他们所提出的要求并由此再进入系统"[1]。

---

[1] ［美］戴维·伊斯顿：《政治生活的系统分析》，王浦劬译，人民出版社2012年版，第34页。

## 第七章

# 运行保障：全面推进乡村振兴背景下农村基层互动治理机制的有效运行

中国农村基层互动治理机制的建立，不仅可以有效降低国家政权（政府）对广大农村基层社会的管理成本，而且能够充分调动农民群众参与基层治理的自主性和积极性，它标志着新型城乡基层治理模式的形成，是实现农村基层治理体系和治理能力现代化的重要阶段。全面推进乡村振兴背景下，进一步推进并完善这一符合农村基层社会发展的治理机制，使其能够良性运转起来，符合党和国家推进农村治理现代化的根本要求。构建现代乡村治理体系，必须深刻把握党中央推进"三农"工作的基本精神，坚定不移地落实党和国家的决策部署，从中国农村基层的现实发展实际出发，深入推进和健全党领导下的农村基层自治、德治和法治相结合的乡村治理体系，进一步加强农村基层政府管理与村民自治的有效衔接和良性互动，逐步将农村基层各个主体之间的互动治理导向规范、有序的轨道。本部分内容主要探讨全面推进乡村振兴背景下农村基层互动治理机制有效运行的路径保障策略，主要包括明确农村基层互动治理的主体职责、完善农村基层互动治理的法律制度、规范农村基层互动治理的运行程序和构建农村基层互动治理的评价体系等。

## 一 明确农村基层互动治理的主体职责

随着中国农村经济社会发展的进步，农村基层治理越来越趋向于多元主体共同参与、协同互动治理的发展态势。然而，由于缺乏必要的衔接机制和治理主体职责不清，直接带来农村基层社会多元互动治理机制的运行失调。党的十九届四中全会提出，要加强和创新社会治理，完善党委领导、政府负责、民主协商、社会协同、公众参与、法治保障、科技支撑的社会治理体系。农村基层治理作为国家治理和社会治理的一个重要组成部分，构建农村基层党组织领导下多元主体共同参与、互动协作的乡村治理体系是推进国家治理的基本要求，也是全面推进乡村振兴的核心关键。目前推进农村基层互动治理机制的良性运行，首先需要明晰和规范农村基层各主要治理主体的职能和责任。

1. 规范县级政府的宏观调控职责

根据中国行政建制的相关规定表明，尽管县级政府不属于基层一级政府，而且现实生活中县级政府远离农村基层各项具体事务，不受农村社会微观利益关系的掣肘，但县级政府作为乡镇一级政府的直接的行政领导者，这种"行政隶属"关系决定着县级政府在农村基层互动治理中具有监督、调控的职责。同时县级政府通常掌握着大量的治理资源，一旦农村基层互动治理过程中出现制度偏离和互动结构失衡等问题，乡镇政府和村级组织两者都无法解决时，需要作为第三方调节者的县级政府发挥宏观调控的职责。因此，县级政府可以充任农村基层互动治理失效的调节者、纠偏者和裁定者，从宏观上调控农村基层互动治理过程，保障农村基层互动治理机制的良性运行。县级政府要做到宏观调控，而不是大包大揽，一个强势的政府会包揽根本不属于自身管辖范围内的事务，这不仅会使基层自治组织、社会组织的能力得不到提升，还会让群众过渡依赖政府。所以县一级的政府更需要厘清政府与群众自治组织的职责权限，使两者之间的分工、合作关系更加规范、明确，真正做到从宏观上调控农村基层互动治理中所出现的问题。实际上，县级以及县级以上各级政府都具有对农村基层互动治理的"间接"的宏观调控职能。一般而言，主要包括：创制农村互动治理的法律和和政治制度。政治制度方面，县级政府明确区分和划分基层政府和村民自治的职责权能，拓宽农村多元主体参与互动共治的方式和途径；法律制度上，县级政府适应农村治理主体由一元向多元转变的现实趋势，对现有的法律法规进行调整。宣传和倡导以民主、公开、公平和法治为核心的农村基层治理理念。通过多种有效举措，增强基层群众的主体意识、理性意识、权利意识、法治意识，使社会主义民主法治、自由平等、公平正义等理念内化为民众的内心信念，成为农村基层互动治理的内在驱动力。除此之外，县级政府还能发挥监督乡镇政府、村庄依法行使农村基层社会治理权、协调乡镇政府及其内部各部门的关系等宏观调控作用。[①] 不容置疑，"乡政村治"的农村基层治理体制确立以来，县及以上各级政府在农村基层治理中发挥着重要的宏观调控作用，但是这些宏观调控职能的有效发挥还需要县级以上各级政府及其相关部门的密切协调和配合，以此获得进一步的提升空间。

2. 明确基层党组织的领导职责

中国农村基层互动治理机制的运行，必须坚持中国共产党的领导，这是中国作为社会主义国家的社会性质所决定。但是如何坚持中国共产党的领导，换言之，党在农村基层互动治理中如何有效地实现自己的领导是亟待研究和解决的重要问题。当前，中国农村基层一些党组织、一些党政干部将党的领导看成是党组织甚至党的干部高于一切权力和组织之上，干预一切、决定一切、包办一切。实际上是将党的领导看成是"以党治国、党权高于一切"[②]，不仅扰乱了政府自身的行政运行，而且造成了政权系统的混乱。对此，邓小平同志明确指出党的领导的正确方式和原则，即"党的领导责任是放在政治原则上，而不是包办，不是遇事干涉，不是党权高于一切"[③]。实际上，对于中国这样一个有着多重管理层级的国家来说，党的领导在不同层级应该有不同的方式。就农村基层党组织而言，其主要职责是切实落实党的路线、方针和政策，更多的通过发挥党员的先锋模范作用，以高质量党建引领、引导并监督乡镇政府和村级自治组织的工作，而不是

---

① 参见卢福营《冲突与协调——乡村治理中的博弈》，上海交通大学出版社2006年版，第98—99页。

② 参见项继权《乡村关系行政化的根源与调解对策》，《北京行政学院学报》2002年第4期。

③ 《邓小平文选》（第1卷），人民出版社1994年版，第12页。

党权至上，包办一切。尤其是在发展市场经济过程中，党组织和党的干部越是直接行使权力，就越容易受利益驱动，淡化甚至违背全心全意为人民服务的宗旨。为此，在处理基层党组织与基层政府、村民自治组织之间的关系上，应明确党组织依法行使职权，发挥领导职能的方式和程序。特别是对于村党支部而言，"应把注意力投向有关方向性、政策性、全局性问题上，以及协调村级各类组织之间的关系和搞好自身建设等方面，支持和保障村民依法行使自治权利，而不具体干预村民自治范围内村委会依法进行的管理活动"①。

3. 理清乡镇政府的公共服务职责

乡镇政府是农村基层互动治理的主体之一，由于其所处的组织地位和所占有的权威优势，在农村基层互动治理中发挥着重要的治理职能。由于《地方各级人民政府组织法》，对于乡镇政府职能范围的规定过于模糊，且缺乏具体的职责范围、内容，对各层级政府之间的事权划分和职责权限也比较笼统，使得乡镇政府作为最基层一级政府在"压力型体制"下，不仅担负着超出自身负荷的层层行政压力，而且还侵犯村民委员会和村民的合法权益，导致实际运行中的乡镇政府往往变成无所不能的"全能政府"②，出现了许多职能错位的情况。因此，有必要根据乡镇政府所处的特殊地位和特殊角色（农村基层一级的管理和服务组织），重新确定和规范乡镇政府的职责和权限，转变乡镇政府职能，由侧重管理向管理与服务相结合转变，强化其社会服务功能。对此，应主要做好以下几点工作。一是，要合理划分乡政管理与村民自治彼此的权限范围。由于《村民委员会组织法》对乡镇政府与村委会关系的规定较为模糊，使得现实中乡镇政府对村民自治过度干涉或者放任不作为，导致村民自治出现"附属行政化"和"过度自治化"的倾向。因此，必须在立法上进一步划分乡镇政府与村委会的职责和权限，明确乡镇政府的"指导、支持、帮助"的内容，明确村委会的"协助"范围和事项，通过法律和制度规范并调节二者关

---

① 殷焕举等：《民主合作制：中国农村基层民主建设的制度创新》，《马克思主义研究》2010年第2期。

② 麦佶妍：《浅析乡镇行政管理与村民自治的关系》，《岭南学刊》2008年第3期。

系，实现农村基层两种权力的对接和协调运行。二是，适度调整中央、地方、基层间的财政分配关系，加大中央和省级政府财政转移支付力度，减轻乡镇政府的财政压力，使其更好地发挥公共服务的职能，并根据"谁派任务谁派钱"的原则，明确下派任务的部门提供相应的财政支持，从而杜绝乡镇政府因"事权"向村民提取费用，损害村民利益。三是，深化乡镇管理体制改革，依法行政，建设基层服务型政府，着力强化基层政府的社会管理和公共服务职能，推进基层社会保障、社会救助、就业服务、社区环境卫生、群众文化、社会治安、纠纷调处以及农田基础设施和农村基础设施等建设工作。四是，转变观念，改进工作方式方法，努力提升自身的民主意识、民主素质和领导村民自治的能力。着力从上下级的隶属、命令执行的观念转变为平等互助、民主协商的观念，同时要改进工作的方式方法，从过去采取单一的行政管理方式向运用法律、经济、教育以及行政等综合管理方式转变。

4. 明晰村民自治组织的自治职责

村民自治组织是亿万农民依法直接行使民主权利，管理农村基层公共事务和公益事业的自治性组织，既是村民进行自我管理、自我教育和自我监督的有效治理形式，也是农村基层互动治理的主体之一。村民自治组织主要包括村民代表大会、村民委员会和村民小组。村民自治主要是通过村民自治组织特别是村民委员会行使日常的自治权力，管理村庄内部的一切公共事务和公共事业。为了使村民委员会更好地行使自治权力，发挥村民自治的职责作用，主要需要明确规范村委会的基本职能权限。一是，合理划分村委会与乡镇政府的权限。在《村民委员会组织法》所规定的村委会职能权限基础上，还应明确村委会与乡镇政府的"协助"和"指导"关系，既要按照法律和制度所规定乡镇政务，积极协助乡镇政府工作，接受乡镇政府的帮助和合理指导，又要合理运用法定的自治权力，抵制乡镇政府的不当干预，维护村庄和村民的权益。二是，合理划分村委会与村党支部的权限，作为村庄的"法人行动者"要依法接受村党支部的领导，在党的路线、方针、政策和国家法律、法规规定的范围内履行职责，行使职能。同时要明确村"两委"的村治权限，农村村党支部主要是负责农村的各项事务，并指导支持村委会、农村妇联等社会团体开展工作，将重心放在村务决策及农村的经济建设上，而村委会作为农村大部分公共事务的组织者和承担者，是村民发挥自己主观能动性的良好通道。两者要做到合理分工，相互配合，减少摩擦，依法共同行使村治权，形成良性的分权合作机制。三是，处理好村委会与村民之间的权力监督关系，一方面村委会及村干部必须立足于整个村庄和全体村民利益基础上行使自治权力，维护村庄的自治权威，做好村民的"代理人"和"当家人"。村委会要进行村务公开，并做到及时、真实，对于村民高度关注的比如扶贫、征地、拆迁、低保等领域与自身经济利益密切相关的热点、难点问题要及时公开，便于村民群众在想了解有关信息时就能了解到，村务公开的内容要简明扼要，突出重点，列出"干货"，要真实有效，不搞"花架子"，要符合相应的程序和规范，注重反馈；另一方面，村民拥有村委会及村干部工作的选举、监督、知情等权利，可以有效监督和制约村委会的"不作为"或者"失职行为。村民群众作为村级监督的主体，要加强自身作为主体的意识，了解自身拥有的权利，善于运用权利来维护自身的利益。

5. 增进农民群众的民主参与职责

农民群众是农村基层互动治理的重要主体之一，他们既构成农村基层治理的基础，也是农村基层治理的直接受益人和参与者。目前，由于乡镇政府所处的权威位置和优势地位，农村群众总体处于弱势地位，参与村庄事务的权利经常受到强势部门的阻挠和干涉，无法正常行使职责，致使农村基层治理的权力结构失衡，因缺乏农村群众的有效参与和监督而办事效能低下。对此，应明确农村群众的民主参与职责，提高村民自治主体的民主治理能力和民主素质，使其更好地行使公民权利和履行公民义务。首先，引导村民群众正确认识村民自治与党的领导、国家的法律制度之间的关系，乡镇政府与村民委员会的关系，明确村民自治的法律地位和村委会的基本职责，增强村民的民主法治意识和维权观念。其次，通过宣传教育、民主培训等形式，培养村民的民主意识和法治观念，提升村民民主参与村级治理的能力，从而既能自觉抵御各种因素对村民自治的侵蚀和干扰，也能防止村民委员会的过度行政化，实现村民的自我管理、自我教育和自我服务。最后，乡镇政府、各级党组织和党员干部坚持党的群众路线，履行全心全意为人民服务的宗旨，与人民群众打成一片，一切依靠群众，一切为了群众，充分保障人民群众的合法群益不受侵害。

## 二 完善农村基层互动治理的法律制度

中国农村基层互动治理机制的良性运行对当前农村基层治理的法律制度环境提出了更高的要求，因此，必须要进一步完善农村基层治理的法律体系，增强适应性和可操作性。十九届四中全会通过的《中共中央关于坚持和完善中国特色社会主义制度 推进国家治理体系和治理能力现代化若干重大问题的决定》指出，要健全充满活力的基层群众自治制度，健全基层党组织领导的基层群众自治机制，着力推进基层直接民主制度化、规范化、程序化。全心全意依靠工人阶级，健全以职工代表大会为基本形式的企事业单位民主管理制度，探索企业职工参与管理的有效方式。[①] 但是鉴于目前实施的《村民委员会组织法》及相关法律、法规、制度、政策等对于农村基层各主体之间关系的规定过于原则、笼统，缺乏具体的可操作性，不仅应该对其进行修改、增补和完善，而且也有必要建立一些新的法律、法规、制度以及政策等规范性文件以适应农村基层民主政治不断变化发展的需要。具体来说：

首先，应根据农村基层社会发展的现实需要，逐步探索制订新的调节和规范农村治理主体权力以及行为关系的法律法规。当前，随着农村市场经济的发展，农村基层治理的法制化和村民自治制度的推进，对农村基层各个治理主体的行为及其关系的法制化、规范化和民主化的要求随之增加，原来由基层政府单一主体主控的治理体系面临着日益增大的民主压力。鉴于此，有必要采取切实措施对现行农村治

---

① 《中共中央关于坚持和完善中国特色社会主义制度 推进国家治理体系和治理能力现代化若干重大问题的决定》，《人民日报》2019年11月6日。

理关系进行调整和改革,其中采取必要措施之一是制订新的调节、规范农村基层治理主体行为关系的法律法规,如有学者提出,可以考虑制订专门的《乡(镇)村关系法》或者《乡(镇)村关系工作条例》并修改《中国共产党农村基层组织工作条例》,以明确划分乡村党组织、乡镇政府及村民自治组织各自的权力范围,具体规定"党务"、"政务"、"村务"的内容及办理程序,以规范各自的权力关系和行为。① 根据国际上所采用的惯例做法,须明确规定中央政府和地方政府各自的"固有权力"和双方的"共享权力"以及争端的调处方式。虽然中国的村民自治并不是严格意义上的地方自治,村民委员会也不是地方政府,但是作为自治组织,与地方自治一样,同样存在治理权力划分的问题。因此,应考虑在立法方面对乡镇政府与村民自治组织的权力划分作出明确规定。"应当按照'乡事乡办,乡财乡理,事权跟着财权走'的原则,明确划分乡村两级之间的财权和事权。乡镇政府授权村民委员会代为办理的一些行政工作,必须给予相应的财力支持,遵循'费随事转,权随责走'的原则,做到责、权、利一致。"② 这样通过新制订的法律法规对农村基层治理主体的权力和行为关系作出明确规定,不仅很好地约束了乡镇政府一些不合理、不合法的干预村民自治的行政行为的出现,而且有助于减轻村民自治组织的行政和财政负担,保障村民的自治权。

其次,应根据农村基层治理的现实需要,对现有的农村基层治理法律法规进行必要的修改、增补和完善。近年来,随着《村民委员会组织法》及其他相关法规的推进实施,农村基层治理的法制化、规范化逐渐增强,但仍存在法律法规等制度规定模糊、笼统的问题,特别是在乡镇政府与村民委员会之间关系的规定方面存在诸多问题。主要表现为:《村民委员会组织法》并没有对乡镇政府与村委会的职责权限作出具体的规定,没有明确规定乡镇政府对村民委员会进行指导、

---

① 参见项继权《乡村关系行政化的根源与调解对策》,《北京行政学院学报》2002年第4期。
② 项继权:《乡村关系行政化的根源与调解对策》,《北京行政学院学报》2002年第4期。

支持和帮助的条件和具体内容,没有明确规定村民委员会必须为乡镇政府提供协助的事项,没有明确规定乡镇政府或村民委员会不履行义务的处理办法等①。虽然一些地方政府在贯彻《村民委员会组织》过程中对乡镇政府指导村委会工作村委会协助乡镇政府工作作出相应的规定,使乡镇行政管理与村民自治在制度规则基础上有机地衔接起来。② 但是仍存在相当一部分的乡镇政府与村民委员会的职责权限是模糊的,治理关系是混乱的。据此,有学者根据各地方的立法经验和村民自治的实践情况,提出了乡镇政府指导村委会工作、村委会协助乡镇政府开展工作的具体事项内容③。具体而言,乡镇政府指导村委会的事项内容主要包括:(1) 指导村委会正确理解和贯彻执行宪法、法律、法规和国家政策;(2) 指导村民委员会建立和坚持村民自治的日常各项工作制度;(3) 指导村民委员会建立和健全有关工作机构;(4) 指导和督促村民委员会的换届选举工作、正确实施村务公开以及各项民主管理工作;(5) 指导村民委员会搞好宣传教育工作,开展多种形式的社会主义精神文明建设活动;(6) 指导村民委员会正确处理对内对外的各种关系;(7) 法律、法规和规章规定应该予以指导、支持和帮助的其他事项。村委会协助乡镇政府开展工作的主要内容包括:(1) 协助乡(镇)人民政府做好与本村直接相关的经济、教育、科学、文化、卫生、体育事业和财政、民政、公安、司法行政、计划生育等行政工作;(2) 协助乡(镇)人民政府完成国家下达的各项任务;(3) 协助乡(镇)人民政府了解农村情况,帮助其改进工作、正确决策;(4) 协助乡(镇)人民政府开展属于乡(镇)人民政府职权范围但又与本村直接相关的其他工作。另外,在此基础上还应考虑"增加、补充有关法律后果的条款,明确规定无正当理由拒不完成乡镇布置的国家任务和非法干涉村内事务的有关责任人的法律责任",这样可以防止出现村委会"过度自治化"和"附属

---

① 麦佶妍:《浅析乡镇行政管理与村民自治的关系》,《岭南学刊》2008年第3期。
② 金太军:《"乡政村治"格局下的村民自治——乡镇政府与村委会之间的制约关系分析》,《社会主义研究》2000年第4期。
③ 参见张丽琴《试论乡镇行政管理与村民自治的良性互动》,《江南大学学报》(人文社会科学版) 2011年第1期。

行政化"的两种不良的治理倾向。①

最后,应根据目前基层人大在农村基层互动治理关系上的脱节问题,重新考虑对农村基层人大机关的机构设置、职能权责等进行法律改革,有效发挥基层人大的民意表达职能和作用。农村基层人大作为农村基层社会治理的最高权力机关,不仅是经由人民选举产生,代表全体村民利益的民意代表机关,而且是基层政府以及其他权力机关的权力监督机关。但是目前农村基层人大在农村基层治理中处于一种"悬空"的状态,其本身的职能和作用并未得到有效发挥,因此,有必要通过相关的立法规定明确农村基层人大的职能和作用。主要的举措包括:"(1)充分落实乡镇人大的财政预算权力和重大事务决策权,乡镇范围内重大事项的决策非经乡镇人大讨论和批准不得付诸实施;(2)加强人大在乡镇主要领导干部任命中的地位和作用,真正由乡镇人大选举监督乡镇政府主要领导;(3)延长乡镇人大的会期,将每年一次、一次一天会期改为每年一到二次、一次三天会期,并严格规定乡镇政府向人代会汇报的具体内容;(4)乡镇人大的表决一律实行票决制,以无记名投票取代当众举手或鼓掌通过,在有条件的地区可以建立电子投票系统以改善无记名投票的条件等等;(5)创设乡镇人大闭会期间的常设权力机关——乡镇人大常委会,明确规定乡镇人大常委会成员的产生、任期、人员组成、会议时间安排、职责权限等"。②

## 三 规范农村基层互动治理的运行程序

一般而言,程序就是行为从起始到终结的时间长短不等的行为过程。这一过程运行的构成要素主要包括行为的步骤和行为的方式,以及实现这些步骤和方式的时间和顺序。③ 一个完整的实施程序应该包

---

① 唐鸣:《对农村基层政治关系中的两个问题的探讨》,《社会主义研究》1996年第2期。
② 参见殷焕举等《民主合作制:中国农村基层民主建设的制度创新》,《马克思主义研究》2010年第2期。
③ 肖巧平:《论政治协商程序的完善》,《湖南师范大学学报》2010年第1期。

括主体、客体、方式以及效力等要素。（1）主体，即由谁来参与；（2）客体，即参与什么；（3）方式，即如何参与，具体包括相应的时间、步骤等；（4）效力，即参与的结果如何，具备怎样的约束力。程序是一个制度文本走向具体运作的合法性保证，是保障制度运作中获得合法性认同，取得良好制度绩效的科学的、合理的制度安排。因此，任何制度文本的实施必须通过一系列的制度安排，加以程序化。程序化是制度实施的合法性保障，主要"通过确立制度化的具体运作步骤，防止出现实施行为简单化或随意化、实施主体单一化等现象"，[1] 从而增强制度实施的规范性、科学性以及可操作性。中国农村基层互动治理机制的有效运行离不开一整套科学、合理、有效的制度运行程序，没有严格规范的程序安排，农村基层互动治理机制的制度化也是妄谈。

理论上，中国农村基层互动治理的运行程序应该包括：互动治理的主体、互动治理的客体、互动治理的方式以及互动治理的效力等要素。具体而言，互动治理主体是指参与农村基层互动治理的基层政府管理组织和村民自治组织中的各个主体，包括农村基层党组织、基层人大、基层政府、村民自治组织、农村社会组织以及普通村民等。互动治理客体是指各个主体参与农村基层互动治理的对象，主要包括农村公共事务和公益事业两个方面。互动治理方式是指各个治理主体通过什么样的方式展开行为活动，包括对具体时间、地点、设施、步骤等因素的规定。互动治理效力是指各个主体参与基层社会事务和事业治理所取得的共识结果，具有合法性的执行效力。中国农村基层互动治理机制的良性运行必须是在以上四个要素相互协调、共同作用下运转，缺少其一都会影响这一治理机制的良性运行。现实中，由于中国农村社会的非均质发展（乡村社会内部关系的复杂性和各地区发展的不平衡性），致使农村基层互动治理机制运行的实际状况千差万别。因而，很难制订出一个全国适用的统一的实施程序（制度安排）。即便如此，农村基层互动治理机制运行的程序要素必须具备，否则势必

---

[1] 卢福营等：《冲突与协调——乡村治理中的博弈》，上海交通大学出版社2006年版，第100页。

会造成农村基层互动治理机制的无效化。为此，要使农村基层互动治理机制的运行能够程序化，必须要注意以下几点：一是，坚持农村基层互动治理的"五个民主"和"三自"原则，发展全过程人民民主。"五个民主"是村民自治中民主选举、民主协商、民主决策、民主管理和民主监督的原则和精神，"三自"是充分调动村庄和村民积极的自我教育、自我管理和自我服务的原则。二是，县级及以上政府要善于发挥农村基层治理的宏观调控职能，积极结合乡镇政府和村民自治组织的实际情况，做好农村基层互动治理的综合协调工作；三是，微观上，村民自治组织要广泛征求民意，群策群力，发挥民众的集体智慧和力量，制订符合村庄整体利益的村务管理制度和具体程序；四是，县以上各级政府、乡镇政府和村民自治组织等农村互动治理主体密切配合，在民主、平等、公开、有序的环境下有效行使各自的治理权力，共同参与农村基层社会事务的治理。总之，规范中国农村基层互动治理的运行程序，绝不是繁文缛节、僵化统一的行政命令，不是"制造浪费"的官僚作风，而是符合实际的灵活的、高效的工作机制和制度安排。

## 四　构建农村基层互动治理的评价体系

农村基层互动治理的效果如何需要一定的绩效评价机制来进行评估，这一绩效评估机制的实施，既不能完全由基层政府掌控话语权，也不能完全抛开基层政府单方面进行评估。因此，农村基层互动治理的绩效评估更多的是"体现民有、民享、民治的政治过程，其根本目的是使公民通过民主制度来实现公共利益最大化，通过这样一种制度安排实现对政治与行政的整合，即实现对民主行政与效率行政的整合，在追求提高政府运作效率的同时促进社会公平"。[①] 党的十九大报告提出"构建自治、法治、德治相结合的乡村治理体系"，最终实现乡村善治。善治是社会治理追求的状态和目标，也是农村基层互动治

---

[①] 王绍光：《安邦之道：国家转型的目标与途径》，生活·读书·新知三联书店 2007 年版，第 53 页。

理所追求的目标。建立农村基层互动治理的绩效机制对于提升基层政府行政效率、保障农民群众权利、推动农村基层民主政治建设具有积极的促进作用。然而，目前中国农村基层的治理绩效多是采取的是与目标责任制相挂钩的绩效评估机制，这一绩效评估机制不仅将治理压力层层下压给基层政府与村民自治组织，而且是一种单方或者单边的评估形式，即完全由基层政府以及上一级政府组织核定标准，单方作出评估。这实际上弱化甚至损害了村庄和农村群众在农村基层互动治理中的主体地位和合法权利。因此，要改变村庄和农民群众在乡村治理中不利的互动地位，实现农民权利对基层公共权力的制衡，必须改变原来单方的绩效评估机制，构建一个上下联动的多元主体参与的绩效评估机制，即应由村民、村民自治组织、乡镇基层政府、县级及以上政府有关部门共同参与其中进行的综合考察和评价的机制。

建立农村基层互动治理的绩效评价机制，所应采取的主要措施包括：一是由多方共同参与制订农村基层互动治理的绩效评估体系的内容，特别县级及以上政府在制定农村基层互动治理发展绩效指标时，应从农村基层实际出发，考虑乡镇政府、村民自治组织以及村民的意见和要求，制定各方认同和信服的农村基层社会治理的发展指标，防止绩效评估指标内容的空洞化、形式化；二是建立多元化、社会化的农村基层互动治理绩效评估制度和渠道，特别是要强化基层人大在农村基层治理中的作用，考核依据既有既定指标的完成情况，又有对当地农民群众的民意评价，从而将来自上级政府的考核与基层群众的考核结合起来，并根据考核结果决定对基层政府官员的奖惩和升迁等等；三是乡镇基层政府与村民自治组织共同开展一些群众性的评优树优活动、村治经验交流活动等，通过这些形式多样的群众性绩效评估互动，增进各个互动主体的了解和沟通；四是完善农村基层互动治理绩效评估结果的反馈和落实。一方面，县级及以上政府部门应根据评估结果，提出相应的改进意见，并将评估结果和实施意见同时反馈给乡镇政府和村民自治组织，以纠正社会治理过程中的偏差和问题；另一方面，乡镇政府和村民自治组织应及时将反馈结果和整改办法向全体村民公开，保障村民对农村基层互动治理信息的知情权。

综上所述，中国农村基层互动治理机制的良性运行存在强烈的路径依赖。不仅要求农村基层互动治理机制的运行具备基本的主体条件、组织机构、制度基础、社会环境和文化氛围等要素，还要求随着农村基层经济社会不断的发展，国家适时调整农村治理的发展战略，为农村互动治理提供相适应的发展条件和制度空间。只有具备充分的社会条件和合适的发展环境，才能使农村基层互动治理机制体系良性运转起来，推进农村基层治理现代化，并发挥保障农村基层社会长治久安的基础性作用。

# 结论与展望

时值我国全面推进乡村振兴的关键期，农村基层治理作为国家治理的基石，乡村振兴的基础，直接关乎我国乡村治理现代化乃至国家治理现代化目标任务的实现。作为国家治理体系的重要组成部分，农村基层人民群众自治制度是中国特色社会主义制度的重要构成部分，进一步完善和发展农村基层人民群众自治制度，建立适应城乡一体化、新型城镇化发展的农村基层社会管理体制机制，形成农村基层政府管理与农村村民自治民主合作、共同治理的互动治理模式，不仅是农村基层治理体系和治理能力现代化建设的重要内容，也是推进乡村振兴进程中实现农村"治理有效"的内在要求。本书围绕中国农村基层治理体系和治理能力现代化建设进程中农村基层多主体互动治理问题展开研究，重点探讨和分析了中国农村基层互动治理的理论基础、发展历程、历史嬗变、现实境遇以及机制构建和运行策略等内容，形成了对当下中国农村基层治理体系格局的初步认识和对未来农村基层治理模式走向的基本判断，即中国农村基层治理体系格局正逐步从政府单一权威中心治理向基层多元主体民主合作、共同治理转变，趋向于形成基层政府与基层自治组织、国家与社会之间的互动合作治理的命运共同体。

客观地讲，随着农村社会现代化进程的加快和农村社会体制改革的深入，农村基层治理面临着比以往更多的问题，不仅农村基层民众的利益观念、权利意识和发展需要明显提升，对基层政府要求愈加明确而又广泛，而且基层政府面对多元社会需求和复杂利益关系，政府职能和治理能力的不适性日益显现，可以说，整个农村基层社会正处于一个重大转型与变革的时期,"这个时候是要求回归地方治理而不是州或国家政府治理,要求小而富有回应性的政府而不是庞大的官僚制政府时代"。① 因此,处理和化解农村基层治理危机,必须要对中国自上而下的传统行政管理—执行体制的结构性特征(主要表现为"管制型的政府行政建构、准动员型的行政执行模式和以完成任务指标为手段的行政激励体制,在这一管理—执行体制下,基层政府很容易忽视行政效率的提高和行政资源的合理配置,无节制地增加行政运行成本,产生行政执行的外溢性"②。)有足够认识,舍弃过多倚重自上而下的行政管理体制的自我完善能力,而更加注重向下"接地气",探索建立适应和满足民众的多元诉求表达和愿望实现的机制和渠道,同时发掘和拓展农村基层社会潜在的自主能力(民主选举、民主决策、民主管理、民主监督),让民众广泛参与农村社会公共事务和公益事业的管理活动,发挥民众的群策群力、互助共建的智慧和力量,从而在农村基层形成一种政府与村民自治组织、公共权力组织与社会公益组织、官员与百姓民主参与、互助合作、共同治理的良好发展局面。

总体而言,中国农村基层多元主体互动治理体系格局的建立是一个缓慢而又曲折的过程,既需要国家对农村基层治理的现代化进行宏观性的顶层设计和作出具体化的制度安排,又需要注重基层社会的非均衡发展的特性,积极鼓励和支持不同地域的地方政府探索和创新,找到适合本地区自然、经济、社会以及人文条件的各具特色的农村基层互动治理机制和形式;既需要立足历史充分认识我国延续千年的封建专制传统所形成的臣民意识和奴性人格的危害,积极培育和教育农村村民养成具有民主意识、民主理念和民主精神的现代公民素质,又需要从现实出发破除农村基层社会管理的陈旧思想观念和管理方式(家长制、一言堂),让普通民众尤其是弱势群体能够参与到基层公共事务治理中,充分保障农民的民主权利;既需要在秉持绝不完全照搬

---

① 理查德·博克斯:《公民治理:引领21世纪的美国社区》,孙柏瑛等译,中国人民大学出版社2013年版,第86页。
② 徐湘林:《"三农"问题困扰下的中国乡村治理》,《战略与管理》2003年第4期。

国外模式和制度的前提下，放眼世界充分吸收和借鉴世界各国先进的农村基层治理经验，取长补短，为我所用，又需要坚持立足于中国深厚的历史文化根基，充分汲取和发掘本土的治理资源和条件，探索根植于中国历史传统和符合时代发展要求的农村基层治理模式。当前，发展和完善中国农村基层治理机制，必须要坚持党的领导、人民当家作主、依法治国有机统一，推进农村基层治理体制机制的制度化、规范化和程序化。对此，需要做好以下工作：一是，充分尊重和保障农村基层各方权益，促使不同利益相关者通过民主协商的方式达成共识，这是中国农村基层互动治理机制运行的根本目标；二是，加快畅通农村各种利益表达的方式渠道，使各个利益相关者能够充分表达诉求，伸张自己的权益，这是中国农村互动治理机制运行的基本保证；三是，敢于冲破农村既得利益群体的阻挠，使更多好的制度和政策惠及民众、服务民众、深入民众，这是中国农村基层互动治理机制运行的关键环节；四是，积极构建法治化的制度程序，增进不同利益相关者之间的政治互信，降低制度失效或者程序不合理所带来的协调互动成本，这是中国农村基层互动治理机制有效运行的重要保障。正如一位学者所言，"能否以制度化的方法确立乡村治理的社会基础，能否确立一种新的以法治为基础的治理规则以及一系列制度安排，是乡村治理结构现代性改造的关键，也是乡村长治久安的保证"。[1]

综上，对中国农村基层互动治理的理论与实践的问题的探索，国内学者近年来已有所探讨，有些学者的观点和看法更是为学界所共识。本文在实现农村基层政府管理与村民自治之间的有效衔接和良性互动，研究中国农村基层治理机制建构与运行方面提出一些个人见解，重点从制度机制方面关注中国农村基层治理体系和治理能力的现代化问题。由于研究视角所限，加之本人学识水平和研究能力不高，文中存在一些当论未论、论所不足和不当之处，敬请学界前辈同仁批评指正。

---

[1] 刘晔：《治理结构现代化：中国乡村发展的政治要求》，《复旦学报》（社会科学版）2001年第6期。

# 参考文献

**经典文献：**

《马克思恩格斯选集》（第1—4卷），人民出版社2012年版。
《马克思恩格斯全集》（第42卷），人民出版社2016年版。
《马克思恩格斯全集》（第19卷），人民出版社2006年版。
《列宁选集》（第1—4卷），人民出版社2012年版。
《列宁全集》（第4卷），人民出版社2013年版。
《毛泽东选集》（第1—4卷），人民出版社1991年版。
《毛泽东文集》（第1—8卷），人民出版社1993—1999年版。
《周恩来选集》（上、下卷），人民出版社1980、1984年版。
《刘少奇选集》（上、下卷），人民出版社1981、1985年版。
《邓小平文选》（第1—3卷），人民出版社1993—1994年版。
《彭真文选》，人民出版社1991年版。
《江泽民文选》（第1—3卷），人民出版社2006年版。
《胡锦涛文选》（第1—3卷），人民出版社2016年版。
《习近平著作选读》（第1—2卷），人民出版社2023年版。
《习近平谈治国理政》（第1—4卷），外文出版社2017—2022年版。

习近平：《论坚持全面深化改革》，中央文献出版社2018年版。
《习近平关于"三农"工作论述摘编》，中央文献出版社2019年版。
《习近平关于力戒形式主义官僚主义重要论述选编》，中央文献出版社 2020 年版。

中共中央文献研究室编：《十八大以来重要文献选编（上中下）》，中央文献出版社 2014、2016、2018 年版。

胡锦涛：《坚定不移沿着中国特色社会主义道路前进　为全面建成小康社会而奋斗——在中国共产党第十八次全国代表大会上的报告》，人民出版社 2012 年版。

习近平：《决胜全面建成小康社会　夺取新时代中国特色社会主义伟大胜利——在中国共产党第十九次全国代表大会上的报告》，人民出版社 2017 年版。

习近平：《高举中国特色社会主义伟大旗帜　为全面建设社会主义现代化国家而团结奋斗——在中国共产党第二十次全国大会上的报告》，人民出版社 2022 年版。

《中共中央关于全面深化改革若干重大问题的决定》，人民出版社 2013 年版。

《中共中央国务院关于实施乡村振兴战略的意见》，人民出版社 2018 年版。

《中共中央关于坚持和完善中国特色社会主义制度　推进国家治理体系和治理能力现代化若干问题的重大决定》，人民出版社 2019 年版。

《乡村振兴战略规划（2018—2022 年）》，人民出版社 2018 年版。

《中国共产党农村工作条例》，法律出版社 2019 年版。

《中国共产党农村基层组织工作条例》，法律出版社 2019 年版。

《中华人民共和国村民委员会组织法》，中国法制出版社 2019 年版。

《中华人民共和国地方各级人民代表大会和地方各级人民政府组织法》，人民出版社 2022 年版。

《中华人民共和国乡村振兴促进法》，人民出版社 2021 年版。

孔子：《尚书》，中华书局 2016 年版。
孔子：《论语》，中华书局 2016 年版。
孟子：《孟子》，中华书局 2016 年版。
管子：《管子》，中华书局 2016 年版。
（汉）司马迁：《资治通鉴》，中华书局 2016 年版。
（明）徐光启：《农政全书》，上海古籍出版社 2020 年版。

**学术著作：**

[美] 阿瑟·亨德森·史密斯：《中国乡村生活》，赵朝永译，上海社会科学院出版社 2019 年版。

[美] 埃弗里特·M. 罗吉斯、拉伯尔·J. 伯德格：《乡村社会变迁》，王晓毅、王地宁译，浙江人民出版社 1988 年版。

白钢、赵寿星：《选举与治理：中国村民自治研究》，中国社会科学出版社 2001 年版。

程同顺：《当代中国农村政治发展研究》，天津人民出版社 2000 年版。

[美] 戴维·伊斯顿：《政治生活的系统分析》，王浦劬译，人民出版社 2012 年版。

[英] 戴维·威尔逊、克里斯·盖姆：《英国地方政府》，张勇等译，北京大学出版社 2009 年版。

戴玉琴：《改革开放以来农村民主政治发展论纲》，社会科学文献出版社 2012 年版。

邓正来、[英] J. C. 亚历山大编：《国家与市民社会：一种社会理论的研究路径》，中央编译出版社 1999 年版。

董江爱：《中国农村基层民主与治理研究》，中国社会科学出版社 2012 年版。

[美] 道格拉斯·C. 诺思：《制度、制度变迁与经济绩效》，杭行译，上海人民出版社 2018 年版。

[美] 杜赞奇：《文化、权力与国家：1900—1942 年的华北农村》，王福明译，江苏人民出版社 2020 年版。

费孝通：《乡土中国》，人民出版社 2008 年版。

［美］弗里曼等：《中国乡村，社会主义国家》，陶鹤山译，社会科学文献出版社 2002 年版。

付翠莲：《乡村振兴战略背景下的农村发展与治理》，上海交通大学出版社 2019 年版。

［美］盖伊·彼得斯：《政府未来的治理模式》，吴爱明、夏宏图译，中国人民大学出版社 2013 年版。

高新军：美国地方政府治理案例调查与制度研究》，西北大学出版社 2005 年版。

郭苏建主编：《转型中国的国家与社会关系新探》，上海人民出版社 2018 年版。

贺雪峰：《村庄治理的社会基础：转型期乡村社会性质研究》，中国社会科学出版社 2003 年版。

贺雪峰：《乡村治理的社会基础》，生活·读书·新知三联书店 2020 年版。

［德］赫尔穆特·沃尔曼：《德国地方政府》，陈伟等译，北京大学出版社 2005 年版。

黄宗智：《华北的小农经济与社会变迁》，中华书局 1986 年版。

金太军：《村庄治理与权力结构》，广东人民出版 2008 年版。

金太军、施从美：《乡村关系与村民自治》，广东人民出版社 2002 年版

李强：《当代中国社会分层》，生活·读书·新知三联书店 2019 年版。

李松玉、张宗鑫：《中国乡村治理的制度化转型研究》，山东人民出版社 2014 年版。

李小红：《中国农村治理方式的演变与创新》，中央编译出版社 2012 年版。

［美］理查德·博克斯：《公民治理：引领 21 世纪的美国社区》，孙柏瑛等译，中国人民大学出版社 2013 年版。

林尚立：《中国共产党与国家建设》，天津人民出版社 2017 年版。

刘守英、程国强：《中国乡村振兴之路——理论、制度与政策》，科学出版社2021年版。

刘文奎：《乡村振兴与可持续发展之路》，商务印书馆2021年版。

刘友田：《村民自治——中国基层民主建设的实践与探索》，人民出版社2010年版。

陆学艺：《改革中的农村与农民》，中共党史出版社1995年版。

［美］罗伯特 A. 达尔：《论民主》，李风华译，中国人民大学出版社2012年版。

罗平汉：《农村人民公社史》，人民出版社2016年版。

马宝成等：《村级治理：制度与绩效》，中国社会出版社2010年版。

马克垚：《英国封建社会研究》，北京大学出版社2016年版。

潘嘉玮、周贤日：《村民自治与行政权的冲突》，中国人民大学出版社2004年版。

彭勃：《乡村治理——国家介入与体制选择》，中国社会出版社2002年版。

彭宗超等：《听证制度：透明决策与公共治理》，清华大学出版社2004年版。

荣敬本等：《从压力型体制向民主合作体制的转变——县乡两级政治体制改革》，中央编译出版社1998年版。

［美］塞缪尔·亨廷顿：《变化社会中的政治秩序》，王冠华等译，上海人民出版社2008年版。

谭同学：《楚镇的站所——乡镇机构成长的政治生态考察》，中国社会科学出版社2006年版。

唐士其：《国家与社会的关系——社会主义国家的理论与实践比较研究》，北京大学出版社1998年版。

陶学荣等：《走向乡村善治——乡村治理中的博弈分析》，中国社会科学出版社2011年版．

［法］托克维尔：《论美国的民主》，董果良译，商务印书馆2009年版。

王铭铭、王斯福：《乡土社会的秩序、公正与权威》，中国政法大学出版社1997年版。

王浦劬：《国家治理现代化：制度与文化》，人民出版社2023年版。

王旭、罗思东：《美国新城市化时期的地方政府：区域统筹与地方自治的博弈》，厦门大学出版社2010年版。

王振耀、白益华：《乡镇政权与村委会建设》，中国社会出版社1996年版。

王仲田、詹成付：《乡村政治——中国村民自治的调查与思考》，江西人民出版社1999年版。

魏礼群：《社会治理40年回顾与展望》，中国言实出版社2018年版。

［美］文森特·奥斯特罗姆等：《美国地方政府》，井敏等译，北京大学出版社2004年版。

吴理财：《改革与重建——中国乡镇制度研究》，高等教育出版社2010年版。

吴理财：《县乡关系：问题与调适》，中国社会科学出版社2011年版。

［美］希尔斯曼：《美国是如何治理的》，曹大鹏译，商务印书馆1986年版。

徐秀丽：《中国农村治理的历史与现状：以定县、邹平和江宁为例》，社会科学文献出版社2004年版。

徐勇：《中国农村村民自治》（修订本），生活·读书·新知三联书店2018年版。

徐勇、项继权：《村民自治进程中的乡村关系》，华中师范大学出版社2003年版。

叶敬忠：《中国乡村振兴调研报告（2018—2019）》（上下），社会科学文献出版社2018年版。

于建嵘：《岳村政治：转型期中国乡村政治结构的变迁》，商务印书馆2001年版。

俞可平：《中国的治理变迁（1978—2018）》，社会科学文献出版社 2018 年版。

张厚安：《中国农村基层政权》，四川人民出版社 1992 年版。

张厚安等：《中国农村村级治理：22 个村的调查与比较》，华中师范大学出版社 2000 年版。

张静：《基层政权：乡村制度诸问题》，社会科学文献出版社 2019 年版。

张乐天：《告别理想——人民公社制度研究》，东方出版社 1998 年版。

张铭、王迅：《基层治理——杨村个案选择》，社会科学文献出版社 2008 年版。

赵树凯：《农民的政治》（修订版），商务印书馆 2018 年版。

赵树凯：《乡镇治理与政府制度化》，商务印书馆 2010 年版。

赵秀玲、房宁：《乡村民主治理：理念与路径》，中国社会科学出版社 2019 年版。

赵跃龙：《乡村振兴支持政策与规划编制》，中国农业出版社 2019 年版。

郑凤田等：《全面推进乡村振兴》，中国人民大学出版社 2022 年版。

周庆智：《中国基层社会自治》，中国社会科学出版社 2017 年版。

周少来：《乡村治理：结构之变与问题应对》，中国社会科学出版社 2018 年版。

朱道才：《我国农村空心化问题的治理研究》，经济科学出版社 2016 年版。

邹谠：《二十世纪中国政治——从宏观历史与微观行动角度看》，牛津大学出版社 1994 年版。

**期刊论文：**

［英］安东尼·吉登斯：《现代性与后传统》，《南京大学学报》（哲学·人文科学·社会科学版）1999 年第 3 期。

白钢：《中国村民自治法制建设平议》，《中国社会科学》1998 年第 3 期。

拜如、尤光付：《自主性与行政吸纳合作：乡村振兴中基层社会治理模式的机制分析》，《青海社会科学》2019 年第 1 期。

蔡文成：《基层党组织与乡村治理现代化：基于乡村振兴战略的分析》，《理论与改革》2018 年第 3 期。

曹桂茹、王新城：《基于乡村振兴战略的农村社会治理创新目标与路径研究》，《农业经济》2020 年第 6 期。

陈柏峰：《从利益运作到感情运作：新农村建设时代的乡村关系》，《开发研究》2007 年第 4 期。

陈伯达：《全新的社会、全新的人》，《红旗》1958 年第 3 期。

陈成文、陈静：《论基层社会治理创新与推进乡村振兴战略》，《山东社会科学》2019 年第 7 期。

陈桂生、张跃蟥：《精准扶贫跨域协同研究：城镇化与乡村振兴的融合》，《中国行政管理》2019 年第 4 期。

陈健：《新时代乡村振兴战略视域下现代化乡村治理新体系研究》，《宁夏社会科学》2018 年第 6 期。

陈明、刘义强：《"根"与"径"：重新认识村民自治》，《探索》2017 年第 6 期。

陈荣卓、杨正喜：《农村民主管理的扩展：乡镇治理中的政府与民众互动机制建构》，《当代世界与社会主义》2010 年第 3 期。

陈文胜、李珊珊：《论新发展阶段全面推进乡村振兴》，《贵州社会科学》2022 年第 1 期。

陈晓莉、吴海燕：《创新城乡融合机制：乡村振兴的理念与路径》，《中共福建省委党校学报》2018 年第 12 期。

陈晓原：《国外地方自治对我国地方政府改革的借鉴价值》，《晋阳学刊》2012 年第 6 期。

陈肖生：《20 世纪 90 年代以来关于乡村精英与村民自治研究的文献综述》，《理论与改革》2008 年第 2 期。

戴桂斌：《"互强型"国家与乡村社会的建构》，《社会主义研究》

2010年第1期。

党国英：《村民自治终会衰弱乡镇自治宜速推行》，《南方农村报》2005年7月21日。

丁波：《乡村振兴背景下农村空间变迁及乡村治理变革》，《云南民族大学学报》（哲学社会科学版）2019年第6期。

丁胜：《乡村振兴战略下的自发秩序与乡村治理》，《东岳论丛》2018年第6期。

丁志刚、王杰：《中国乡村治理70年：历史演进与逻辑理路》，《中国农村观察》2019年第4期。

董前程、林奇富：《协商民主与政治参与》，《北京工业大学学报》2007年第4期。

杜润生：《关于中国的土地改革运动》，《中共党史研究》1996年第6期。

付翠莲：《乡村振兴视域下新乡贤推进乡村软治理的路径研究》，《求实》2019年第4期。

甘信奎：《县政乡社：中国农村治理模式新构想》，《学习论坛》2005年第10期。

高帆：《中国乡村振兴战略视域下的农民分化及其引申含义》，《复旦学报》（社会科学版）2018年第5期。

高新军：《美国地方政府治理中的公众参与》，《中国改革》2006年第9期。

龚维斌：《全民推进乡村振兴中的基层治理》，《行政管理改革》2022年第3期。

龚志文、李万峰：《我国社会组织与政府的互动：策略、逻辑及其治理》，《新疆社会科学》2018年第4期。

顾昕：《互动式治理的三个模式》，《北京日报》2019年3月4日。

顾昕：《走向互动式治理：国家治理体系创新中"国家-市场-社会关系"的变革》，《学术月刊》2019年第1期。

郭彩琴、吕静宜：《完善社区参与式互动治理结构的对策研究》，

《行政论坛》2018 年第 4 期。

郭俊霞：《当代中国乡村互动关系的演变》，《学术研究》2010 年第 6 期。

郭亮、陈金全：《互动共治：乡村治理的历史逻辑与法秩序转型——从"桂西北"特定地域观瞻》，《西南民族大学学报》（人文社科版）2016 年第 10 期。

韩冬、许玉镇：《城市社区治理中权力互动的困境分析》，《贵州社会科学》2016 年第 6 期。

何包钢：《中国协商民主制度》，《浙江大学学报》2005 年第 3 期。

何培忠：《30 年海外当代中国的研究嬗变》，《中国社会科学报》2013 年 9 月 6 日。

何云峰：《人治与法治：两种治国方式的比较》，《华北水利水电学院学报》2005 年第 1 期。

贺雪峰：《村级组织制度安排：理想与现实的差距及其原因》，《社会科学研究》1998 年第 4 期。

贺雪峰：《论理想村级组织的制度基础》，《政治学研究》1998 年第 3 期。

贺雪峰：《论现行村级组织制度创新的策略选择》，《中州学刊》1998 年第 3 期。

侯宏伟、马培衢：《"自治、法治、德治"三治融合体系下治理主体嵌入型共治机制的构建》，《华南师范大学学报》（社会科学版）2018 年第 6 期。

侯丽维：《农村基层互动治理的现状审视与应然面向——基于"枫桥经验"的思考》，《领导科学》2019 年第 8 期。

胡胜：《乡村振兴离不开法治护航》，《人民论坛》2018 年第 6 期。

胡仙芝：《从善政向善治的转变——"治理理论与中国行政改革"研讨会综述》，《中国行政管理》2001 年第 9 期。

胡永保、杨弘：《中国农村基层协商治理的现实困境与优化策略》,《理论探讨》2013年第6期。

黄承伟:《习近平关于全面推进乡村振兴的重要论述研究》,《国家现代化建设研究》2023年第1期。

黄家亮:《中国乡村秩序的百年变迁与治理转型——以纠纷解决机制为中心的讨论》,《华南师范大学学报》(社会科学版)2018年第6期。

黄建红:《三维框架:乡村振兴战略中乡镇政府职能的转变》,《行政论坛》2018年第3期。

黄杰华、李赫之:《对乡镇行政权与村民自治权良性运行的几点思考》,《江西社会科学》2013年第8期。

黄祖辉:《准确把握中国乡村振兴战略》,《中国农村经济》2018年第4期。

黄祖辉、胡伟斌:《全面推进乡村振兴的十大重点》,《农业经济问题》2022年第7期。

季丽新:《在村民自治条件下如何实现乡村关系的协调》,《世纪桥》2000年第6期。

江维国、李立清:《顶层设计与基层实践响应:乡村振兴下的乡村治理创新研究》,《马克思主义与现实》2018年第4期。

姜文华、牛智战:《党"政"关系——当代中国农村村民自治中的博弈》,《东岳论丛》2002年第6期。

蒋永穆:《基于社会主要矛盾变化的乡村振兴战略:内涵及路径》,《社会科学辑刊》2018年第2期。

焦石文:《乡村振兴视域下的治理转型》,《学习论坛》2018年第11期。

金绍荣、张应良:《优秀农耕文化嵌入乡村社会治理:图景、困境与路径》,《探索》2018年第4期。

景跃进:《村民自治与中国特色的民主政治之路》,《天津社会科学》2002年第1期。

孔祥智、张效榕:《从城乡一体化到乡村振兴——十八大以来中国城乡关系演变的路径及发展趋势》,《教学与研究》2018年第8期。

雷望红：《被围困的社会：国家基层治理中主体互动与服务异化——来自江苏省 N 市 L 区 12345 政府热线的乡村实践经验》，《公共管理学报》2018 年第 2 期。

李百超、谢秋山：《乡村振兴行动中的生存理念冲突：表现、负面影响及应对策略》，《内蒙古社会科学》2019 年第 4 期。

李国友：《村民自治背景下和谐乡村关系之构建》，《学习论坛》2009 年第 2 期。

李莉、卢福营：《当代中国的乡村治理变迁》，《人民论坛》2010 年第 17 期。

李连江：《从政府主导的村民自治迈向民主选举》，《二十一世纪》1998 年第 6 期。

李牧、李丽：《当前乡村法治秩序构建存在的突出问题及解决之道》，《社会主义研究》2018 年第 1 期。

李宁、王芳：《互动与融合：农村环境治理现代化中的协商民主》，《求实》2019 年第 3 期。

李松有：《乡村振兴背景下村民自治分化的发展困境与突破——基于权力—资源关系的分析视角》，《求实》2019 年第 1 期。

李晓广：《乡村"微自治"：价值、困境及化解路径》，《探索》2018 年第 6 期。

李晓鹏：《论"村民自治"的转型和"乡—村"关系的重塑》，《社会主义研究》2016 年第 6 期。

李永生：《乡村振兴背景下农村治理政策优化的混合扫描分析》，《理论月刊》2019 年第 4 期。

李元勋、李魁铭：《德治视角下健全新时代乡村治理体系的思考》，《新疆师范大学学报》（哲学社会科学版）2019 年第 2 期。

李紫娟：《农村治理新范式：构建基层互动治理》，《学海》2017 年第 1 期。

林莉：《乡村价值演化与振兴：农村社区协同治理发展的内在伦理》，《新视野》2019 年第 2 期。

林平：《农村出了一个权势阶层》，《广角镜月刊》1999 年第

1期。

蔺雪春：《当代中国村民自治以来的乡村治理模式研究述评》，《中国农村观察》2006年第1期。

蔺雪春、季丽新：《改革开放以来农村治理模式创新的基本逻辑与展望》，《当代世界与社会主义》2010年第6期。

刘京希：《从国家化社会主义到社会化社会主义——兼论社会主义的本质特征》，《文史哲》2000年第4期。

刘彤、张等文：《中国共产党民本思想对传统民本思想的传承与超越》，《马克思主义与现实》2012年第12期。

刘燕妮：《地方治理中执政党与社会关系的互动与协商》，《甘肃社会科学》2018年第5期。

刘义强：《构建以社会自治功能为导向的农村社会组织机制》，《东南学术》2009年第1期。

刘震：《城乡统筹视角下的乡村振兴路径分析——基于日本乡村建设的实践及其经验》，《人民论坛》2018年第12期。

卢福营：《村民自治背景下的基层组织重构与创新——以改革以来的浙江省为例》，《社会科学》2010年第2期。

吕德文：《农村改革40年：社会主义制度实践及其启示》，《中国农业大学学报》（社会科学版）2018年第6期。

侣传振、崔琳琳：《外生型与内生型村民自治模式比较研究——兼论外生型向内生型村民自治转型的条件》，《湖南农业大学学报》（社会科学版）2016年第1期。

罗兴佐：《中国国家与社会关系研究述评》，《学术界》2006年第4期。

马华、马池春：《乡村振兴战略与国家治理能力现代化的耦合机理》，《江苏行政学院学报》2018年第6期。

马俊、罗万平：《公民参与预算：美国地方政府的经验及其借鉴》，《华中师范大学学报》2006年第4期。

倪国良、张伟军：《改革开放以来中国农村治理结构的演进逻辑——基于政府与社会关系的分析》，《科学社会主义》2019年第

3 期。

欧阳静：《运作于压力型科层制与乡土社会之间的乡镇政府——以桔镇为研究对象》，《社会》2009 年第 5 期。

戚晓明：《乡村振兴背景下农村环境治理的主体变迁与机制创新》，《江苏社会科学》2018 年第 5 期。

齐骥：《社会结构变动中乡村振兴的文化动力和思想范式研究》，《东岳论丛》2019 年第 8 期。

乔惠波：《德治在乡村治理体系中的地位及其实现路径研究》，《求实》2018 年第 4 期。

曲延春、王成利：《政策演进与乡村治理四十年：1978—2018——以中央一号文件为基础的考察》，《学习与探索》2018 年第 11 期。

曲延春、王海镔：《乡村振兴战略：价值意蕴、当前困局及突破路径》，《江淮论坛》2018 年第 5 期。

［美］R·罗茨：《新治理：没有政府的管理》，杨雪冬译，《政治研究》1996 年第 154 期。

沈延生：《村政的兴衰与重建》，《战略与管理》1998 年第 6 期。

史军：《从互动到联动：大数据时代政府治理机制的变革》，《中共福建省委党校学报》2016 年第 8 期。

孙立平：《向市场经济过渡过程中的国家自主性问题》，《战略与管理》1996 年第 4 期。

孙立平、王汉生、王思斌、林彬、杨善华：《改革以来中国社会结构的变迁》，《中国社会科学》1994 年第 2 期。

孙琼欢：《国家与社会关系视野下的村民自治》，《广东行政学院学报》2006 年第 2 期。

谭秋成：《乡村振兴与村治改革》，《学术界》2018 年第 7 期。

谭诗赞：《乡村振兴进程中的分利秩序挑战与治理路径》，《探索》2018 年第 3 期。

谭英俊：《国外地方政府公共事务合作治理能力建设经验及其借鉴》，《石河子大学学报》2012 年第 3 期。

唐任伍、郭文娟：《乡村振兴演进韧性及其内在治理逻辑》，《改革》2018年第8期。

唐晓勇、张建东：《城市社区"微治理"与社区人际互动模式转向》，《社会科学》2018年第10期。

唐兴军、李定国：《文化嵌入：新时代乡风文明建设的价值取向与现实路径》，《求实》2019年第2期。

汪锦军：《从行政侵蚀到吸纳增效：农村社会管理创新中的政府角色》，《马克思主义与现实》2011年第5期。

王东旭、郑慧：《基层社会治理何以实现》，《光明日报》2018年5月21日。

王景新、李林林：《中国乡村社会结构变动与治理体系创新》，《教学与研究》2018年第8期。

王扩建：《乡村振兴中的微自治：历史、空间和现实的三重逻辑》，《上海大学学报》（社会科学版）2019年第3期。

王立胜：《农村税费改革背景下的乡村关系》，《社会主义研究》2006年第3期。

王丽惠：《控制的自治：村级治理半行政化的形成机制与内在困境——以城乡一体化为背景的问题讨论》，《中国农村观察》2015年第2期。

王培刚、余丹：《中国乡村治理：反思、困境与对策研究》，《理论与改革》2005年第1期。

王浦劬：《中国协商治理的基本特点》，《求是》2013年第10期。

王巍：《西方公共行政中的公民参与：经验审思与理论进展》，《公共行政评论》2010年第2期。

王向民：《乡镇和村——政治系统和社会系统的博弈空间》，《理论与改革》2002年第2期。

王晓毅：《完善乡村治理结构，实现乡村振兴战略》，《中国农业大学学报》（社会科学版）2018年第3期。

王旭：《〈论美国的民主〉与当代美国地方自治》，《社会科学战线》2011年第2期。

王雅琳：《农村基层的权力结构及其运行机制——对黑龙江省昌五镇的个案研究》，《中国社会科学》1998年第5期。

王勇：《村民自治40年：基层治理法治化变迁的学理分析》，《社会科学战线》2018年第9期。

王玉霞、李灵异：《中国乡村治理结构变迁与现实观照》，《河南社会科学》2018年第6期。

温恒国：《村民自治权与行政权冲突的司法解决》，《法学与实践》2008年第1期。

文丰安：《新时代乡村振兴与精准扶贫战略协同推进的思考》，《新视野》2019年第3期。

吴理财：《20世纪村政的兴衰即村民自治与国家重建》，《当代中国研究》2002年夏季号。

吴理财：《中国乡镇政府往何处去？》，《二十一世纪》2003年第8期。

吴重庆、陈奕山：《新时代乡村振兴战略下的农民合作路径探索》，《山东社会科学》2018年第5期。

项继权：《乡村关系的调适与嬗变——河南南街、山东向高和甘肃方家泉村的考察分析》，《华中师范大学学报》1998年第2期。

肖勇等：《"多元"对"一元"的否定："村庄""多元"治理模式及其构建》，《社会科学研究》2009年第3期。

谢建社、谢宇：《新时代农民工在乡村振兴中的共赢机制建构》，《甘肃社会科学》2018年第4期。

熊万胜：《试论乡村社会的治理振兴》，《中国农业大学学报》（社会科学版）2019年第3期。

徐彬：《农村环境抗争的演进逻辑与治理思路——基于乡村振兴的视角》，《学习论坛》2019年第10期。

徐才明：《论乡村和谐社会的构建——乡级政府与村民自治组织关系的调适》，《求实》2005年第7期。

徐大兵、张文方：《村民自治背景下乡镇政府与村民委员会的关系》，《华中农业大学学报》2006年第5期。

徐顽强、王文彬：《乡村振兴的主体自觉培育：一个尝试性分析框架》，《改革》2018年第8期。

徐顽强、王文彬：《乡村振兴战略背景下农村空心化治理与社区建设融合研究》，《农林经济管理学报》2019年第3期。

徐勇：《"政党下乡"：现代国家对乡土的整合》，《学术月刊》2007年第8期。

徐勇：《村干部的双重角度：代理人与当家人》，《二十一世纪》1997年第4期。

徐勇：《论村民自治与乡镇管理的良性互动》，《华中师范大学学报》1997年第1期。

徐勇：《论现阶段农村管理体制中乡政与村治的冲突与调适》，《求索》1992年第2期。

徐勇：《论乡政管理与村民自治的有机衔接》，《华中师范大学学报》1997年第1期。

徐勇：《县政、乡派、村治：乡村治理的结构性转换》，《江苏社会科学》2002年第2期。

徐勇：《行政下乡：动员、任务、命令——现代国家向乡土社会渗透的行政机制》，《华中师范大学学报》（人文社会科学版）2007年第5期。

徐勇：《政权下乡：现代国家对乡土社会的整合》，《贵州社会科学》2007年第11期。

徐勇、王元成：《政府管理与群众自治的衔接机制研究——从强化基层人大代表的功能着力》，《河南大学学报》2011年第5期。

徐勇、徐增阳：《中国农村和农民问题研究的百年回顾》，《华中师范大学学报》1999年第6期。

徐增阳、黄辉祥：《财政压力与行政变迁——农村税费改革背景下的乡镇政府改革》，《中国农村经济》2002年第9期。

杨弘、胡永保：《建国以来我国农村基层治理中国家与社会关系的演变及启示》，《理论学刊》2012年第7期。

杨弘、张等文：《论新民本主义的时代内涵及对传统民本主义的超越》,《东北师大学报》2008 年第 1 期。

杨磊、徐双敏:《中坚农民支撑的乡村振兴:缘起、功能与路径选择》,《改革》2018 年第 10 期。

杨郁、刘彤:《国家权力的再嵌入:乡村振兴背景下村庄共同体再建的一种尝试》,《社会科学研究》2018 年第 5 期。

叶兴庆:《新时代中国乡村振兴战略论纲》,《改革》2018 年第 1 期。

殷焕举等:《民主合作制:中国农村基层民主建设的制度创新》,《马克思主义研究》2010 年第 2 期。

尹广文:《新时代乡村振兴战略背景下乡村社会治理体系建构研究》,《兰州学刊》2019 年第 5 期。

印子:《乡村基本治理单元及其治理能力建构》,《华南农业大学学报》(社会科学版)2018 年第 3 期。

俞可平:《全球治理引论》,《马克思主义与现实》2002 年第 1 期。

俞可平:《治理和善治引论》,《马克思主义与现实》1999 年第 5 期。

袁方成:《提升与扩展:20 世纪 90 年代以来当代海外中国农村研究述评》,《中国农村观察》2008 年第 2 期。

袁金辉、汤蕤蔓:《乡村振兴战略背景下的乡村治理改革展望》,《云南行政学院学报》2019 年第 3 期。

曾军:《村委会准政权化设想初探》,《社会主义研究》1997 年第 5 期。

张东波:《从村治过程看乡村关系》,《社会科学战线》2006 年第 5 期。

张贵友:《乡村振兴背景下"空心村"治理对策研究——基于安徽省的调查》,《江淮论坛》2019 年第 5 期。

张厚安:《乡政村治——中国特色的农村政治模式》,《政策》1996 年第 8 期。

张慧瑶、李长健:《多元主体参与乡村治理的风险防范研究》,《农业经济》2019 年第 3 期。

张静:《梨树县村委会换届选举观察》,《二十一世纪》1998 年第

6期。

张丽琴：《试论乡镇行政管理与村民自治的良性互动》，《江南大学学报》2011年第1期。

张明锁：《衔接好村民自治与乡镇行政管理》，《中国行政管理》1999年第4期。

张文明、章志敏：《资源·参与·认同：乡村振兴的内生发展逻辑与路径选择》，《社会科学》2018年第11期。

张曦：《基层治理转型研究——基于政府、集体与个人互动的逻辑》，《中共宁波市委党校学报》2019年第3期。

张新光：《新时期中国乡镇改革的历程与目标》，《南京师大学报》2006年第1期。

张新文、张国磊：《社会主要矛盾转化、乡村治理转型与乡村振兴》，《西北农林科技大学学报》（社会科学版）2018年第3期。

张阳丽、王国敏、刘碧：《我国实施乡村振兴战略的理论阐释、矛盾剖析及突破路径》，《天津师范大学学报》（社会科学版）2020年第3期。

张要杰：《国外学者的中国农村社会研究成果述评》，《湖南农业大学学报》2010年第6期。

张艺颉：《乡村振兴背景下村民自治制度建设与转型路径研究》，《南京农业大学学报》（社会科学版）2018年第4期。

张云英：《农村社会组织：农村社会管理创新的基础》，《湖南农业大学学报》2011年第6期。

张兆曙：《城乡关系与行政选配：乡村振兴战略中村庄发展的双重逻辑》，《武汉大学学报》（哲学社会科学版）2019年第5期。

张志胜：《多元共治：乡村振兴战略视阈下的农村生态环境治理创新模式》，《重庆大学学报》（社会科学版）2019年第5期。

赵寿星：《论中国乡镇政府与村民委员会的关系问题》，《中国农村研究》2002年第11期。

郑法：《农村改革与公共权力的划分》，《战略与管理》2000年第4期。

周庆智：《论基层社会自治》，《华中师范大学学报》（人文社会科学版）2017年第1期。

朱娅：《构建良性互动的乡村治理体系》，《领导科学》2018年第9期。

朱宇：《19世纪中叶至20世纪中叶中国乡村治理结构的历史考察》，《政治学研究》2005年第1期。

左停、刘文婧、李博：《梯度推进与优化升级：脱贫攻坚与乡村振兴有效衔接研究》，《华中农业大学学报》（社会科学版）2019年第5期。

**外文文献：**

Andreas Ernst, Fuzzy Governance: State – Building in Kosovo Since 1999 as Interaction Between International and Local Actors, Democracy and Security, 2011, Vol.7 (2).

Bart Nooteboom, Learning by Interaction: Absorptive Capacity, Cognitive Distance and Governance, Journal of Management and Governance, 2000, Vol.4 (1).

Frank Hendriks, Pieter Tops.Everyday Fixers as Local Heroes: A Case Study of Vital Interaction in Urban Governance, Local Government Studies, 2005, Vol.31 (4).

Helen Sin, Agents and Victims in South China, Yale University Press.1989.

Jacob Torfing, B.Guy Peters, Jon Pierre and Eva Sorensen.Interactive Governance: Advancing the Paradigm, Oxford University Press, 2012.

Jean C.Qi, Rural China Takes Off: Institutional Foundations of Economic Reform, Berkeley: University of California Press, 1999.

Jonathan Unger, Collective Incentives in a Peasant Community: Lessons from Chen Village, Social Scientist, 1977, 5 (1).

Jurian Edelenbos, Institutional Implications of Interactive Governance: Insights from Dutch Practice, Governance: An International Journal of Policy, Administration, and Institutions, Vol.18, No.1, January, 2005.

Kevin J.O'Brien and Li Lianjiang, Villagers and Popular Resistance in Contemporary China, Modern China, Vol.22, No.1, 1996.

Klijin E., J.Koppenjan, Rediscovering The Citizen: New Roles for Politicians In Interactive Policy Making, Public Participation And Innovations In Community Governance, 2001, (1).

Ma, Shu-Yun.Clientelism: Foreign Attention and Chinese Intellectual Autonomy, Modern China, 1998.Vo.l24.

Oi Jean C, Peasant Households between Plan and Market: Cadre Control over Agricultural Inputs, Modem China, 1986, 12 (April).

Oi Jean C, State and Peasant in Contemporay China: The Political Economy of Village Government, Berkeley: University of California Press, 1989.

Philip C.C.Huang, Public Sphere / Civil Society in China? The Third Realm between State and Society, Modern China, 19, 2 (April 1994).

Ralf-Eckhard Türke, Towards productive and sustainable forms of interaction in governance, Kybernetes, (2006) Vol.35.

Rodgers, Joseph Lee, Citizen committees: A guide to their use in local government, Cambridge, Mass: Ballinger.1977.

SherrillShaffer, JasonShogren, Infinitely repeated contests: How strategic interaction affects the efficiency of governance, Regulation & Governance, 2008, Vol.2 (2).

Simonsen, William & Mark D. Robbins, Citizen participation in resource allocation, Boulder: Westview Press, 2000.

Victor Bekkers, Jurian Edelenbos, Bram Steijn.Innovation in the Public Sector: Linking Capacity and Leadership, Palgrave Macmillan, 2011.

Victor Nee, David Stark, Remaking the Economic Institution of Socialism: China and Eastern Europe, Stanford University Press, 1989.

Vivienne Shue, The Reach of the State: Stretches of the Chinese Body Politic, Stanford: Stanford University Press, 1988.

# 后　　记

　　本书是在博士学位论文基础上修改、写作完成的。作为从事学术研究以来的第一部个人专著,犹如襁褓中的孩童一样对其倾注的心血倍多、关怀备至,如今再次审视自己所写的文字,其中不免有很多的遗憾,其中包括对农村基层互动治理的诸多问题尚未阐发清楚,不少地方存有疑惑,很多的研究设想未能如愿完成,同时在内心中升起对知识和真理由衷的敬畏!正如本书的写作和研究终有结尾一样,自己二十余载的学生生涯亦将画上句号。回忆过往,犹如镌刻的文字、刻录的影像汇入记忆长河,流淌在心底,令人倍感珍惜、难以忘怀。

　　2020年,一场突如其来的新冠疫情,不仅给国家带来了巨大影响,也深刻影响着世界格局。在这场疫情中,我们看到了党和国家为挽救生命、保护人民生命健康和生活安宁所作出的巨大努力,充分彰显了中国共产党的使命担当,显现出我国制度优势转化为国家治理效能的巨大优势。疫情虽无情,但人间充满真爱!如今,疫情趋于平稳,春回大地,万物复苏,无尽感怀涌上心头。

　　感谢师恩。早在本科阶段,有幸结识了现在的恩师杨弘老师,是在杨老师的悉心指导和帮助下完成了自己的本科相关课程和毕业论文,那时杨老师宽广的学术视野、独特的思维视角、宽厚的学人风范以及严谨的处事之风给学生留下了深刻的影响,使学生下定决心继续升造。进入研究生阶段,学生正式跟随杨老师进行学习和尝试科学研究,在老师的积极鼓励和教导下,学生不仅较早地接触学科专业知识和学术前沿的问题,而且参与到导师主持的研究课题之中,学习研究方法,从事学术研究。通过这一阶段的系统学习和训练,使学生的学科视野、科研能力、写作水平等各方面受益良多。不仅申请并获批了校科研创新基金项目和联校"教社医"论文奖的课题，而且顺利完成了硕士毕业论文，为学生下一阶段的学习打下坚实的基础。2011年9月，学生又顺利考取了杨弘老师的博士，开始了新阶段的学习和生活。这一阶段不论是学习内容，还是研究压力都不同于以往的任何时候，因而内心也倍感时间紧张，压力巨大，但自认为是学生过得最为充实、收获最为巨大、发展最为重要的一段时间，尤其是在写作毕业论文的过程中，在杨老师的精心指导和帮助下，学生的论文从选题到制定大纲以及具体写作过程中无不凝结着老师的辛勤劳动，正是在老师悉心指导之下学生得以顺利完成本论文的研究工作。虽然本论文的研究工作暂时告一段落，但文中的许多问题仍未完全剖析清楚，仍存有很大的研究空间，是杨老师再次勉励学生继续深入下去，并将此作为今后的研究方向。在学生论文即将完成时，杨老师却没有选择休息，而是继续投入到繁忙的教学和科研工作当中，衷心祝愿恩师杨弘老师，身体康健、工作顺心、生活幸福。

感谢亲人恩情。亲人恩，深似海。身体发肤，受之父母。没有父母的哺育，难有学生的今天，先要感谢父母的生养之恩。学生的启蒙教育源于父母，要感谢父母的教育之恩。学生的读书学习全赖父母的支持和供养，要感谢父母的供养之恩。还要感谢我的兄嫂、姐姐姐夫，是他们分担了家庭的所有琐事和劳动，无私地奉献，支持学生完成学业，最后，我要感谢我的妻子，是她在我写作论文过程中给予无微不至的关怀和照顾，并在我写作困倦、迷茫之际，给予鼓励和支持。初为人母的她，不仅用弱小的身躯承担起家庭的重负，而且还要面对工作的困难，职称晋升的压力，在家庭与工作双重压力下，任劳任怨，辛苦付出，为了梦想坚定而又执着，她是这个世界最可爱的人。亲人的恩情深似海，衷心祝愿我的至亲们，身体健康，永远开心、永远幸福！

感谢学院老师们的辛勤教育和培养，同事们的帮助和支持。就读学业期间，有幸蒙杨海蛟老师、郑德荣老师、田克勤老师、邵德门老师、赵连章老师、刘彤老师等老一辈教导和培养，使作为学生的我，无论是在学习上还是生活上都受益良多。如今学生有幸成为学院的一份子，在留校工作以来，更加感受到学院这个大家庭的团结、友爱、和谐和温暖。衷心祝福各位老师工作顺利，生活美满！

感谢学界诸多前辈的关爱和提携！

笔者谨识<br>二零二三年初春